梁啓超 著

飲冰室合集

文集

第十三冊

中華書局

飲冰室文集之三十六

復張東蓀書論社會主義運動

東蓀我兄。奉書及大箸現在與將來稿本。誦悉一切。承徵鄙見。弟方糜精力於他種箸述。對此問題。不能有刻入詳盡之解答。謹略述所懷。

我兩年來對此問題。始終在徬徨苦悶之中。殊未能發現出一心安理得之途徑以自從事。所謂苦悶者。非對於主義本身之何去何從尙有所疑問也。正以確信此主義必須進行。而在進行之途中必經過一種事實——其事實之性質。一面爲本主義之敵。一面又爲本主義之友。吾輩應付此種事實之態度。友視耶。敵視耶。兩方面皆有極大之利害與之相緣。而權衡利害。避重就輕。則理論乃至紛糾而不易求其眞。是吾每積思此事。腦爲之炎今勉强截斷衆流。稍定祈嚮。然終未敢自信也。謹以質諸執事。

吾以爲中國今日之社會主義運動。有與歐美最不相同之一點焉。

歐美目前最迫切之問題。在如何而能使多數之勞動者地位得以改善。中國目前最迫切之問題。在如何而能使多數之人民得以變爲勞動者。

故在歐美倡此主義。其旗幟極簡單明瞭。亦曰無產階級與有產抗爭而已。中國則有業無業。乃第一問題。而有產無產。轉成第二問題。歐美忠實求業之人。略皆有得業之機會。但其操業所應得之利益。有一部分被人掠奪。

社會主義運動則謀所以抗正之恢復之其事爲適合於多數人地位上之要求故對之能親切而有味也我國今日之大患乃在全國人民什中八九欲求一職業以維持生命且不可得歐美有業無產之人所處之境遇在我國一般人視之已若天堂其已得有此境遇之人方且兢兢守之惟恐失墜欲其冒險以從事於向上之運動聞之將掩耳而走抑此類人在全國中不過百分之一二耳吾輩若專爲此類人謀而忘卻其他則社會所能救濟者幾何是故「勞動者地位改善」之一語在歐美言之則一針見血在中國言之則隔鞾搔癢也彼求進一工廠每日做十二點鐘不停手之工尙且費幾許情面方能得之今乃告之曰『汝何不加入「八點鐘同盟」也』彼方躑躅街市無所栖託今乃告之曰『汝宜要求加工價』此眞「何不食肉糜」之類也故今日中國之社會運動當以使多數人取得勞動者地位爲第一義地位取得然後改善乃有可言然則中國人何故失卻勞動地位耶其原因之一部分固由政治之混亂使然而最主要者乃在受外國資本之朘削壓迫質言之則我國人之職業直接爲外國勞動階級之所蠶食而我國衣食之資間接爲外國資產階級之所掠奪也以最顯著之事實言之三十年前食於絲者幾何人食於茶者幾何人食於土布者幾何人食於土糖者幾何人乃至食於製針製釘者幾何人而今則皆何如者歐洲工業革命之結果昔之恃手工業小商業自養之人次第失職毆而走集於都會工廠變成仰傭錢爲活之一階級然彼猶有工廠可投有傭錢可得不過傭錢觳薄而已生活不固定而已勞力之結果被人掠奪一部分而已吾國國內曾未夢見工業革命之作何狀而世界工業革命之禍殃乃以我爲最後之尾閭疇昔食於土布者今失業矣能否在門治士達紡績廠傭得一辨尼疇昔食於鐵工者今失業矣能否在必珠卜鐵廠傭得一仙疇昔食於製糖者今失業矣能否在臺灣糖廠傭得一錢故外國資

本家之對於其本國勞動者也。雖掠奪其勞力結果之一部分。然猶出其餘瀝以爲河潤。瘵焉而未至於死也。我國人則被其掠奪並餘瀝而不可得。乃搤吾吭而絕吾粒。外國之勞動者欲恢復其被掠奪之部分則直接向本國資本家算帳而已。其在我國。則本國人尙不配作掠奪者。而須間接向外國資本家算帳。倘終不能有向外國資本家算帳之能力。則雖本國資產階級永遠不發生。而吾民之瘵而死者且日相望也。外國資本家若悉數將其勢力移植於我國之通商口岸乃至內地。以從事掠奪。則我之對付彼輩可以全仿彼國勞動階級對付彼輩之成法。毫無問題。今也不然。彼輩勢力之移植雖著著進行。然爲勢甚緩。以今日及最近之將來的情形而論。彼輩仍然是安坐倫敦紐約巴黎大阪以擇吾肉而吸吾血。吾國之社會主義運動。無論若何猛烈。彼輩曾不感絲毫苦痛。彼輩所最願望者。則吾國長在此種不死不活之紛擾中。生產力日益凋竭。而人生必要之消費。終不能免。我既無力自給。彼乃憑藉舊勢。益恣侵略。而彼輩在本國因受勞動階級反對所生之損失。乃於我焉取償。信如是也。則我雖將國內資產均之又均。若五雀六燕。銖黍罔失其平。而我社會向上之效。終茫如捕風。譬猶汙池垂涸之水。大魚跳梁。一口多吸。誠屬可憎。然苟終無術以濟其涸。則雖無大魚。而羣魚之必涸死。固旦晚間事也。中國現象若循以前之趨勢而無所更張。其結果則所謂階級者非自國內縱分。而自國際上橫分。壓制階級掠奪階級之大本營在倫敦紐約巴黎大阪諸地。而凡居於禹域二十一行省之人皆被壓制被掠奪之階級也。對於外部壓制者掠奪者絲毫不能抵抗。而惟內部之被壓制被掠奪者互爭錙銖之短長。終復何益。故吾以爲在今日之中國而言社會主義運動。有一公例當嚴守焉。曰。

在獎勵生產的範圍內爲分配平均之運動。若專注分配而忘卻生產。則其運動可謂毫無意義。

此公例者。不必再加說明。吾信無論何人。當皆承認。既承認矣。則連屬而起者有兩問題。

第一有何良法。一面能使極衰落極幼稚之生產事業可以蘇生萌達。一面又防止資本階級之發生。試將社會主義家所提出數種主要救濟方法一檢校之。其第一法。則將原有生產機關由直接在該機關內服勞役之人共同管理也。此法是否爲最良之法。姑勿深論。然欲行此法。必先以國內有許多現成之生產機關爲前提。若如今日之中國。生產事業。一無所有。雖欲交勞動者管理。試問將何物交去。若必勉强將國內現有區區百數十家之工業礦業所收容工人多則千數少則數十者。施行共管制度。無論各該業現役工人所得利益多少且未敢言也。藉曰誠有利矣。然食其利者最多亦不過數萬人。於全國數萬萬人失業救濟之問題。絲毫無所補益。而固有之生產力。或因此大蒙打擊。決非計之得也。故此法者。在他日生產事業相當的發展之後。容或有採擇之餘地。今日提倡。決非其時。其第二法。則將生產事業歸國家或地方經營也。此法雖原來未有之業。亦可以政治的權力創造之助長之。在產業幼稚之國。本爲合宜。然欲行此法。當先以政治上有完善可信任之組織爲前提。若欲以行諸今日之中國。則國有鐵路。即前事之師。有心人何忍更倡此論爲蠹國之徒資利用者。若曰。『到社會革命之後。政治必清明。』此結論是否正確。非屆時不能證明。藉曰正確矣。然當革命未成以前。是否應將生產問題全置不理。生產事業不發達。是否能有勞動階級。無勞動階級。是否能有眞社會革命。然則謂俟社會革命政治清明後乃實行集產主義者。直陷於循環論理而已。其第三法。則提倡各種協社組合以從事於互助的生產也。此法最中正無弊。無論隨時皆可以實行。吾輩當以全力提倡。無待言矣。顧所當問者。第一吾輩以言論提倡。而事實之應現能否如吾所期。第二僅恃此一途。是否可以充生產發達之量。以完此「救濟失業國民」之責任。以吾所見。其在鄉間與農業手工業等有關係之協社。成立發展。頗不易易。蓋鄉民最富於保守性。一制度之信受奉行必費極長之時日也。至於消費協社。必在工業發達之都會。始能存在。質言之。則勞動階級之產物也。勞動階級未發生之國家消費協社能否有發展之餘地。吾殊不敢言。夫吾輩既認此爲中正無弊之一法門。則宜勿問其集事之難易與收效之遲速多寡。盡吾力以提倡之且實行之固也。然斷不能謂專恃此而遂可以達吾輩獎勵生產之目的。蓋吾輩在最近之將來。對於協社。無論若何提倡若何實行。最多不過能增長生產力百分之一二。而我四萬萬同胞。受外國資本家之壓迫而失業者。什九已相索於枯魚之肆也。此三法者。前兩法既非今日所可行。後一法雖可行。而收效甚緩。若是乎中國之生產事業。倘長此終古斯亦已矣。若有一線之轉機。則主其事者。什九仍屬於「將本求利」者流。吾輩若祝禱彼輩之失敗耶。則無異自咒詛本國之生產事業。以助外國資本家張目。若祝禱彼輩之成功耶。則是頌揚彼磨牙吮血之資本主義。與吾輩素心大相刺謬。以吾之愚蒙。對於此一問題利害衝突之兩方面積年交戰於胸中而不能自決。有生之苦悶。莫過是矣。因此復引起次問題。

第二今日爲改造中國社會計。當努力防資本階級之發生乎。抑借資本階級以養成勞動階級爲實行社會主義之預備乎。若採後一法。則現在及最近之將來。對於資本家。當採何種態度乎。

吾輩疇昔所想念。總以爲歐美產業社會。末流之敝。至於此極。吾國既屬產業之後進國。正可懲其前失。毋蹈其覆轍。彼其病源所在。今既經多人批郤導窾。洞悉無餘。蘊治病之藥。亦粲然具陳於吾前。吾但審擇而採用焉。即可以使我將來之產業界。不致爲畸形的發達。而現在歐美糾紛艱險之現象。可以不復發生於吾國也。及至今日。而吾覺此種見解。什九殆成夢想。吾輩先事預防之計畫。或者在農業方面。猶有辦法。然農民最富於保守性。欲倚之爲改造社會之先驅。殆不可能。且在今日之世界。農業亦斷不能離工商業而單獨存在。則問題歸宿到工商業。既歸宿到工商業。則此種極可厭可憎之畸形的發展。（即資勞兩階級對立。資本家掠奪勞動家賸餘利益之惡現象）恐遂不可逃避。而此種畸形的發展。從一方面觀察。雖極可厭憎。從他方觀察。又極可歡迎。其可歡迎之點奈何。夫中國今日。不能不獎勵生產事業以圖救死。而生產事業。什中八九。不能委諸「將本求利」之資本家。前既言之矣。然則今後中國若有資本階級出現。就令其掠奪行爲與歐美資本家相等。或且更甚。然最少總有一部分得丐其餘瀝以免死。其可歡迎者一矣。不特此也。以社會主義運動之立場而論。欲此主義之傳播與實現。不能不以勞動階級爲運動之主體。勞動階級不存在之國家。欲社會主義之實現。其道無由。而勞動階級之發生。恆必與資本階級相緣。故必有資本階級。然後有勞動階級。有勞動階級。然後社會主義運動有所憑藉。此其可歡迎者二矣。然則資本階級。應專認爲社會主義之敵耶。抑一方面應認爲敵。一方面又應認爲友耶。其界限遂糾紛而不易明。

吾以爲社會主義所以不能實現於今日之中國者。其總原因在於無勞動階級。而聞者或謂不然。謂『中國他物或缺乏。何至並勞動階級而缺乏。除卻少數穿長衣服坐車子的人。此外皆勞動階級也。吾輩言社會主義者。但求與穿短衣服跑腿的人共事。則盈天下皆是。何至缺乏。』此其言雖近似。然細按之。則大戾於名實也。勞動階級者。非游民階級之謂。勞動階級者。以多數有職業之人形成之。（其中有一時偶失職業或求職業而未得者。當然可以爲附屬品）此項有職業之人。結合團體。擁護其因操業所得之正當利益。毋俾人掠奪。此在道德上爲至當。在事勢上爲至順。若夫無業游民。則與此異。彼本來並無所謂因操業所得之正當利益。則更何擁護之可言。故勞動階級。可以責人掠奪其剩餘。可以向人索還其所掠奪。游民階級則不能有此權利。游民而分有業者之利益。其事還同於掠奪。今穿短衣服跑腿的人雖盈天下。然其中實分爲勞動者與游民之兩大類。此不容併爲一譚。其屬於勞動者之一類。則可以爲社會運動之主體者也。其屬於游民之一類。則決不可以爲社會運動之主體者也。

勞動階級之運動可以改造社會。游民階級之運動只有毀滅社會。

今論者徒見國中游民之多。而謂吾之社會運動已得有主體焉。此最誤謬之觀察。不可以不明辯也。問者曰。今國中游民誠多。農民與散工亦正不少。何得遽云無勞動階級。應之曰。今通行「勞動階級」一語。本含廣狹二義。廣義的解釋。自然凡農民及散工悉含在內。狹義的解釋。則專指在新式企業組織之下傭工爲活的人。而社會運動之主體。必恃此狹義的勞動階級。中國則此狹義的勞動者未能成爲階級。故謂之無階級也。而況乎以今日生產衰落之趨勢。農民及散工次第失其業者日衆。行見並廣義的勞動者而亦變爲游民矣。故吾輩渴望勞動階級發生。其情乃益迫切也。問者又曰。今之游民。非好爲游民也。以無從得職業。故不得已而爲游民。子言社會運動。必將彼等排而外之。毋乃不可。應之曰。吾非終排而外之也。俟彼棄其游民資格而取得勞動者資格。則彼自能進而爲社會運動之主體焉。非他人所得而排。亦不待他人之勸也。然則如何而能使國中多數人棄其游民資格而取得勞動者資格耶。曰。舍生產事業發達外。其道無由。生產事業發達。凡吾國人消費所需。皆由吾國人自生產而自供給之。最少亦須在吾國內生產而供給之。（此指外人投資在中國辦生產事業而言）我之需要品。不必仰給於倫敦紐約巴黎大阪。然後我多數人之職業。不至爲倫敦紐約巴黎大阪之勞動者所奪。然後我之游民可以減少。而我之勞動階級可以成立。勞動階級成立。然後社會運動得有主體。而新社會可以出現。社會主義運動不可踰越之階段。殆如此。雖然。於其間有不容忘記之一重要事實焉。曰勞動階級發生。資本階級亦必同時發生。二者殆如狼狽之相依而不可離。吾儕既希望吾國有眞正之勞動階級。而勞動階級與資本階級爲孿生兄弟。若是乎資本階級所隨帶之罪惡。自必相緣而至。吾儕在今日不可不先有徹底的覺悟。然後根據此覺悟以講救治之計畫。質言之。則對於資本家當持何種態度。實今日言社會主義者最切要之問題。概而論之。態度有四。

(一)抗阻態度　極力防止資本階級之發生。見其有將發生之機會。則務摧壞之。

(二)旁觀態度　我輩自從勞動方面用功將資本家之行動置之不論不議待其稔惡自斃

(三)矯正態度　獎誘警告資本家。喚起其覺悟使常顧及勞動者之利益以緩和勞資兩級之距離。

(四)疏洩態度　設法使生產事業。不必專倚賴資本家之手。徐圖蛻變爲社會公共事業。

抗阻態度可採乎。吾以爲不可。在今日採此態度。必妨害本國生產。徒使外國資本家得意而匿笑。且因此阻礙勞動階級之發生。於吾輩之主義爲大不利。其理既如前述。不特此也。資本階級將興於中國。其機運殆已成熟。斷非吾儕微力所能抗阻。吾國之資本家雖不足道。然全世界之資本家。在其本國各皆已陷於窮蹙之地位。勢必以中國爲逋逃藪。中國秩序稍恢復之後。各國之資本。必如狂瀾倒捲以注於吾土。吾儕欲以微力遏之。必備極艱苦而無寸效。且吾亦何苦如此。彼投資我土。雖云掠奪吾勞力結果之一部。最少尚有餘瀝以及我。以視昔之隆隆海舶載糟粕而來。刮脂膏而去者。不猶愈乎。而況乎其結果必能爲我產出勞動階級。以爲將來自樹立之基也。故吾以爲資本階級之發生。吾輩抗阻其事爲不可能。且亦誠無抗阻之必要。

然則採旁觀態度何如。吾以爲亦不可。資本主義。必非國家終局之目的明矣。不過借以爲過渡。過渡之事物。而一任其自然之運。必將成爲尾大不掉積重難返。雖將來終有剝復。然元氣所傷太多。非社會之福。

然則所當採者維何。則矯正態度與疏洩態度是已。所謂矯正態度者。將來浡興之資本家。若果能完其「爲本國增加生產力」之一大職務。能使多數游民得有職業。吾輩願承認其在社會上有一部分功德。雖取償較優。亦可容許。惟當設法使彼輩有深切著明之覺悟。知剩餘利益斷不容全部掠奪。掠奪太過。必生反動。殊非彼輩之福。對於勞力者生計之培養。體力之愛惜。智識之給與。皆須十分注意。質言之。則務取勞資協調主義。使兩階級之距離不至太甚也。至所用矯正之手段。則若政府的立法。若社會的監督。各因其力之所能及而已。

所謂疏洩態度者。現在爲振興此垂斃之生產力起見。不能不屬望於資本家。原屬不得已之辦法。卻不能恃資本家爲國中唯一之生產者。致生產與消費絕不相謀。釀成極端畸形之弊。故必同時有非資本主義的生產。以與資本主義的生產相爲駢進。一面政治上若稍有轉機。則國家公營地方公營之事業。便當劃出範圍。在人民嚴密監督之下。漸圖舉辦。一面各種協社須極力提倡。以傳教的精神策進之。但使能得數處辦有成效。將來自可聯合擴充。倘能令生產的中堅力。漸漸由公司之手以移於協社之手。則健實之經濟社會。亦可以成立矣。

然則對於資本家以外的人。當採何種態度耶。申言之。則對於現在極稀微之勞動社會。當採何種態度耶。對於現在大多數之游民。又當採何種態度耶。再申言之。則社會主義的羣衆運動。今日可行否耶。吾以爲吾輩既屬望勞動階級爲將來改造社會之主體。則現在向此方面下功夫。實萬不容緩。不能以其人數之尙少而漠視之。下功夫之法。則第一。灌輸以相當之智識。第二。助長其組織力。先向彼輩切身利害之事入手。勸其辦一兩件。如疾病保險之類辦有成效。彼輩自感覺相扶相助之有實益。感覺有團體的好處。則眞正之工會可以成立。一處成立。他處仿行。次第聯合提攜。以產出全國總工會。然後將來之勞動階級得有中樞。而一切運動乃有所憑藉也。若以言現在之羣衆運動乎。各工人所在之工廠。若有損害工人利益之行爲。工人起而爲示威反對。自非得已。至於在今日而勸之爲主義的運動。或爲他種政治問題的運動。則吾殊以爲不宜。雖有烏獲於此。若童時使扛百鈞之鼎。以絕其脰。則終無以成其勇也。凡力未充而濫用之。其所失則亦類是。今日之勞動階級。方在髫齔。其力至脆薄可憐也。殊不足以恐脅强有力者使之屈伏。若有彼此抗持之事起。廠主閉廠解雇。不患別募之無人應。彼何懼焉。而工人既無團中公積以供罷工時之宿糧。相持不一二日而其羣渙矣。若是則運動一度。必失敗一度。而其力亦削一度。其氣亦餒一度。此自殺政策也。故吾以爲我輩今日對於勞動階級之態度。當以促成工會爲第一義。必有組織完善之工會。然後可以言作戰。而戰之勝敗。則視工會力量之强弱爲斷。須知吾國勞動階級將來之敵手。非中國之資本家也。中國資本家區區雞肋。抑何足以當尊拳。吾確信在稍遠之將來。必有全世界資本家以中國爲逋逃藪之一日。而中國勞動階級最後之戰勝。卽爲全世界資本主義根株斷滅全世界互助社會根本確立之時。莊子不云乎。『水之積也不厚。則其負大舟也無力。』我國勞動階級既負此絕大責任。則所以培植之者安得不豫。而所以愛護之者安得不勤。又須知我國人組織能力本甚薄弱。工會組織。又屬難中之難。在今日而言工會。只能謂之在胎敎時代。並呱呱墮地之聲且未聞也。如何而使之產生。如何而使之能育成不致殤夭。如何而使之能自動以負荷責任。此眞今日社會主義運動家所當寤寐思服者也。吾以爲吾輩宜集中精力以成就此著。此著若就。以後無事不辦。若以無組織之羣衆作無氣力之運動。是猶責胎兒以殺敵致果其必無幸矣。

至於對游民階級。吾以爲當盡力設法使之逐漸變爲勞動階級。然後與之共事。當其未豹變以前。則宜勿以爲緣。若利用游民以行社會主義運動。其結果必至毀滅社會主義。何也。勞動階級運動之結果。能產出神聖之勞動者。游民階級運動之結果。只有增加游民。種瓜得瓜。種豆得豆。此事理之無可逃避者也。今之社會主義運動家。或以熱心太盛之故。深嫉乎有產階級智識階級之腐敗不足與語也。又見乎勞動階級之人少而力微。且性質亦帶保守。不易鼓動也。於是「爲目的不擇手段」。轉而思利用游民。夫天下之最便於利用者。誠莫游民若也。而利用所生之結果。必至全反其所期。今試執共產主義以告任何階級之人。未必能信受也。卽信受未見能奉行也。試以語半兵半匪之軍隊。則彼可以「聞斯行諸不俟終日」。數月以來。高陽兵變。宜昌兵變。皆籍市民之產而朋分之。彼奚不可以曰『吾爲實行共產主義來也』。試問社會運動之名義。若爲彼輩所假借。則玷此名義爲何如者。而國家元氣之瘵喪又何如者。故吾願眞愛國眞愛主義之人。愼勿出此也。

綜括以上大意。其所推論事理之要點如下。

一　非獎勵生產事業。則全國人非久且瘵死。更無何種主義之可言。

二　獎勵生產事業之結果。資本階級必發生。其相緣之毒害非隨而發生。

三　資本階級發生。則勞動階級亦成立。然後社會主義運動乃有所憑藉。

四　全世界資本主義之存滅。可以我國勞資戰爭最後之勝負決之。

五　游民階級假借名義之運動對於眞主義運動之前途無益而有害
根據以上事理以爲吾輩今後進行方針如下
一　對於資本家採矯正態度先在勞資協調的狀況之下徐圖健實的發展
二　極力提倡協社使全國生產之中樞漸移歸公衆之手
三　謀勞動團體之產生發育强立以爲對全世界資本階級最後決勝之準備
以上所論不知能否對於尊論有所發明補正僕對此問題之解決今猶在苦悶求索中殊不敢自謂有眞知灼見冀普天下同主義之人有以敎之耳（十年一月十九日）

政治運動之意義及價值

一年以來國民運動之機運句出萌達而其運動方向由政治方面逆捩於文化方面根柢漸臻沈厚而精神亦漸歸健實此誠極可喜之現象也雖然對於政治運動全然漠置甚且以厭惡之心理迎之卻非所宜請言其故政治運動在今日之中國確爲一極可厭惡之一名詞其故蓋由前此吾國人以政治運動自命者全不解政治運動爲何物輒假此名以營其私一般之人亦誤認所謂政治運動者果如是如是則羣視爲社會之蟊賊而稍自愛者皆避之若浼亦何足怪今先述政治運動之定義如下
政治運動者國民中一部分爲保存國家及發展國家起見懷抱一種理想對於政治現象或全體或局部的感覺不滿足乃用公開的形式聯合多數人繼續協同動作從事於宣傳與實行以求貫徹政治改革或政治

革命之公共目的所採之一種手段也。

準此以談，則

一　凡以個人權利之觀念爲動機，如現在官僚所謂運動者，不得冒稱政治運動。何以故？以其與國家公共目的無關故。

二　運動土匪，運動軍隊，爲無意識之騷動者，不得冒稱政治運動。何以故？以其並無何等理想故。

三　向當局要人上條陳，或爲參謀議者，無論其動機是否忠於國家，皆不得冒稱政治運動。何以故？以其非與多數人協同動作故。

四　黨派間之縱橫捭闔，此迎彼拒，無論其目的在私利在公益，皆不得冒稱政治運動。何以故？以其不公開故。

五　一時感情的衝動，旋起旋滅者，雖其動機關於政治，仍不得遂稱爲政治運動。何以故？以其無繼續性故，不求貫徹故。

非政治運動者既已揀辨如右，則眞政治運動其特質可得言焉。

第一　運動主體，必爲一般市民。

第二　運動範圍，必普及於全國。

第三　運動之標幟，必爲全體的或部分的公共利害事項。

第四　運動之動機，爲對於現在政治感不滿足。

第五　運動所對待者。爲外界襲來的或內部積久養成的各種不正當之壓力。

第六　運動之方法。爲散布印刷品。爲公開演說。而聚衆示威。

第七　運動之結果。爲將所要求之事項在憲法上或法律上發生效力。（對外則條約上）

歐美政治。所以組織日新而基礎堅實者。蓋凡百政制皆經一度或數度極熱烈之國民運動而來。一政制之成立也。國民皆了解其意義。故其運用之也甚嫻。且其得之也甚艱。故其珍護而保持之也甚力。自古代希臘羅馬以至中世南北歐之自由市府。莫不皆然。最近兩世紀間。歐美之政治史更以此爲唯一之主潮。最著者若被征服民族之建國運動。若殖民地對母國之獨立運動。若平民對貴族之革命立憲運動。若多數人對少數人之普通選舉運動。若無產階級對有產階級之種種社會主義運動。其借局部問題以發端者。若英國之穀稅運動。若美國之禁奴運動。其純限於局部問題者。大之如各國之婦女參政運動。小之如美國之禁酒運動。雖其事業之大小輕重不同。其成就之難易不同。然其必由運動而成則一也。中國歷史上之政治運動。殆可謂絕無。其稍近似者。則東漢晚明兩次對付宦官。頗極壯烈。然其運動主體。不過少數之士大夫。此外則罷市罷考。時有所聞。實羣衆勢力之一種表現。但其範圍只限於一地方。其所標幟者。率皆薄物細故。於政治大體無與焉。近年來帶有政治運動色彩者。最初則爲對馬關條約之公車上書。然其性質與東漢晚明所謂士氣者正同。不普及也。降至清季。排滿運動備極壯烈。然以形格勢禁。勢不得不出於祕密。因祕密之故而生變質。以土匪軍隊爲中堅。而不以一般市民爲中堅。民國所以不獲淸明鞏固。禍根實伏於此。然辛亥革命。發難於爭鐵路國有。則國民運動之成效。固章章可睹也。此外則對外問題。間有發動。其在前淸。則粵漢鐵路事件之對美。片馬事件之對英。二辰丸及取締留學生事件之對日其在民國則二十一條密約軍事協定和會上山東問題之對日皆其最顯著者也綜觀以上事實則我國過去之政治運動其特質可得指陳焉

其一 對外問題易發動對內問題難發動

（例證）自公車上書至五四運動凡壯烈之舉以對外爲動機者什而八九

（原因）一由多數人民對於外界侵辱感受刺激較敏銳對於內部壓制歷史上習而安焉神經殆瀕於痲木二對外事件當局不願直接施壓制有時且暗表同情故運動範圍較易擴大

（缺點）對外運動在各國政治運動史上原不失爲一重要之位置但其運動之有效不出二途一、政府已確立一種對外政策而國民爲之後援二、國民不滿意於現政府之對外政策易一政府而新政策立可實現質而言之必以政治修明政府可用爲前提然後對外乃有可言我國始終缺此前提故對外運動無論若何熱誠若何激烈皆以失敗終了

其二 對人問題易發動對事問題難發動

（例證）如東漢晚明之對宦官最近之對袁對段徐對曹陸等乃至粤人之對龍濟光湘人之對張敬堯津人之對楊以德等等皆是

（原因）由人治主義之觀念傳襲已久以爲國之禍福皆由一二人尸其功罪故以攻擊個人罪惡爲標幟最易號召

（缺點）此種運動實際上補益於國家者甚微蓋非稔惡之人不能成爲攻擊之目標及其成爲目標則國

事之敗壞於其手者已不知凡幾雖去之而所損已不可復竭全力以去一人而與之代興者亦一邱之貉更待其稔惡然後成目標然後謀去之輾轉相嬗而國之元氣盡矣

其三　以事而論則枝葉問題較易發動根本問題極難發動局部問題較易發動全部問題極難發動

（例證）如爭一鐵路爭一礦產運動最易有力如日本取締學生遂有全體回國之運動如地方上事件最易起罷市運動

（原因）由多數人識力幼稚於具體一事件之利害尙或能理解至於抽象的利害及各事件間相互之因果關係非用稍繁複之推論不能說明羣衆對之已不甚親切有味又因交通未大通社會組織不完人與人地方與地方間相互之密度不能如他國之黏切固結故多數人對於全國公共問題以視一地方一局部之問題其感覺力較鈍

（缺點）從具體的局部事項入手使人人直接感切身利害誠不失爲運動之一良法但天下事大抵非根本問題解決則枝葉問題無從解決而根本一旦解決則枝葉往往迎刃而解今專從枝葉下手無論什有九不能得結果卽有所得亦殊不徹底而凡一運動之成功皆須出極大代價獅子搏虎搏兎用力等耳一國中有熱心毅力能爲運動中堅者其人本自不多其日力精力亦正有限枝葉問題所耗太多根本問題必至閑卻且枝葉問題層出不窮日日應付運動屢起能使國民厭倦減其效力故此種運動雖慰情勝無吾總認爲不經濟的運動

其四　對於補救既往的易發動對於建設將來的難發動

（例證）如屢次路礦運動及最近對外種種運動皆政府某種罪惡已經發覺社會已實際蒙其禍害乃羣起謀挽救其他對內事件亦略同若夫事前防制罪惡之立法的運動或謀廢止惡法或謀創設良法此在各國政治運動史上占最重要之部分者我國殆無有

（原因）一、已發之罪惡已蒙之禍害其事實章章在人耳目予人以眼前的刺激且利害一言而決無待研索故羣衆憬悟奮爭易以集事若夫將來建設的事業懸揣其效果既須委曲說明規畫其方案又難免意見雜出多數人感覺其必要也既不甚切而欲鍛鍊羣衆意識使聚於一焦點以從事運動其事又較難二、國人法律觀念薄弱彼歐美人心目中確信非有法不能保障自由既有法則自由當然得所保障此種信仰中國人幾不能索解故對於建設的立法運動自然不感興味

（缺點）政治運動之所以可貴以其經一次運動成功後而當時國民所懸以爲鵠之政治理想遂變成制度質言之則空漠之輿論變爲實際之法律也法律既立則違犯此法律之罪惡自無從發生一發即法律之制裁隨乎其後爲肅清政弊起見此實拔本塞源之計至法律效力之强弱實以國民擁護法律力之强弱爲衡經運動而得之法律其擁護之力必强否則必弱故立法的運動在各種運動中收效最豐而植基最固歐美之政治運動什九皆屬此類我國不然不致力於曲突徙薪專責效於焦頭爛額以故過去之政治罪惡什九無從矯正呼號挽救徒託空言而未來之政治罪惡遞迭效尤更無術以施防制質言之人民不先求得自衞之武器長此徒手與盜持大權之人搏戰雖有勇夫何能久持前此運動罕收良果實運動之不得要領使然也

過去情形既已如此。然則自今以往。中國究能有眞政治運動出現否耶。我國民在今日。宜即從事於政治運動耶。抑仍有所待耶。此實目前最切要之問題。

就一方面觀之。凡言論集會不能自由之國。決無政治運動之可言。今日而提倡此說。必復有人假託名義以營其私者。結果仍不脫從前黨派窠臼。徒招人民厭惡。窒將來眞政治運動之機。其弊一也。社會對於政治問題。絕無興味。既不感覺政治與己身利害關係之切密。又不自信己身之力之能左右政治。既厭事又畏事。在此種社會之下。而欲為政治運動。無論如何。必不能從社會根柢有所發動。其日日活動者。仍不過社會之游離分子。其弊二也。多數人智識幼稚。對於稍複雜之政治問題。便苦難理解。若欲運動普及。除非專訴諸感情的衝動——如對外問題對人問題之類。雖然。此等非政治運動之根本義。既如前述。若專從此等事著手。斷不能徹底。不能進步。且運動所起次數愈多。愈使國民厭倦。其弊三也。準此以談。則今日之中國。實不宜輕言政治運動。須從文化運動生計運動社會改良運動上築一基礎。而次乃及於政治。

就他方面觀之。則政治運動。又有萬不容緩者存。其一。在黑闇政治之下。無論何種國民事業。皆不能進行。例如言論集會出版等。既不獲自由。則不獨政治運動無可言。即文化運動。亦受莫大之障礙。決不能順應時勢以發展。而欲求得此自由。且確實擁護此自由。則非經一度或數度極壯烈極慘淡的奮鬬運動不可。此種運動。即政治運動也。其二。無良社會則無良政治。此原則固為吾曹所篤信。然欲改良此社會。當何途之從。必使靜止的社會。變為動進的社會。然後他事乃有可言。欲使社會由靜而動。由止而進。則非常有所以刺激衝動之不可。政治運動者。乃向久病痲痺之國民。加以藥針注射的療治。其三。國民無政治常識。無政治興味。則眞政治運動不能實現固也。然又非經若干度之政治運動以後。則常識與興味末由增進。兩者因果相屬。若循環然。若必待時機成熟乃開始運動。恐所謂成熟者。永無其期。其四。欲共和基礎鞏固。欲國民事業發展。總以養成國民協同動作之習慣爲第一義。欲養此習慣。自然當多爲其途。然大規模的協同動作。實以政治運動爲最。故每經一度運動。不獨國民自覺心增進一度。卽國民自治力亦增進一度。

是故今日之中國。是否當以政治運動爲主要的國民運動。吾不敢言。是否能以政治運動爲主要的國民運動。吾亦不敢言。雖然。吾以爲最少亦須以左列兩種目的。爲過渡時代的政治運動。

第一　爲排除文化運動社會運動種種障礙起見。以輔助的意味行政治運動。

第二　爲將來有效的政治運動作預備工夫起見。以教育的意味行政治運動。

對於日本提案第三條之批評

山東問題不宜直接交涉。吾有致顏外長一書已述吾私見。則其所謂『八條覺書』者。無論內容如何。此時實不必討論。雖然。吾將來在太平洋會議上。對於此問題。不容無具體的主張。而此問題之焦點。則在該『覺書』之第三條也。各報所載該條原文云。

『山東鐵道及附屬礦山由日支合辦組織。』

在日本方面辦到此條。則萬事已足。蓋此辦法完全襲南滿鐵路之先例也。我國民試思將山東變成第二之南滿。其利於日本爲何如。其害於我國又何如。此更無俟我喋陳。稍有常識者。當能判斷。各國方以廢除特殊利益相號召。而日本主張『滿蒙除外』各國幾無如之何。此條若實行。則是「滿蒙除外」之外。復加以「山東除外」而已。吾以爲我國對於此條之具體的主張。其最低限度當如下。

一　膠濟鐵路由中國向新銀行團借款辦理。

二　附屬礦山由中國自由處分。與他地礦山無異。無論何國人。苟遵吾礦例以投資開發。皆所歡迎。

必如是然後與門戶開放機會均等之本旨相合。吾並非有意與日本爲難。更非對於外國而採閉關主義。惟確信非如此不能破除勢力範圍之餘毒。非如此不能保持遠東和平。此當爲歐美各國所諒解而表同情者也。吾盼吾當局力持之。若現當開會在卽之時。而貿貿然入日本彀中。吾不知其禍之所屆矣。

對於北京國民裁兵運動大會的感想

（雙十節在天津青年會講演）

今日北京國民裁兵運動大會。我因爲先期應了此地講演之約。不能到彼處參加。所以就把我對於這回運動的感想。做今天演講的材料。

這回運動。算是「五四」以後第一次壯舉。而且比「五四」像是更進步。因爲

（一）「五四」性質。純屬對外的。此次卻是對內的。所以精神越發鞭辟近裏。

（二）「五四」全以學生爲主體。此次各界人皆有。所以市民的色彩越加濃厚。

這種市民的羣衆運動是什麽意思呢。有什麽好處呢。一部十九世紀歐洲政治史便是這個問題絕好的答案。

換句話說歐洲一百多年來種種有主義的政治都是從這種市民的羣衆運動製造出來每一種理想的主義從初發生之日起到完全現爲事實之日止中間經過一次兩次三次……乃至數十次之羣衆運動不經過這種運動而主義能彀實現的到底無有這種運動一次兩次……幾十次繼續下去而主義永遠不能現實的也到底無有歐美人發見了這個原則每有一個主義發生便把這原則來應用到那個主義變成事實之後又有時代新要求之別的主義又把這原則來應用如是一步一步的向上經過一個坡又到一個坡爬上一層嶺又到一層嶺所以他們的政治是活的是天天進步的他們將來進步到什麼田地雖不敢說然而一百多年的成績也就可觀了

爲什麼要用這種手段來進行政治呢因爲這是德謨克拉西國家——卽民主國家的根本精神所在凡民主國家的政治總要建設在國民意識之上什麼是國民意識呢國民對於某種主義切切實實認識他是壞對於某種主義切切實實認識他是好在同一主義之中對於某樣辦法切切實實認識他不對對於某樣辦法切切實實認識他是對於是把他們認爲好的認爲對的想法子用法律規定他而且叫行政官照樣執行這就叫做國民意識的政治然則這種國民意識從那裏看出來呢人人藏在心裏頭的當然不算帳總須有一種現於外面的行爲來表示他市民的羣衆運動就是表示國民意識的最好法門

凡人類意識是逐漸發展的個人意識如此國民意識也是如此當君主政治或貴族政治的時代國民的政治意識很微薄而且很蒙昧因爲人類的本能那一部分久閣不用他便會像鐵生銹的樣子把原有的功用喪失掉這種道理稍爲學過生理學的人諒來都明白在專制國家底下用不著人民來管政治多數人的政

治意識。自然會麻木下去現在中國老百姓們。對於政治。好像事不關己的樣子。常常採一種旁觀態度。說道『懶得管他』這便是政治意識麻木的病象。其實這種病象。不獨中國人爲然。歐美人從前何嘗不是如此爲什麼歐美人政治意識會一天一天的往上發達。他們常常有人打藥針。把那麻木過去的本能漸漸恢復轉來。政治之好壞本來和我們身家性命直接間接有莫大關係。但是因爲政治意識麻木的結果。令我們不大感覺出來。常常要給他些刺戟。纔能把那熟睡的意識喚起。喚起國民意識的方法雖然很多。內中最猛烈而最普徧者。莫過於市民的羣衆運動。

政治上各種問題。都要經過專門研究。纔能判斷他的是非得失。一般老百姓。那裏有許多閑工夫逐件逐件去研究呢。他們的判斷力自然不容易發生。既已不會判斷。只好不管便了。市民的羣衆運動。是把專門家對於某種問題研究之結果——該問題過去現在之狀況如何。將來發生的利害關係如何。應該革除或建設之辦法如何。用種種方法向一般沒有研究的人說明。質而言之就是把專門智識成爲通俗化。例如英國從前多年競爭的政治問題所謂自由貿易政策與保護貿易政策之得失。這類事本來非專門研究經濟的人不會懂。然而像英國式的政治非得多數人民贊成他的政策。不能組織政府。所以他們用羣衆運動的方法。把那些繁難深奧的道理。弄成淺白的演說辭或小册子。叫多數人都了解。於是一般國民對於政治上的判斷力日日增高。會選擇他們認爲適當的政策。令他實現。所以市民的羣衆運動。是學校以外的一種政治教育。

羣衆運動一定有效果嗎。我說『有是一定有。急是急不來。』我們看一看歐洲的普通選舉。是經過多少次羣衆運動纔得來啊。勞工立法。又是經過多少次羣衆運動纔得來啊。凡一種好主義好政策初發生的時候。大概多數人對於他的得失利害沒有什麼感覺、置之不理。同時卻有少數人和他利害衝突。極力反對他。而這類少數人。卻是現時最有勢力者。好主義的羣衆運動。第一層要令不注意的人注意。第二層要令不同情的人同情。第三層要令不敢主張的敢主張。你想這種效果。豈是一時可以立刻發現。然而終久要成功。是什麽緣故呢。就是我前兩段所說。多數人麻木過去的意識。並不是刺激不起來。多數人闕乏的判斷力。供給些材料。自然會開發。所以只要有些人對於他所信的主義。肯積極去幹。用這種羣衆運動方法。自然會惹起注意。引起同情。連膽子也壯起來。起初贊成的人。自然是極少數。漸漸成爲相對的少數。漸漸成爲多數。成爲絕對的多數。凡各國的革新事業。沒有不是走這一條路慢慢發展出來的。所以羣衆運動。他的成功。不在現在。而在將來。現在是當然沒有效果的。然而現在的失敗。就是將來的成功之母。

現在稍爲關心政治一點的人。大概都歎息痛恨說道。『民國十年以來政治沒有上軌道。』但是問什麼是政治軌道。怎樣纔能上軌道。恐怕許多人也回答不出來。依我說。政治軌道。是要把政治建設在國民意識之上。想引他上軌道。除了市民的羣衆運動外。沒有別條路。譬如有兩個反對的主義。只要彼此都訴諸市民。各幹各的羣衆運動。誰能多得同情。誰便勝利。便拿著政府去行他主義。這就是軌道。譬如現在有些人主張中央統一。有些人主張聯省自治。若是在外國嗎。自然是各幹各的羣衆運動。到處開會演說。到處遊行鼓吹。中國人不然。一聲不響。各自各扛起鎗來拚命。那些做政治運動的政客嗎。只聽見他們關上門。鬼鬼祟祟去運動某個某個闊人。沒有看見他們在羣衆中露過一回臉。質而言之。政治權力的來源。完全是祕密的。不是公開的。怎麼會上軌道。我們要想得著軌道上的公開政治嗎。老實說。請從市民的羣衆運動做起。

以上所說羣衆運動的意義及價值大略可見了今天北京的國民裁兵大會可算得是民國成立以來『破題兒第一遭』我盼望這回運動能喚起多數人的政治意識而且能給北京市民以多少的政治教育我尤盼望這種運動能彀常常繼續處處普及將來眞正公開的民主政治自然會漸漸確立起來中華民國的金字招牌便永遠不會變成灰色了我覺得這件事是極可喜的一件事所以把我感想說些出來借此祝賀我們國家生日大慶

歷史上中華國民事業之成敗及今後革進之機運

一

一事業之完成大非易易故一國民在一時代間往往僅能完成一種事業或以一種事業爲主而其他爲輔一事業所歷時代之長短恆以其事業之難易及事業所被範圍之廣狹爲比例

國民能力集注於一事業時對於他事業之能力自不免減殺且在某時代中爲完成某種事業起見產出種種制度此制度還影響於國民心理迨時代之需要既去而制度之遺蛻仍存則國民能力必爲此種逾時失效之制度所制限而萎縮其一部分

萎縮非滅絕之謂凡國民既有能力曾完成一大事業者卽足爲並非不能完成他種事業之反證但其能力爲潛伏的往往非俟環境起一大變化後不能衝動發展

國民能力之發動恆借反撥力爲導線。無反撥力。則本能或永遠潛伏。且致萎縮。

吾嘗持此數義以衡量有史以來各國民所造業其得失之林。略可覩也吾今將以推論我中華國民。

二

「中華民國」一名詞之成立。卽中華國民在人類進化史上之一奇績也。夫世界上之國民亦多矣。吾何爲獨以此自奇須知以如此龐大之民族。散布於如此廣漠之國土數千年繼繼繩繩日征月邁。在我民固視之若素。然以世界史的眼光觀察之實邈然更無匹儔。而我國民過去之精力蓋什有九消耗於此間。別方面事業之所以停頓。其總根原實坐此。

吾儕治西洋史當知有所謂「中世黑闇時代」者。此時代所閱凡千二百餘年。其社會狀況如其名。文化一切停滯政治日在擾攘不安之中凡讀史者率厭棄之。雖然當知此時代在全部世界史中有一絕大之價值焉。蓋現在歐洲各國之國民。皆於此時代胎孕醇化。確立其「國民的」基礎。專爲此一大事。耗其全部之精力不遑他及。故政治上。學術上。文藝上更無一優異之點可稱道。然而經此一度胎孕醇化以後。各國國民的特性。完全成就。故一入近世。舉其千年間磅礡鬱積者。次第盡量發揮。則光華驟發。沛乎莫之能禦由此觀之。千餘年之黑闇。非其人根性劣薄所致。蓋「形成國民」之一大事業比諸任何事業皆倍極艱辛。譬諸個人自處胎出胎襁褓總角以逮成年。凡種種有意識無意識之作爲。皆不過將來之預備。雖無甚成績足記錄。然所費奮鬥自立之工。實占全生涯極重要之一部分。一國民之自立於世界。亦如是而已。

歐洲各國其地域大者當我數省小者一二縣耳其人口多者不逮我五之一少者不逮我百之一而其對於「形成國民」之一大業猶費千餘年再嚴格論之彼千餘年者歐洲各國民不過一面求自脫於野蠻之狀態一面與新侵入之野蠻人抗戰而已其實能於彼時代「形成國民」者不過三數國自餘則又近百年始著手從事而今乃在進行中者也我國古代固有民族之複雜不下歐洲其受劣等民族之侵入蹂躪則視北蠻之禍羅馬爲尤酷吾國民在此種環境之下以三四千年間不斷的努力始能使此世界中永遠有所謂「中華國民」者厖然屹然爲人類一重鎮此其事實可貴而至難能請言其概

事實之最顯著者則自五胡之亂以迄清末所謂「夷狄入主中夏」者殆居時代之半——北方尤甚——我國民常受此種劣等民族之壓迫屢犯而屢攘之斯業實爲萬難然猶不止此試觀有史以來所記載最初之中華民族其領域幾何春秋號稱文化全盛而諸夏之國周魯齊晉宋衞陳蔡燕許鄭所居者今河南山東山西及陝西直隸之各一部分耳其間猶有赤狄白狄山戎伊洛之戎萊夷淮夷徐戎等雜廁錯處此外則自河以西淮以東江以南皆劣等民族棲息之所若浙閩湘蜀粵桂滇黔甘涼遼瀋等更不必論蓋唐宋以後迄未開化者比比然也其後東南漸脫蠻風而中原已淪戎索展轉蹂躪千餘年殆無寧歲我國民於其間內之將國內固有之複雜諸族冶爲一爐外之以其文化薰育彼侵入之諸外族如果嬴之負螟蛉詔以「似我似我」也如是孳孳矻矻經四五千年之歲月然後亞細亞東陸一片大地成爲「中華國民化」此一片大地中除中華民族外——國內固有民族包含在內——尚有主要民族四焉一曰苗族二曰羌族三曰匈奴四曰東胡我族對苗族問題自黃帝征蚩尤堯竄三危禹舞干羽以來直至前清雍正嘉慶兩次滇黔湘桂改土歸流始完全解決其對羌

族問題。自殷湯享氐羌。周武誓牧野以來。直至前清乾嘉間川陝土司內屬。光緒間新疆置行省。始完全解決。其對匈奴族問題。自黃帝伐葷粥殷高宗伐鬼方以來。直至明驅逐胡元。清服屬蒙古。始完全解決。其對東胡問題。自周通肅愼齊伐山戎以來。直至民國成立。滿淸遜荒。始完全解決。所謂解決者。非攘斥剿絕之謂。乃吸聚諸族。蛻變其原質。作爲我族之一成分。而增廓其內容。今此諸族者。在腹地各行省中。更無絲毫痕跡之存留。實則任舉何省人民。孰不有羌、苗、匈奴、東胡乃至其他諸異族之遺血者。而今則惟以「中華國民」之一名義。自見於世界耳。此等民族化合之例。在他國固亦同然。——如英蘭人之合那曼族撒克遜族盎格魯族而成。——然欲求所吸聚者如此其繁複。而普被所醇化者如此其渾融而無間。則橫覽全球。竟無其匹。尤當知者。彼數千年來厄我齕我之劣等民族。並非能如日耳曼蠻族之侵暴羅馬。而隨帶一特種文明以俱來以相補益也。我所遇之諸劣族。曾無分毫之文化足爲我助。而惟日以蹂躪我文化爲事。故歐洲諸族之接觸。譬之男女媾精。別孕新機。我之醇化諸劣族也。乃如吞石卵金屑於腹中。竭吾胃力以消化之。欲求不斷送生命。固已甚難。猶復保相當之健康。爲不斷之發育。實屬難中至難之業。故我國民每完一役。費功動逾千年。疇昔外人動以老大帝國誚我。以吾觀之。乃適得其反。天下惟早熟者始早老。以吾國民器宇之偉大。其熟也自不得不遲。蓋此「中華國民」之一人格。直至最近百數十年間。開始漸達於成年。前此百難千災。幸不夭折。今乃儼然壯夫矣。今日以往之歷史。正與歐洲黑闇時代相當。今日以後之歷史。乃始漸入於彼之文藝復興時代也。

我國民能擔歷爾許艱瘁。自擴大其民族。而完成之。就事業本身論。其爲一種大成功。固甚易明。究竟此種事業。在人類史上有價値否耶。質言之。對於人類全體進化之貢獻。能認爲一種成功否耶。吾敢直答曰。然也。人類進化大勢皆由分而趨合。我國民已將全人類四分之一合爲一體。爲將來大同世界預築一極强之基礎。其價值一也。凡大事業必由大國民創造。取精用宏。理有固然。徵諸史蹟。未始或忒。我國民植基既廣厚。將來發攄必洪大。其價值二也。夫豫章之木。生七年而後可識。及其參天蔽日。則大廈需梁棟舍是無擇矣。我國民在世界人類史上之地位。正此類也。

三

凡一事業未有不根據一理想而來者。理想既深入人心。於是發爲性情。演爲制度。而事業隨之。我國民以數千年賡續的努力。完成此大事業。果恃何種理想以爲之貫注耶。此種理想。對於現在及將來新事業之成敗。有何關係耶。此實我國民目前亟當內省審處之一重要問題。

第一、我國民大成功之根本理想。則世界主義也。『國家』一語。有若何特別重大之價值。我國民殆不甚理解。我國倫理之系統。曰修身、齊家、治國、平天下。以個人（身）爲起點。以世界（天下）爲極量。而國家則僅與家族儕伍。同認爲進化途中之一過程。故其所最樂道者。曰「天下一家」。曰「四海兄弟」。其所以汲汲焉務醇化異族者。非認爲權利。乃認爲義務。蓋我先民常覺我族文化之至優美。（此感覺是否正當屬於別問題）而以使人類普被此文化爲己任。凡他族之與我遇者。不導之入於此途。則自覺其悲憫之懷不能遂也。彼但能自進而與我伍。我遂欣然相攜而無或歧視。故其義曰『夷狄進於中國則中國之』。所謂國者絕無界線。惟以文化所被爲推移。擁有廣漠之國土。殊不以自私。常欲與世界人共之。故以「懷柔遠人」爲一種信條。招徠異族入居腹地之事。歷代數見不鮮。就一時之現象言之誠不免開門揖盜數千年來外患之洊臻未始不坐是雖然亦正以其懷抱此種「超國界」的觀念故凡棲託於此土者皆耦俱無猜徐徐焉受我感被歷歲月而相與俱化試以校歐洲彼英、法、德民族系本同源以視吾古代諸夏之與荆蠻其血緣之關係殆尤密切然彼至今尚裂爲三國我則久已合作爲一家又如奥、匈及巴爾幹諸國對於國內異民族統治問題至今無正當解決分裂之勢日甚一日我則以多數異民族錯居從不發生此問題蓋我國民本見有世界不見有國家故凡人類因有國家所受之惡結果我國民受之殊鮮雖然同時人類因有國家所受之良結果我民受之亦鮮焉此種世界主義的理想我國民五千年來皆恃此爲成功之一大根原及至十九世紀國家主義成爲天之驕子我國民舍其故步而謀學步焉與我固有之國民性不相容學焉未睹其利而先承其弊於是演一大失敗

第二、人類平等之理想又我國民成功一要素也平等之義歐美宗教哲學家言之綦詳然按諸事實乃始終未嘗徹底產生蘇格拉底柏拉圖之希臘而雅典人口四十三萬奴隸居其四十萬主張「人皆帝子」之基督教不惟芟異教徒如刈草芥即對於同教之異宗亦威壓不遺餘力爲爭自由而新建之美國施異種人以私刑恬不爲怪也號稱民主主義發源地之英國而愛爾蘭人曾不能自比於人數勞農政府治下之俄國其享有公權者則又限於一階級由此觀之歐美人所謂平等者以爲名高而已我國民則平等理想眞深入人心法律上事實上皆絕對表現貴族平民之差別自戰國以來既已一掃此後更無發生之餘地考階級之興大抵起於異民族相互間或戰勝於外俘敵爲奴或侵入者對於原住民不屑與伍或對於流寓寄棲之族別立限制大抵血族的自慢性爲其主因而宗教的排軋性輔之我國民則此等觀念根本不存故所謂階級者亦根本不能成立其

間雖有爵稱。不過銜號的虛榮。雖有樂戶、倡、隸等賤籍。隨時可以消免。惟南北朝中原舊閥南渡時。寒門貴族之界頗嚴。元淸篡統之初。有色目旗民等差別。然皆不能以久。在歷史上不足爲重輕也。故就大體論之。自漢以來。國民之公私權。乃至生計的機會。皆可謂一切絕對的平等。此厖然四萬萬之大族。所以能摶捖不破裂者。職此之由。此其所長也。然我國民坐此失敗者亦數端焉。其一、近世代議制度之建立。實以階級精神爲中堅。既未能發明更優於代議制度之政制。而我以絕無階級根據之國向人效顰。勢必以失敗終了。其二、人類之互助性。恆發起於局部的而漸次擴大。又必有所對待。然後團結力始增。就此點觀察。則階級之爲物。實爲人類進化不可缺之一工具。我國民以絕無階級故。全國成爲平面的。反散漫而末由摶捖。其三、現代新階級發生。全以「生計的」地位爲分野。前此之血族的宗敎的階級已成陳跡。我國民雖未受舊階級之毒。然今後新階級之發生。終不能免。所謂「絕對平等」者。權衡將破。不別謀所以順應之。其敝或視他國更甚。

第三、政治上之不干涉主義。實我國民銘心刻骨之公共信條。試舉政治上之美名詞。必曰「垂拱無爲」。必曰「與民休息」。蓋我國民之理想的政治。乃在將政治的範圍縮至最小限度。以今語表之。雖謂我全國人民數千年來皆爲無政府主義之信徒可也。人民並不倚賴良政治而始存活。故雖有惡政治而社會亦不至根本受其摧殘。試讀一部二十四史。寧非徹頭徹尾血汚狼籍之一「相斫書」。我國民數千年在此狀態之下。而其不斷的發展如故也。近數年來之政象。舉所謂「鼎沸」「雲擾」「腐敗」「黑闇」諸形容詞。猶不能盡其萬一。然而社會生機。並不剿絕。其中一部分反若有向榮氣象。乃至其移殖於外者。若歷年之在南洋羣島。若最近之在俄蒙一帶。皆處極壓制極棼亂的政治之下。而猛進不休。卒能樹不拔之基。數千年來。我民族領域之漸次擴張。皆由斯道也。此何以故。蓋我國民之於政治。積極的改良之興味甚薄。而消極的節制之勢力甚强。社會上若別有一保壘線。爲政治所不能侵入。若侵入焉必致挫衄。吾民即隱身於此線內。以自遂其發育。其能日處驚濤駭浪中而優自保存者恃此。然坐是之故。對於政治日益冷淡。甚且生厭惡。寢以斵喪其政治本能。而凡百公共事業。乃委諸休戚不相關者之手。國家之元氣屢傷。後雖恢復。而寸進尺退。等於不進。此則文化停滯之一大原因也。雖然。我國民所篤信之不干涉主義。自有其眞價值存焉。今後我國政治之新生命。其終必建設於此基礎之上。故近十數年來。夢想德國日本式之保育政策者。以違反國民性故。既已完全失敗。自今以往。若欲舉馬克思所理想藍寧所實行之集權的社會主義移殖於中國。則亦以違反國民性故。吾敢言必終於失敗。

第四、我國民之中庸妥協性。世界無兩也。無論對個人。對社會。對自然界。最能爲巧妙的順應。務使本身與環境相妥協。而其妥協且比較的常爲「合理的」。此中國人一種特別天才也。其竅妙之點。則在萬事不走極端。而常範以中庸。就此點論。與西洋人恰立於正反對之地位。西洋人極不易妥協。萬事皆確執。而感情常走極端。故一民族以小小言語風習之同異。決不肯舍己從人。纖芥之不自由。寧犧牲一切以爭之。宗教上之信仰。更絲毫不肯遷就。有反於其良心者。則盡其力之所及以排擠之。故歐洲史上種族之鬬爭。宗教之鬬爭。階級之鬬爭。就吾中國人眼光觀之。其動機大半爲不可解。謂何必以此區區者殺人流血千數百萬擾攘千數百年也。我國民不肯爲極端的確執。故個人之道德。最尚者「隨遇而安」。政治之格言。最貴者「禮讓爲國」。坐是其包容函孕之力極大。若汪汪千頃之波。無所不受。魚龍雜遝。砂石堆碣。而不相衝礙也。故含納種種民族。種種宗教。而皆相忘於江湖。未或齟齬破裂。天災人禍。無歲無之。而一一順受。不大蒙其摧折。老氏之說。所謂「以柔道取天下」者實我國民之最擅長也。以此之故。其所最貴者厥惟秩序。務使其所包含之種種異質。與隨時變化之環境相應。常處於有倫有脊的狀態。急劇之革命事業我國民所最不喜且最不慣也。故雖有革命旋必以妥協終了。於社會根本組織曾無影響焉。此種特性爲消極的保存作用計固甚優。爲積極的發展作用計則甚劣。蓋事事務與環境相妥協。固不至蒙環境過劇之壓迫而自摧殘。然終亦無力以改造環境使之順應於我。則我之命運。強半爲環境所左右。必俟環境自然改善。而我之地位乃始向上。夫所貴乎優等民族者。貴其常能以自力劈開生面。爲人類全體進化之先導而已。我國民之消極妥協性。吾不敢謂其對於改善環境絕無效力。然其效力既甚緩而甚微。此又我國民過去失敗之一徵也。

第五、國民思想之統一。此我國民一大成功。同時亦我國民一大失敗也。我國春秋戰國間。思想界最稱複雜。秦漢以後政治漸趨統一。而思想之統一亦隨之。其統一以孔子爲中心固也。然猶不能盡歸諸孔子。實則融合前此九流百家之思想。經一度之中庸妥協。漸成爲一種有體系之國民思想。其宇宙觀則崇拜自然也。信任命運也。其人生觀略如前所陳述。愛秩序也。重妥協也。厭干涉也。尊平等也。尙大同也。其演爲制度者。則家族在各級團體中占最重要之地位。與國家儕伍。人人皆爲家族之一員。而負最大之職責也。政治與社會全然分離。政治恆委諸少數人之獨裁也。凡此等等。深入人心。不知不覺間。形成全國民普遍共有之思想。此等思想之本質爲優爲劣。固屬別問題。然所以能歷數千年以形成「中華國民」者。必以此爲根核。至易明也。因此之故。國民視其固有之傳統的思想若神聖不可侵犯。而尤以其能統一自豪。一若思想之統一一破。卽民族與文化隨而淪亡。對此生無限疑懼焉。凡與固有思想稍涉衝突之思想。非惟不敢以出諸口。且並不敢以措諸慮。不寧惟是。凡固有思想所演生之制度，在今日久已與環境不相應者，亦珍護之惟恐失墜，此無怪其然。凡人對於其所曾藉以成功之具，倍加眷戀，蓋情之常。前此我國民對於固有之思想及制度，倘非篤守珍護，如彼其力，或者吾文化早被劣族蹂躪，或爲自然界所壓迫淘汰，皆未可知。雖然，一方面須知以思想統一制度固定之故，乃使全國人如同笵一型，各人之個性，爲此型所呑沒以盡。即就過去歷史論，其損失固已不細。今民族既已完全形成，顚撲不破，前此統一所生之工具，今已應在「功成者退」之列。思想分野之割據，決不至影響於民族之生存。若猶欲以統一的思想束縛個性，直自儕於劣敗之林而已矣。

四

綜括以上所研究，可得結論如下。

一、我國民過去數千年之精力，大半盡費之於「形成國民」之一大事業。其「發展國民」之事業，今後方當著手。

二、我國民之形成，在人類全體上有莫大之價值。其將來之發展，亦當有同等價值。

三、前此爲「形成」事業所用之手段，有足爲將來「發展」事業之基礎者，亦有足爲其障礙者，宜分別保存革易。

四、世界大同之理想，在過去爲成功，在將來亦爲成功，不必以目前之失敗介意。我國民宜常保持此「超國界」的精神，力求貫澈。

五、人類平等之具體的實現。爲我國民對全人類之一大責任。以本無階級之國。宜一面設法永杜階級之發生。一面於階級鬬爭以外。爲世界人類別闢一「平和的平等」之途徑。

六、對於政治之冷淡。爲我國民一大弱點。今後切宜矯正。但政治上不干涉主義。實爲自由保障之干城。宜固守之。而以分地自治分業自治兩者駢進。建設政治之新生命。

七、消極的妥協性。只適於自全。不適於自發。我國民今後宜努力於環境之改造。使環境與我妥協。不可徒以我妥協於環境。

八、個性不發展。則所謂世界大同。人類平等之諸理想。皆末由實現。而思想自由一被限制。卽足爲個性發展之障。故思想宜勿求統一。經一番混雜。自有一番光明。

九、國內現象之泯棼。皆由模範十九世紀之歐洲制度。不能學其所長。而盡襲其所短。例如政黨政治軍國主義等。皆爲我國民性所不習。而其本質亦並非善良。我學之而失敗。未足引爲悲觀。今後但當善用我國民性之所長。別開新路。

十、中國文化本最富於世界性。今後若能吸收世界的文化。以自榮衞。必將益擴其本能。而增豐其內容。還以貢獻於世界。則二十世紀之中國國民。必在人類進化史上占重要之職役。

自由講座制之教育

近世所謂學校教育者。缺點有二。第一、其形式若軍隊。然軍隊之進也。怯者固毋得獨怯。勇者亦毋得獨勇。千萬人若一機之動也。今之學校科目求備。而各科皆懸一程準。課其中程不中程。雖智力體力較劣下者。非勉及於程焉不可。其優異者亦及程而止。程以上弗授也。夫其程既通於全社會以求徹上徹下。不得不以中材爲鵠。劣下者勉而就。或勤苦傷生。而終淺嘗無所獲也。優異者精力有餘於所課。而旅進旅退焉。則或以僅中程而自滿。雖不自滿。而其少年最適於求學之光陰。已有一部分爲未盡其用。此種「水平線式」的敎育。實國家主義之產物。國家若大匠。然需楹則斲材爲楹。需桷則斲材爲桷。楹桷大小若一。所斲就矣。而材之戕賊亦已多矣。故此種敎育法。適於羣衆敎育。而不適於天才敎育。

第二、其學業之相授受。若以市道交也。學校若百貨之廛。敎師傭於廛。以司售貨者也。學生則挾貲適市而有所求者也。交易而退。不復相聞問。學生之與敎師若陌路之偶值。甚者敎師視學校如亭舍也。余昔游英之劍橋大學。其校長涉菩黎博士語余。『近世式之敎育。若醫生集病者於一堂。不一一診其症。而授以等質等量之方劑也。』其言雖或稍過。然敎者與學者關係之淺薄。誠近世式敎育之大缺點。不能爲諱也。故此種敎育。其敝也成爲物的敎育。失卻人的敎育。

要而論之。此種敎育。雖辦至極完善。然已不免以社會呑滅個性。已不免陷於機械的。而消失自動力。然在行政機關整齊强固之國家。此種制度之特長。確能發揮其精神。確能貫徹。則得失之數猶半也。中國又並不足以語於此。於是二十年來所謂振興敎育者。盡有他人之弊。而無其利。夫今日武人之摧殘敎育。罪固不可勝誅矣。就令無武人之摧殘。而長維持此現狀以往。則亦愈積久而愈不勝其敝耳。

今欲言敎育制度之根本改革。固非此短篇之所能盡。且非俟政治稍清明。行政機關有相當之意識與能力。則雖有良法．亦託空言而已矣．今欲於實際上爲初步之改革．宜求不必倚賴行政權力．而社會上少數人可以發動者．以吾所見．其在普通教育方面．可著手固不少．容當別論．其在高等教育方面．則有創設「自由講座」之一問題．

自由講座之組織略如下．

一　以少數之同志．有專門學術．堪任教授者．組織講師團體．但最少須五六人以上．

二　其講座．或獨立．或附設於原有之學校皆可．

三　學科不求備．以講師確有心得自信對於此科之教授能有特色者．乃設置之．但各科間須有相當之聯絡．使各科聽講畢業者．得有一系之完全知識．

四　講授時間不必太多．使學生於聽講以外．能得較多之自動的修習．常採教師學生共同研究的態度．

五　修業期限不宜太長．約兩年而畢．

六　畢業不考試．但由各講座講師授以該科修了之證書．

七　學生分兩種．一專修者．一自由聽受者．　自由聽受者．不必經入學試驗．亦不必修業終了．　專修者．須經入學試驗．以能直接讀外國文之參考書爲及格．受課毋得間歇．

八　設備之最要者爲圖書館．既設某科講座．則凡關於該科之重要參考書．必須備．　其關於自然科學之講座．於圖書之外．必須有相當之儀器．以資試驗．

九　講座除籌備相當之基本金外．仍別營一兩種小工業．教師學生同任勞作．以補助座費．

此種組織參採前代講學之遺意而變通之使學校教師學生三者之間皆爲人的關係而非物的關係講師之於講座自爲主體而非雇傭的講師之於學生實共學之友不過以先輩之資格爲之指導學生所得於講師者非在記憶其講義以資一度之考試乃在受取講師之研究精神及研究方法質言之其獲益最重要之點則學者的人格之感化也講師之薰陶學生除講堂授課之外更大有事焉則可以察其性之所近因勢而利導而學生之自發的研究乃可以日進也則天才瑰特之士不至爲課程所局可以奔軼絕塵盡其才矣如此則教育不至爲「機械化」不至爲「凡庸化」社會上眞面目之人才或可以養成也

吾非敢望全國之高等教育悉改用此組織顧吾以爲針治今日教育界之敝必須有此種異軍特起之組織以爲之藥而又信此事之建設確非甚難凡國內辦有成績之學校皆可以附設凡少壯有爲之學者但結合同志數輩卽可以發起造端雖簡將畢必鉅是在有志者之努力而已

從發音上研究中國文字之源

（假使古代有字母則我國文字結構之嬗變當如何）

人類先有語言然後有文字聲發於天籟人之所不學而能者也以某聲表某意其所表者爲一羣之人所共喻而公認於是乎成語言言而著諸竹帛以廣其用而永其傳於是乎有文字字也者聲與言之符號而已然符號之撰擇與應用各族不同有施設若干音符規定其拼合運用之法但求符之能悉傳其音而所含意義與所用之符不必相麗者如印度歐洲諸民族所用字母是也亦有不施設一定之音符同一音而表之之符卽寫法有多

種。卽緣異符以表異義者。則中國文字是也。此兩法者。孰爲精善。孰爲便利。其間可以比較論列者甚多。非此短篇所能殫述。惟有一事首當明辨者。流俗之論。每謂中國文字屬於衍形系統。而與印歐衍聲之系統。劃然殊途。此實謬見也。倘文字而不衍聲。則所謂「孳乳寖多」者。末由成立。而文字之用。或幾乎息矣。象形指事形聲會意轉注假借。是曰六書。自班孟堅許叔重以來。皆稱爲造字之本。象形指事會意。衍形之屬也。形聲轉注假借。衍聲之屬也。說文萬五百十六字。形聲之字八千四百零七。象形指事會意之字合計僅一千有奇。其間兼諧聲者尙三之一。依聲假借而蛻變其本義者。亦三之一。然則中國之字。雖謂什之九屬於聲系焉可也。單字且然。其積字以成詞者。更無論矣。

自來言六書者。每謂形聲爲易解。忽而不講。有淸一代。古韻之學大昌。於聲音與文字之關係。漸知注重矣。然其研究集中之點。在收音而不在發音。——重視疊韻而輕視雙聲。未爲至詣也。劉成國釋名。每字皆詁以雙聲。爾雅詁訓言三篇。用雙聲爲解者。亦過半。其必有所受矣。吾嘗略爲探索。謂宜從音原以求字原。輒擬爲兩公例。

(一)凡形聲之字。不惟其形有義。卽其聲亦有義。質言之。則凡形聲字什九皆兼會意也。

(二)凡轉注假借字。其遞嬗孳乳。皆用雙聲。

試舉最顯著之數音以爲例。

戔小也。此以聲函義者也。絲縷之小者爲綫。竹簡之小者爲箋。木簡之小者爲牋。農器及貨幣之小者爲錢。價値之小者爲賤。竹木散材之小者爲棧。（見說文）車之小者亦爲棧。（見周禮注）鐘之小者亦爲棧。（見爾雅釋樂）酒器之小者爲盞。爲琖爲醆。水之少者爲淺。水所揚之細沫爲濺。小巧之言爲諓。（見鹽鐵論及越語注）物不堅密者爲俴。（見管子參患篇）小飲爲餞。輕踏爲踐薄削爲剗傷毀所餘之小部爲殘右凡「戔聲」之字十有七而皆含有小意說文皆以此爲純形聲之字例如「綫」下云「从糸戔聲」以吾觀之則皆形聲兼會意也當云「从糸从戔戔亦聲」舊說謂其形有義其聲無義實乃大誤其聲所表之義蓋較其形爲尤重也

更旁徵他音如『氐本也从氏下著一一地也指事』（說文）此字卽根柢之「柢」之本字示木根之在低處者也後起加木旁則爲柢在人下者則爲低在屋宇下者則爲底石之礎爲砥水低處爲泜土低處爲坻低阜爲阺生於低地之蟲爲蚳車後爲軧屬國之舍爲邸三歲之羊爲羝地神爲祗下視爲䀸以肢體之末梢相距爲抵此皆形聲兼會意字當云「从某从氐氐亦聲」也

『夌从夂从圥圥高也會意』（說文）夌之字从圥以表其凸出从夂以表其尖利於是地之塡而成阜者爲陵四隅有觚角者爲棱冰坼成銳角者爲凌果蓏之兩尖者爲菱帛紋織現若冰凌者爲綾（見釋名）此皆形聲兼會意字當云「从某从夌夌亦聲」也

假使吾國如用字母則其字體之結構當何如試以「戔」字爲例如凡「戔聲」之字皆用「Ch'ien」之一音符號以表之（與英文訓「薄」之 Thin 字音全同而義亦近）而其所謂从偏旁則以其字之首一音母添附語尾則前舉之十七字者當如下寫

戔—Ch'ien
綫—Ch'iens
箋—Thinj
牋—Thinp
錢—Thinch
賤—Thinb
棧—Thinm
盞—Thinm
琖—Thiny
醆—Thints
淺—Thins
濺—Thins
諓—Thiny
俴—Thinj
餞—Thinsh
踐—Thints
剗—Thind
殘—Thind

此種寫法與吾國舊文之寫法孰爲利便此屬別問題要之此十七字者同一語根同一音符而因以同得一極相似之概念則章章然也以上三音母吾不過偶舉憶念所及者以爲例若能將全部說文之形聲字一一按其聲系以求其義或能於我文字起原得一大發明未可知也

又不必其聲之偏旁同一寫法者爲然也凡音同者雖形不同而義往往同如「地」字並不从「氏」而含「低」「底」等義「弟」字亦因其身材視兄低小而得名「帝」字有上接下之義故下視亦稱「諦視」「摘」字「謫」字「滴」字皆以表由上而下之動作從可知凡用「Dee」之一音符所表示者總含有在下之意或含有由上而下之意無論其寫法爲氐爲低爲底……爲地爲弟爲帝爲滴……而其爲同一語原卽含有相同之意味則歷歷可睹也

不寧惟是同一發音之語其展轉引申而成之字可以無窮爾雅釋天云『天氣下地不應曰雺地氣發天不應曰霧霧謂之晦』王國維云『雺霧晦一聲之轉也晦本明母字後世轉入曉母與徽釁諸字同』蓋霧音當讀如慕（吾粵語正然）晦音當讀如每皆用「M」母發音而含有模糊不明的意味由是而晚色微茫不明者謂之暮有物爲之障而不能透視者謂之幕不可得見而徒寄思焉謂之慕此一引申也晦亦謂之冥閉目而無所見則謂之瞑瞑久而知覺全休止者謂之眠此又一引申也冥亦謂之昧眠亦謂之寐此又一引申也視而不明謂之蒙雨之細而不易見者謂之濛視官本身不明者謂之矇矇之甚者謂之盲此又一引申也細而難察者謂之毛矇亦謂之眊年老而意識作用疲缺者謂之耄此又一引申也意識有所蔽而錯亂者謂之瞀亦謂之謬不自知其瞀謬而任意以行者謂之貿貿然此又一引申也難察而致誤者謂之迷視官中有障刺者謂之眯此又一引申也

晦冥亦謂之霾。瀰入而至視線所不及謂之冞。全掩覆而不可見謂之埋。此又一引申也。瞇眠而髣髴若有所見。其狀態恰如霧中看物者謂之夢。雖醒而作夢態者謂之瞢。謂之瞢懂。謂之瞢騰。醉態謂之酩酊。此又一引申也。細而難察者謂之微。（讀如眉。粵語猶然）重言之謂之微茫。微之甚者謂之渺。謂之杳。重言之謂之渺茫。謂之杳冥。謂之芴漠。尤甚者謂之泯。重言之謂之泯沒。謂之磨滅。此又一引申也。微亦謂之末。水之霏屑如霧者謂之沫。此又一引申也。迷之重言謂之迷離。謂之迷糊。謂之迷茫。或謂之模糊。謂之麻糊。此又一引申也。迷而求之謂之摸。重言之謂之摸索。此又一引申也。迷亦謂之罔。重言之謂之惘惘。迷惘之狀態謂之悶。謂之懣。此又一引申也。凡微末之物如霧雺等皆物之細屑也。故屑物謂之磨。謂之礴。物之成屑者謂之糜。謂之靡。小而不可見之物謂之厶麼。鬼物隱約閃爍不可確見者謂之魔。此又一引申也。草木植物其碎屑者謂之蘼蕪。謂之緜馬。木本植物其葉碎屑者謂之木髦。魚之小者謂之鱦。（俱見爾雅）鳥之小者謂之緜蠻。（見詩毛傳）蟲之小者謂之蟁蝱。尤小者謂之蠛蠓。其別一種謂之脈望。（望讀盲去聲。粵語猶然）雨之小者謂之霢霂。其實只是一語之異寫耳。此又一引申也。草木初茁不甚可察者謂之萌。其細英謂之芒。光之細碎隱約閃爍者亦謂之芒。此又一引申也。無所知謂之冥。人之無所知者謂之民。（禮記鄭注云民者冥也言冥無所知）謂之氓。（詩氓之蚩蚩）此又一引申也。於是凡蒙昧之民族則加以此名。謂之髳。謂之蠻。謂之苗。謂之閩。此又一引申也。既視察不明則只能付諸疑問。故對於不能確之人或地。則曰某人某地。疑問所用字曰無。曰毋。（古讀如模。粵語猶然）或添字以足其意曰得無。曰將毋。白話則轉爲麼。爲嗎。某字亦轉爲甚麼。爲什麼。此又一引申也。以上所舉八十三語皆以「M」字發音者。其所含意味。可以兩原則概括之。其一、客觀方面凡物體或物態之微細闇昧難察見者或竟不可察見者。其二、主觀方面生理上或心理上有觀察不明之狀態者。諸字中孰爲本義孰爲引申義．今不能確指．要之．用同一語原．即含有相同或相受之意味而已．試以字母表之．則其語根所生之變化如下．

Mao……雺
Moo……霧
Mui……晦
Mu……暮
Mu……幕
Mu……慕
Ming……冥
Ming……瞑
Mien……眠
Mei……昧
Mei……寐
Mêng……蒙
Mêng……濛
Mêng……幪
Mêng……矇
Mang……盲
Mao……毛
Mao……眊
Mao……耄

Mao……瞀
Miu……謬
Moumou……貿貿
Mi……迷
Mi……眯
Mai……霾
Mai……采
Mai……埋
Mong……夢
Mong……瞢
Mongtong……瞢懂
Mongt'ung……瞢朦
Mingting……酩酊
(Mei)……微
(Mei)mang……微茫
Mangmang……茫茫
Miao……渺
Miao……杳
Miaomang……渺茫

Miaoming……杳冥
Mimo……芴漠
Mienmiao……緬邈
Ming……泯
Mingmu……泯沒
Mi……滅
Mumi……磨滅
Mu……末
Mu……沫
Mili……迷離
Mihu……迷糊
Mimang……迷茫
Muhu……模糊
Mahu……痲糊
Mo……摸
Mosho……摸索
(Mang)……罔
(Mangmang)……惘惘

Mêng ……………… 悶
Mêng ……………… 濛
Mu ……………… 磨
Mi ……………… 礳
Mi ……………… 糜
Mi ……………… 靡
Mo ……………… 麼
Mo ……………… 魔
Mi(mu) ……… 蘼蕪
Mieama ……… 緜馬
Mumao ……… 木髦
Ming ……………… 鰢
Mienman ……… 緜蠻
Mingmang ……… 蝱痝
Mimêng ……… 蠛蠓
Mei(mang) …… 脈望
Meimu ……… 霢霂
Mêng ……………… 萌
Mang ……………… 芒

Ming ……………… 民
Mang ……………… 氓
Mao ……………… 髳
Man ……………… 蠻
Miao ……………… 苗
Ming ……………… 閩
Mu ……………… 某
(Mu) ……………… 無
(Mu) ……………… 毋
Mo ……………… 麼
Ma ……………… 嗎

不寧惟是．有一字而其義分寄於形與聲．後起孳乳之字．衍其形兼衍其聲而即以並衍其義．皆例如「八」字。說文云．『八．別也．象分別相背之形．』八字發音．與別與背同．既一聽而可察其義矣．其形亦一望而得之．於是凡從八之字非徒衍八形也．亦衍八聲．說文「北」字下云．『北．分也．从重八．八別也．亦聲．』（書堯典『分北三苗』吳志虞翻傳云『北古別字』）此明其形聲並衍．至確密矣．然於其他从八之字．則多忘卻其衍聲之部分．今舉其應是正之數字如下．

（說文原文）

分．別也．从八．从刀．刀以分別物也．

（擬改正）

分．別也．从八．从刀．八亦聲．……

必分極也从八弋弋亦聲。
采辨別也象獸指爪分別也讀若辨。
半物中分也从八从牛……
平語平舒也从丂从八八分也。

必分極也从八弋八亦聲。
采辨別也……从重八八亦聲。
半物中分也从八从牛……八亦聲。
平分均也从丂从八……八亦聲。

欲釋此數字當先承認錢大昕所發明「古無輕脣音」之一公例知「分」字古讀如「奔」「采」字卽「番」之原字徐鉉云『蒲莧切』古讀如「班」（此兩字日本讀法尙與古同）「平」字古讀如「兵」皆用「B」母發音與「八」正同由是知凡衍「分聲」「北聲」「番聲」「半聲」「平聲」之字一面既從「八」衍形一面又從「八」衍聲形聲合而其義乃益著如北字卽古別字衍而爲背必字表分別確定之意此皆蒙「八」形「八」聲而衍其義也其從分字衍出者如平均分配爲頒亦爲攽文質相半爲份（論語孔注）財分而少爲貧（說文）研米使分散爲粉（釋名）目黑白分爲盼（說文）草初生其香分布爲芬（說文）氣候不純良爲氛鳥所化鼠爲鼢（說文）分而不理爲棼爲紛此亦蒙「八」形「八」聲而衍其義也其從半字衍出者如物之解剖分析爲判冰之溶解爲泮田之界分爲畔男女好合爲胖相結偶爲伴半體肉爲胖（說文）背分爲叛此亦蒙「八」形「八」聲而衍其義也其從番字衍出者如分布種子爲播迻譯異文爲繙改其舊態爲翻爲幡髮有二色爲皤草分布茂盛爲蕃肉由生而熟爲燔二水洄漩爲潘此亦蒙「八」形「八」聲而衍其義也其從平字衍出者如野之分界爲坪棋局界田者爲枰水藻旋分旋合者爲萍此亦蒙「八」形「八」聲而衍其義者也其僅蒙其聲而不蒙形者如北亦爲別份亦爲彬爲賁頒賜之頒亦爲班頒白之頒亦爲斑皆或引申或假借而僅留其聲略去其所從之形者也如

人相與訟爲辡（說文）。判其是非得失爲辨。以言相辨爲辯。文之駁雜者爲辬（說文）。髮之交結者爲辮。惢之分開者爲瓣。判事已了爲辦。此雖不從「八」而仍從「八」聲以遞衍成義者也。以上所舉四十四字皆用「P」母發音者所含義不外兩種（一）事物之分析分配分散（二）事物之交互錯雜而其語原皆同出於一試表之如下

八 an
- 必(Pi)
- 北(Pei)=别……背(Pei)
- 分(Pêng)……頒,攽(Pan) 粉(Pêng) 盼(Pan)芬(Pâng) 氛(Peng) 鼢(Peng) 棼,紛(Peng)
- 半(Pau)……判(Pan) 泮(Pan) 畔(Pan) 牉(Pan) 伴(Pan) 胖(Pang) 叛(Pan)
- 番(Pan)……播(Po) 藩(Pan) 翻,幡(Pan) 皤(Po) 蕃(Pan) 潘(Pan)
- 平(Ping)……抨(Ping) 枰(Ping) 苹(Ping)
- 彬(Ping)……賁(Pêng) 班(Pêng) 斑(Pan)
- 辡(Ping)……辦(Pien) 辨(Pien) 辯(Pien) 辮(Pien) 瓣(Pan)

此外同一事物稍變其語尾而示其種類之微異者在爾雅中多見之如釋宮云『樴大者謂之栱長者謂之閣』釋水云『川注溪曰谷注谷曰溝注溝曰澮』『大波爲瀾小波爲淪』釋器云『黃金美者謂之鏐白金謂之鐐』諸篇中如此者尚多（王國維爾雅鳥獸草木蟲魚釋例列舉不少）試以拼音寫之則如下

栱 (Kun)　谷 (Ku)　瀾 (Lan)　鏐 (Liao)

溝 (Kou)

閣 Ko　澮 (Kuei)　淪 (Lun)　鐐 (Liao)

此等變化法。絕似英文中 man 之與 men。只變其字中之一母或兩母以示同一事物中種類之徵別也。爾雅詁訓言三篇其所訓亦多用聲轉之字。如『初、哉、首、基、肇、祖、元、胎、俶、落、權、輿、始也。』除元胎落三字外其音皆相近。如『永、羕、引、延、融、駿、長也。』除駿字外餘盡雙聲。他如怡、懌、悅、愉、豫之訓樂。展、諶、允、愼、亶之訓誠。粵、于、爰、之訓曰。爰、粵、于、繇之訓於。貉、謐、密之訓靜。永、悠、遠、之訓遐。大抵皆同一發音而語尾有若干之變化而已。尤有極奇之一例。公羊傳云『伐者爲客。伐者爲主。』據何注所釋則「上伐字指伐人者。短言之。下伐字指被伐者。長言之。」其所謂短言長言者。今無從確知其音讀爲何如。試以意寫之則

主動位之伐字 Fat　　被動位之伐字 Fa

此種變化法與英文之 Strike. Struck 等類。寧非極相肖。特因吾文字結構與彼殊科。故其變化不能以音符表現耳。

許君之釋轉注。謂『建類一首。同意相受。』而全部說文未有一字明言其屬於轉注者。後人不得轉注之確解。聚訟紛紜。至今不決。以吾所臆斷則所謂「建類一首」者。非形之類。形之首。而聲之類。聲之首也。建立一類之聲以爲發音之首一母。凡衍此「一首」之聲者雖收音有變異。然皆同意而相受。是之謂轉注。例如建「戔」聲爲一首。而綫、箋、錢等皆同意相受。建「八」類之聲爲一首。而分、平、北、別、辨等皆同意相受。然則凡諧聲之字。什有九兼轉注矣。其例既舉不勝舉。故許君竟闕而不舉也。

本篇所論吾亦未敢遽自信。要之欲知中國文字源流。不可不大注意發音。則吾所敢斷言也。惜吾於古音學殊乏素養。未能搜博證以自張其說。世之君子若對於此事有研究興味。則其用力方法及所產之結果當如下。

一　先研究古代音讀與今不同者。（例如古無輕脣音之類）使追尋聲系不致沿譌。

二　略仿陳澧之聲類表。別造一新字母以貫通古今之異讀。（注音字母恐須改正者甚多）

三　略仿苗夔之說文聲讀表以聲類韻類相從以求其同異相受之跡。

四　製新字典。一反前此以筆畫分部之法。改爲以音分部。使後之學子得一識字之捷法。

陰陽五行說之來歷

陰陽五行說。爲二千年來迷信之大本營。直至今日。在社會上猶有莫大勢力。今當辭而闢之。故考其來歷如次。

一　陰陽二字語意之變遷

陰陽兩字義之見於說文者。阜部云。『陰。闇也。水之南山之北也。从阜侌聲。』『陽。高明也。从阜昜聲。』然阜旁乃孳乳後起。其原字實爲侌昜。雲部云。『霒。雲覆日也。从雲今聲。侌古文。』勿部云。『昜。開也。从日一勿。一曰飛揚。一曰長也。一曰彊者衆皃。』侌字所从之『云』。即古雲字。侌爲雲覆日。此其本義。引申爲凡覆蔽之義。覆蔽必闇。因又引申爲闇義。背日之地必闇。城市多倚北而背日。因又引申爲背面或裏面或北方之義。此陰字字義變遷之大凡也。昜从日从一者。日在地上。即日出之意。从勿者。說文云『勿。州里所建旗。象……』日出地上而建旗焉。氣象極發揚。此其本義。引申以表日之光彩。故日稱太陽。朝日稱朝陽。夕日稱夕陽。日出則暖。故又引申謂和暖之氣爲陽氣。向日乃能見陽光。故又引申爲正面或表面或南方之義。此陽字字義變遷之大凡也。南北向背相對待。故陰陽二字連用。常以表南北或表裏之義。陰陽兩字相連屬成一名辭表示無形無象之兩種對待的性質。蓋自孔子或老子始。孔老以前之書確實可信者。一曰詩經。二曰書經。三曰儀禮。四曰易經之卦辭爻辭。儀禮全書中無陰陽二字。可置勿論。其他三經所有陰字陽字之文句及意義。列舉詮釋如下。

詩經

曀曀其陰。虺虺其雷（衞風終風）

習習谷風。以陰以雨（衞風谷風）

陰靷鋈續（秦風小戎）

芃芃黍苗。陰雨膏之（曹風下泉）

迨天之未陰雨（豳風鴟鴞）

三之日納於凌陰（豳風七月）

又窘陰雨（小雅正月）

旣之陰女反我來赫（大雅桑柔）

殷其靁在南山之陽（周南殷其靁）

君子陽陽。左執簧右招我由房（王風君子揚揚）

我送舅氏曰至渭陽（秦風渭陽）

春日載陽•（豳風七月）
載玄載黃我朱孔陽•（同上）
湛湛露斯匪陽•不晞（小雅湛露）
曰歸曰歸歲亦陽•止（小雅采薇）
日月陽•止女心傷止（小雅杕杜）
在洽之陽•（大雅大明）
居岐之陽•（大雅皇矣）
度其夕陽•豳居允荒（大雅公劉）
梧桐生矣於彼朝陽•（大雅卷阿）
龍旂陽•陽•（周頌載見）
居岐之陽•（魯頌閟宮）
既景乃岡相其陰•陽•（大雅公劉）

書經

陽•鳥攸居（禹貢）
華陽•黑水惟梁州（同上）
岷山之陽•（同上）

南至于華陰。（同上）

惟天陰。騭下民（洪範）

乃或亮陰。三年不言（無逸）

易爻辭

鶴鳴在陰。其子和之（中孚九二）

右詩經言陰者八。言陽者十四。言陰陽者一。書經言陰言陽各三。最奇者易經一書。莊子所謂『易以道陰陽』者。卦辭爻辭中僅有此『中孚九二』之一條單舉一陰字。（右所列皆臨時繙檢不審有無罣漏希讀者指正）

右列諸文中陰字。谷風下泉鳲鳩正月之『陰雨』及終風之『曀曀其陰』皆用『雲覆日』之義。卽最初本義也。桑柔之『既之陰女』孔疏云『往陰覆汝』。洪範之『惟天陰騭下民』馬注云陰覆也。（呂氏春秋君守篇引洪範此文高注云言天覆生下民）皆用覆蔽之引申義。『陰靷鋈續』毛詩云『陰靷揜軌也』。揜亦覆義。無逸之『亮陰』。尚書大傳作『梁闇』。言凶廬之陰闇也。卽說文以闇釋陰之義。七月之『納於凌陰』。毛詩云『凌陰冰室也』。蓋深邃黑闇之室。中孚之『鶴鳴在陰』。謂鶴鳴於其子所不及見之處而其子能和之也。亦覆蔽之引申義。禹貢之『華陰』謂華山之背面。亦從闇覆義引申來。凡三經所有陰字意義盡於此。

其陽字。閟宮之『龍旂陽陽』。正昜字从勿之本義。謂旂在日下飛揚也。『君子陽陽』者。史記晏子傳『意氣陽陽甚自得』。（今本作揚揚此據毛詩孔疏引）亦如日下之旗神氣飛揚也。此皆最初之義。湛露之『匪陽不晞』。卷阿之『於彼朝陽』。公劉之『度其夕陽』。皆飾彼日在地上之義。直以陽爲日。七月之『我朱孔陽』言朱色之光如日。

亦同前解。七月之『春日載陽』。采薇之『歲亦陽止』。杕杜之『日月陽止』。禹貢之『陽鳥攸居』。皆用向日和暖之引申義。殷其靁之『南山之陽』。渭陽之『曰至渭陽』。大明之『在洽之陽』。皇矣閟宮之『居岐之陽』。禹貢之『華陽』『岷山之陽』。皆言某山某水之正面或表面或南方蓋從向日之一面得名也。凡三經所有陽字意義盡於此。

陰陽二字連用者。惟公劉『既景乃岡相其陰陽』一語。謂在山岡上測日影察其向背云爾。與後世所謂陰陽之義迥別。

由此觀之。商周以前所謂陰陽者。不過自然界中一種粗淺微末之現象。絕不含有何等深邃之意義。陰陽二字意義之劇變。蓋自老子始。老子曰。

『萬物負陰而抱陽。』

此語當作何解。未易斷言。抑固有以異於古所云矣。雖然。五千言中言陰陽者只此一句。且亦非書中重要語。故謂老子與陰陽說有何等關係。吾未敢承。

莊子言『易以道陰陽』。易卦辭爻辭皆未嘗言陰陽。既如前述。然則此語只能作孔子所贊之易解耳。今所傳十翼、其確出孔子手著最可信者。莫如彖傳象傳。惟此兩傳中。惟乾初九象傳云『潛龍勿用。陽在下也』。坤初六象傳云『履霜堅冰。陰始凝也』。彖象兩傳中。剛柔內外上下大小等對待名詞。幾於無卦不有。獨陰陽二字。僅於此兩卦各一見。可謂大奇。至繫辭說卦文言諸傳。則言之較多。今列舉其文如下。

一陰一陽之謂道。

陽卦多陰。陰卦多陽。其故何也。陽卦奇。陰卦偶。

乾陽物也。坤陰物也。陰陽合德而剛柔有體。

陰陽之義配日月。易簡之善配至德。（以上繫辭傳）

觀變於陰陽而立卦。

立天之道曰陰與陽。立地之道曰柔與剛。立人之道曰仁與義。（以上說卦傳）

潛龍勿用。陽氣潛藏。

陰雖有美含之。

陰疑於陽必戰。爲其嫌於无陽也。故稱龍焉。（以上文言傳）

繫辭文言諸傳。不敢遽認爲直接出孔子手。因傳中多有『子曰』字樣。論體例應爲七十子後學者所記也。姑置不論。卽將以上諸條全認爲孔子學說。其所謂陰陽者亦不過如此。蓋孔子之哲學。謂宇宙間有兩種力（如電氣之有正負）相對待相摩盪。斯爲萬有之緣起。此兩種力難於表示。故以種種對待名辭形容之。如剛柔動靜消息屈伸往來進退翕闢等皆是。而陰陽亦其一也。就中言陰陽者遠不如言剛柔消息往來者之多。與其謂易以道陰陽。毋寧謂易以道剛柔道消息也。要之陰陽兩字。不過孔子『二元哲學』之一種符號。而其所用符號。又並不止此一種。其中並不含有何等神祕意味。與矯誣之術數更相遠。故謂後世之陰陽說導源於孔子。吾亦未敢承。

二　五行二字語意之變遷

五行二字最初見於經典者。則尙書甘誓云。

『有扈氏威侮五行。怠棄三正。』

此語作何解。頗難臆斷。後世注家。多指五行爲金木水火土。三正爲建子建丑建寅。然據彼輩所信。子丑寅三建。分配周商夏。甘誓爲夏書。則時無子丑二建。何得云三正。且金木水火土之五行。何得言威侮。又何從而威侮者。竊疑此文應解爲威侮五種應行之道。怠棄三種正義。其何者爲五。何者爲三。固無可考。然與後世五行說絕不相蒙蓋無疑。

次則爲洪範。自漢人作洪範五行傳後。於是言五行者必聯想洪範。此兩名詞幾成不可離之關係。雖然。實際上洪範所謂五行果有何等神祕意味否耶。請勘覘原文。

『我聞在昔。鯀堙洪水。汨陳其五行。』

『一五行。一曰水。二曰火。三曰木。四曰金。五曰土。水曰潤下。火曰炎上。木曰曲直。金曰從革。土爰稼穡。潤下作鹹。炎上作苦。曲直作酸。從革作辛。稼穡作甘。』

此不過將物質區爲五類。言其功用及性質耳。何嘗有絲毫哲學的或術數的意味。『鯀湮洪水汨陳其五行』者。言因湮水之故。致一切物質不能供人用。若謂汨亂五行原理。則與堙水何關耶。洪範本爲政治書。其九疇先列五行者。因其爲物質的要素。人類經濟所攸託命耳。左傳所謂『天生五材民並用之』即此義也。然則洪範本意。並非以此一疇統貫生八疇甚明。後世愚儒欲取凡百事物皆納入五行中。於是首將第二疇之五事——貌言視聽思分配水火木金土。試問第四疇之五紀。第九疇之五福。數固同爲五。然有法分配否。第三疇之八政。

第六疇之三德。數不止五或不及五者。又有法分配否。第五疇之皇極。第七疇之稽疑。第八疇之庶徵。並無數目者。又有法分配否。以一貫八而所貫者亦僅一而止。愚儒之心勞日拙大可憐也。

除書經此兩文外。詩經儀禮易經傳乃至老子論語孟子皆不見有以五行二字連文者。（此憑吾記憶所及耳讀者如有所發見望指正）惟墨子經下及經說下云

『五行毋常勝。說在宜。五合水火土。火離然。火鑠金。火多也。金靡炭。金多也。合之府水。木離木……』

此確與洪範所言五行爲同物。且其言『無常勝』之義。注家或以後世五行生尅說解之。實則勝訓貴。意謂此五種物質無常貴。但適宜應需則爲貴。其說甚平實。不待穿鑿也。

荀子非十二子篇其非子思孟軻也。有頗奇異之數語。曰

『案往舊造說。謂之五行。甚僻違而無類。幽隱而無說。閉約而無解。案飾其辭而祇敬之曰。此眞先君子之言也。子思唱之。孟軻和之。』

此五行不知作何解。若謂卽洪範之五行耶。子思孟軻書中隻字未嘗道及。中庸以君臣父子兄弟夫婦朋友五者爲天下之達道。道有行義。五行或指此耶。然此爲儒家常言。非思軻所創。且無所謂『僻違幽隱閉約』。楊倞注釋爲仁義禮智信之五常。或者近是。然子思說雖無可考。（或中庸外尚有著述）孟子則恆言仁義禮智。未嘗以信與之並列也。此文何指。姑勿深論。但決非如後世之五行說。則可斷言耳。

古籍中可信者。其言五行之說。以吾記憶所及。盡於是矣。此外尚有應懷疑者一段。則左傳昭二十五年記鄭子大叔與晉趙簡子問答語。

『吉也聞諸先大夫子產曰。天地之經。而民實則之。……用其五行。氣爲五味。發爲五色。章爲五聲。……』此與後世所謂『洪範五行』者甚相類。此文如可信。則是孔子之先輩子產時已有此說矣。然左傳眞僞。在學界久成問題。藉曰非全僞。然其作者最早應爲戰國時人。且最少有一部分爲漢人竄亂。此殆無可諱者。謂子產有是言。吾以當時所有學說旁證之。不能置信也。

五行說之極怪誕而有組織者。始見於呂氏春秋之十二覽。其後小戴禮記采之。（即月令篇）淮南子又采之。其說略如下。

『孟春之月。……其日甲乙。其帝太皞。其神句芒。其蟲鱗。其音角。……其味酸。其臭羶。其祀戶。祭先脾。……天子居青陽左个。駕蒼龍。載青旂。衣青衣。服青玉。食麥與羊。……』

如此將一年四季分配五行。春木。夏火。秋金。冬水。所餘之土無可歸。則於夏秋交界時爲拓一位置。於是五方之東西南北中。五色之青赤黃白黑。五聲之宮商角徵羽。五味之酸苦鹹辛甘。五蟲之毛介鱗羽倮。五祀之井竈行戶中霤。五穀之黍稷稻麥菽。五畜之馬牛羊犬豕。五臟之心肝肺脾腎。五帝之太皞炎帝黃帝少昊顓頊。五神之句芒祝融后土蓐收玄冥。皆一一如法分配。（洪範五事抑未編入）乃至如十天干六律六呂等數目不與五符者。亦割裂以隸之。如是將宇宙間無量無數之物象事理。皆硬分爲五類。而以納諸所謂五行者之中。此種詭異之組織。遂二千年蟠據全國人之心理。且支配全國人之行事。嘻。吾輩生死關係之醫藥。皆此種觀念之產物。吾輩最愛敬之中華民國國旗。實爲此種觀念最顯著之表象。他更何論也。

三　陰陽家之成立及陰陽五行說之傳播

由此觀之．春秋戰國以前所謂陰陽所謂五行．其語甚希見．其義極平淡．且此二事從未嘗併爲一談．諸經及孔老墨孟荀韓諸大哲．皆未嘗齒及．然則造此邪說以惑世誣民者誰耶．其始蓋起於燕齊方士．而其建設之傳播之宜負罪責者三人焉．曰鄒衍．曰董仲舒．曰劉向．

史記孟子荀卿列傳云『鄒衍乃深觀陰陽消息．而作迂怪之變．終始大聖之篇十餘萬言．』又云．『稱引天地剖判以來．五德轉移．治各有宜．而符應若茲．』又封禪書云．『齊威宣之時．騶子之徒論著終始五德之運．及秦帝．齊人奏之．』文選魏都賦注引七略云．『鄒子有終始五德．從所不勝．土德後木德繼之．金德次之．火德次之．水德次之．』鄒衍之書見於漢書藝文志者有『鄒子四十九篇．』『鄒子終始五十六篇．』今雖已佚．然據史記及七略所說．可知其概．妖言之作俑者．實此人也．

衍倡此妖言．乘秦漢間學術頹廢之隙．遂以萬斛狂瀾之勢．橫領思想界之全部．司馬談作六家要旨．以陰陽家與儒道墨名法並列．其勢力可想．今將漢書藝文志所著錄此類書照錄如下（書目下括弧中文字皆漢書原注）

宋司星子韋三篇（景公之史）

公檮生終始十四篇（傳鄒奭終始書）

公孫發二十二篇（六國時）

鄒子四十九篇（名衍齊人爲燕昭王師居稷下號「談天衍」）

鄒子終始五十六篇

乘丘子五篇（六國時）

杜文公五篇（六國時）

黃帝泰素二十篇（六國時韓諸公子所作）

南公三十一篇（六國時）

容成子十四篇

張蒼十六篇（丞相北平侯）

鄒奭子十二篇（齊人號曰「雕龍奭」）

閭丘子十三篇（名快魏人在南公前）

馮促十三篇（鄭人）

將鉅子五篇（六國時先南公南公稱之）

五曹官制五篇（漢制似賈誼所條）

周伯十一篇（齊人六國時）

衞侯官十二篇（近世不知作者）

于長天下忠臣九篇（平陰人近世）

公孫渾邪十五篇（平曲侯）

雜陰陽三十八篇（不知作者）

右諸子略陰陽家二十一家三百六十九篇

太壹兵法一篇

天一兵法三十五篇

神農兵法一篇

黄帝十六篇（圖三卷）

封胡五篇（黄帝臣依託也）

風后十三篇（圖二卷黄帝臣依託也）

力牧十五篇（黄帝臣依託也）

鵊冶子一篇（圖一卷）

鬼容區三篇（圖一卷黄帝臣依託也）

地典六篇

孟子一篇

東父三十一篇

師曠八篇（晉平公臣）

萇弘十五篇（周史）

別成子望軍氣六篇（圖三卷）
辟兵威勝方七十篇
右兵書略陰陽家十六家二百四十九篇
泰一陰陽二十三卷
黄帝陰陽二十五卷
黄帝諸子論陰陽二十五卷
諸王子論陰陽二十五卷
太玄陰陽二十六卷
三典陰陽談論二十七卷
神農大幽五行二十七卷
四時五行經二十六卷
猛子閭昭二十五卷
陰陽五行時令十九卷
堪輿金匱十四卷
務成子災異應十四卷
十二典災異應十二卷

鐘律災異二十六卷
鐘律叢辰日苑二十三卷
鐘律消息二十九卷
黃鐘七卷
天一六卷
泰一二十九卷
刑德七卷
風鼓六甲二十四卷
風后孤虛二十卷
六合隨典二十五卷
轉位十二神二十五卷
羨門式法二十卷
羨門式二十卷
文解六甲十八卷
文解二十八宿二十八卷
五音奇胲用兵二十三卷

五音奇胲刑德二十一卷

五音定名十五卷

右數術略五行家三十一家六百五十二卷

此外如數術略醫經房中兩門亦大抵屬此類觀今所傳黃帝內經可知也即以此三門論為書一千三百餘篇對於藝文志總數萬三千二百六十九卷已占十分一而强其實細繹全志目錄揣度其與此等書同性質者恐占四分之一乃至三分之一嘻學術界之恥辱莫此爲甚矣

鄒衍書及他諸書皆不可見可見者有董仲舒之春秋繁露仲舒二千年來受醇儒之徽號然其書祖述陰陽家言者幾居半今無暇一一臚列內容但舉其篇目

五行對第三十八

五行之義第四十二

陰尊陽卑第四十三

王道通三第四十四

天辨在人第四十六

陰陽位第四十七

陰陽終始第四十八

陰陽義第四十九

陰陽出入第五十
天道無二第五十一
暖燠孰多第五十二
基義第五十三
同類相動第五十七
五行相生第五十八
五行相勝第五十九
五行逆順第六十
治水五行第六十一
治亂五行第六十二
五行變救第六十三
五行五事第六十四
天地之行第七十八
如天之爲第八十
天地陰陽第八十一

以上二十三篇皆言陰陽五行。殆占全書之半。其中所含精深之哲理固甚多。要之半襲陰陽家言。最少亦受其影響而絕非孔孟荀以來之學術。則可斷言也。仲舒以儒家大師。而態度如此。故一時經學家皆從風而靡。仲舒自以此術治春秋。京房焦贛之徒以此術治易。夏侯勝李尋之徒以此術治書。翼奉眭孟之徒以此術治詩。王史氏之徒以此術治禮。於是莊嚴純潔之六經。被鄒衍餘毒所蹂躪。無復完膚矣。藝文志六藝略所著錄之書。其屬於此類者。以吾所推度。最少有如下之各種。

易　古五子十八篇（自甲子至壬子說易陰陽）

淮南道訓二篇（淮南王安聘明易者九人號九師說）

雜災異三十五篇

神輸五篇（師古曰劉向別錄云神輸者王道失則災害生得則四海輸之祥瑞）

孟氏京房十一篇

災異孟氏京房六十六篇

京氏段嘉十二篇

書　劉向五行傳記十一卷

許商五行傳記一卷

詩　齊后氏傳三十九卷

齊孫氏傳二十八卷

齊雜記十八卷

禮　明堂陰陽三十三篇

王史氏二十一篇（？）

明堂陰陽說五篇

古封禪羣祀二十二篇

封禪議對十九篇

漢封禪羣祀三十六篇

春秋　公羊外傳五十篇（？）

穀梁外傳二十篇（？）

公羊雜記八十三篇（？）

諸子略儒家　董仲舒百二十三篇（？）

右諸書雖什九已佚然經近人輯出尚多能得其梗概要之兩漢所謂今文家經說其能脫陰陽五行臭味者什無二三大率自仲舒啓之。

漢書五行志云『漢興承秦滅學之後景武之世董仲舒治公羊春秋始推陰陽爲儒者宗宣元之世劉向治穀梁春秋數其禍福傳以洪範與仲舒錯至向子歆……言五行傳又頗不同是以攬仲舒別向歆……所陳行事……著於篇』據此知漢儒陰陽五行之學開於仲舒而成於向歆父子五行志所載大抵卽劉向洪範五行傳之言也吾儕試一籀讀當審其內容爲何如而後此所謂正史者大率皆列此一篇千餘年莫之易嗚呼禨祥災

祲之迷信深中於士大夫智日以昏而志日以偷誰之咎也吾故略疏證其來歷如右俾誦法孔子之君子得省覽焉

辯論術之實習與學理序

歷史上人類之大事業什九皆緣論辯之結果而濬發也其在印度諸大學者有所發明主張恆鳴椎號衆訂期結壇廣集諸異己者爲累月之論諍往往以生命賭勝負上自國王耆宿下至士庶咸輻輳觀聽以爲樂若蠻族樂觀勇士之鬥獸也此其事載於馬鳴天親提婆諸傳者不可勝紀乃至吾國之玄奘學成而後亦以戒日王之請行此種儀式者一月夫彼土宗教思想哲學理論之發達何以能負然獨絕千古蓋非樹義甚堅應辯無方者不足以成大師凡一學派之建設必有其盛水不漏者存而民衆以此機緣得所聽受以鼓其興味而增其辯別力則於學之普及爲宏多矣歐洲亦然希臘羅馬之民卽以觀聽雄辯爲公衆娛樂之一學者及政治家欲有所表見不能不以此爲利器故該撒昔西羅之辭令至今猶誦之彼土之政治學藝所以波瀾壯闊而壹歸於民衆化皆此之由也耗矣哀哉吾國之文化他事或不後人而獨於此何寂寂也孔門雖有言語一科其學與術皆不傳於後以當時學風測之度亦不過應對酬酢之用耳戰國有所謂縱横家者流其操術雖頗經簡練揣摩然乃以對一人非以對大衆故詖詞詖說易行焉不復爲世所重自漢以還論學論事皆恃筆簡而口舌之用殆廢其言語論爭惟一之公案僅有漢武帝時諸「賢良」「文學」與「丞相史」「御史大夫」面諍鹽鐵之一事其語具見於桓寬之鹽鐵論而兩造之爭無公認之方式卒以忿詬終以視印歐辯者堂堂焉建大將旗鼓者何

不侔也。乃若魏晉清譚。專弄虛機。宋明講學。更無敵難。（宋明諸大師雖有筆札爭論絕無集衆對辯之事）其爲政者則惟有所謂密勿啓沃。端拱成化。其於輿人之誦。漠不關心。更無論矣。嗚呼。我國之民衆的政治學術藝術。所以閱千年不一見。而長滯於晦昧膚薄之域者。豈不以是耶。豈不以是耶。然則費君培傑此書。其足以藥吾族之痼疾者。必有在矣。書雖宗美人吉森原箸。然屬辭比事。咸順茲方。能發讀者勝趣。知君於此術所造不淺也。

民國十年三月二十日

平民教育孟祿特號序

孟祿先生來華。行將爲吾教育界挾新曙光以至矣。吾國近二十年所採之教育制度。其斲喪青年之自發力。禍且烈於軍閥。比年以來。教育界人士憂之。而思革之。顧僅有理論。而未能得具體辦法。蓋理論可由冥思或耳食而得。若夫實際的設施。非切按諸環境及經過之事實。則末由適當也。孟祿先生在新大陸教育界之功績。既天下所同認。今惠然來遊。其所以慰吾儕之飢渴者何量。而北京高師者。國人所仰爲教育界之總神經者也。其於今茲之調查與擘畫。所負責任益重大。平民教育雜誌。高師學團中一有力之言論機關也。今於先生來華伊始。發刊特號。以表歡迎。且以促社會之注意。吾知團中人必更有以張大先生之業。而爲吾教育前途大有造矣。謹拜手爲之序。

時事新報五千號紀念辭

本報創自清季。迄於今日。幸而不致中道夭折。得有五千號之紀念。同人等追懷既往更事之多艱。怵念將來踐責之不易。且欣且懼。棖觸萬端。謹述所懷。以告讀者。

吾儕從事報業者。其第一難關。則在經濟之不易獨立。報館恃廣告費以維持其生命。此爲天下通義。在產業幼稚之中國。欲恃廣告所入以供一種完善報紙之設備。在勢既已不可能。而後起之報爲尤甚。質言之。則凡辦報者非於營業收入以外別求不可告人之收入。則其報殆不得自存。本報十餘年間。蓋無一日不感受此種苦痛。力極聲嘶。不能支而思舍去者。不知幾何次矣。同人等殊不敢以清高自詡。但酷愛自由。習而成性。常覺得金錢何來。必自勢力。無論受何方面金錢之補助。自然要受該方面勢力之支配。最少亦受牽掣。吾儕確認現在之中國勢力。即罪惡。任受何方面勢力之支配或牽掣。即與罪惡爲鄰。吾儕不能革滌社會罪惡。既已滋愧。何忍更假言論機關。爲罪惡播種。吾儕爲欲保持發言之絕對的自由。以與各方面罪惡的勢力奮鬥。於是乎吾儕相與矢。無論經若何困難。終不肯與勢力家發生一文錢之關係。吾儕十餘年守此苦節。雖於精神上差獲慰安。而事業上之茹痛乃無極。昔有節孀。年八十而被旌。集其婦子。示以念珠一串。齒痕滿焉。則五六十年間深宵啜泣時嚙苦茹辛以自策厲所留之遺跡也。吾儕今爲本報慶祝五千號。吾儕回檢過去之諸號。自覺號號皆飾以深宵之齒痕。吾儕誠不欲以身受之隱痛。嘵嘵向人。顧最所歉仄者。吾儕以此綿力守此苦節。爲經濟力所限。常不能依吾儕之原定計畫以從事設備。以致吾儕理想中之好報紙。至今仍不能出現。此則吾儕所告罪於讀者而欲求一諒者也。

吾儕既不自揣其力之孤微。而誓與惡勢力奮鬭。故其受惡勢力之摧殘也亦獨酷。十餘年間之遘閔受侮。其鱗次疊起者不暇僂數。試舉其最烈者。當民國三四年間。本報在社會上信用已漸立。銷數幾與今日埒矣。籌安會起。各方面勸進文電。汚我報界潔白之紙者纍纍相望。我同業蓋莫不含憤而未有以破之也。本報得洪憲政府指授機宜僞造民意之密電數十通。急發表之而爲之疏證其眞相。天下憬然。然發表未及半。本報已被命停止郵寄。不能有片紙出租界外。本報受此打擊。兩三年而元氣猶不能復。兩年前安福兒燄炙手可熱。道路以目。同業中持正論者固自不少。而本報以謇諤過甚。獨爲彼輩怨毒所集。今日停郵。明日控案。在滬經理僕僕對簿。在都訪事囚繫經年。凡所以摧鋤剿折之者。惟力是視。吾儕既致命遂志以與羣小宣戰。凡此橫逆。固早已列入預算表中。曾無所於悔。然坐是乃銷磨其無限精力於此種抵抗。而報中內容之充實改良。常有所障而不獲兼程以進。此則吾儕雖在今日猶痛定思痛者也。

吾儕以爲今日之惡勢力不獨一方面。凡所謂勢力者大抵皆惡也。吾儕一不能有所庇縱。故有時對於甲部分惡勢力方施攻擊。移時而對於與甲正反對之乙部分惡勢力而亦施攻擊。攻甲時則甲疑其袒乙。攻乙時則乙又疑其袒甲。卽旁觀者亦或疑其態度之不常。吾儕既抱有一定之方針。固勿之恤。然而已從各方面日日增樹其敵。吾儕又確信報館之天職在指導社會矯正社會。而萬不容玩弄社會逢迎社會。故一方面對於深根固蔕之舊思想。常冒不韙以摩其壘。一方面對於稗販流行之新思想。亦未嘗輕予盲從。吾儕誠不敢自謂其所見之必當。雖然。常以天眞爛熳的態度。自發表其現時良心所主張。一無瞻顧。從不肯以投合社會心理之故。偶發違心之論。尤不願作模棱兩可之辭。以逃天下之責難。是故吾儕每有建言。在社會上恆見爲逆耳。此又本報常遭拂逆之一原因也。

本報十餘年之立場既如此，在勢宜若不能以倖存，然而日邁月征，忽已達五千號之紀念，吾儕對於讀者宏獎之盛心，不能不感極而泣，而社會上能容此孤介之物，使之遂其發榮滋長，其亦前途光明之一徵兆也。同人等受茲獎勵，誠歡誠忭，惟有益自鞭策，永矢固有精神於勿替，而對於所謂理想的計畫，所以改良本報內容，使與時代之需求相應者，更一日不敢怠，同人所以酬讀者之愛，如是而已。

致吳子玉書

子玉將軍麾下：竊聞照乘之珠，以暗投人，鮮不遭按劍相視者，以鄙人之與執事，夙無一面之雅，而執事於鄙人之素性，又非能灼知而推信，然則鄙人固不宜與執事有言也。既今不能已於言，則進言之先，有當鄭重聲明者數事：其一，吾於執事絕無所求；其二，吾於南軍絕無關係；其三，吾對於任何方面任何性質之政潮，絕不願參與活動。吾所以不避唐突致此書於執事者，徒以執事此旬日間之舉措，最少亦當與十年內國家治亂之運有關係，最少亦當與千數百萬人生命財產之安危有關係。吾既以此時生此國，義不容默爾而息，抑為社會愛惜人才起見，對於國中較有希望之人物如執事者，凡國人皆宜盡責善忠告之義。吾因此兩種動機，乃掬其血誠，草致此書，惟執事垂察焉。此書到時，計雄師則既抵鄂矣。執事胸中方略，非局外人所能窺，而道路藉藉，或謂執事行將徇政府之意，從事於武力解決。鄙人據執事既往之言論行事以卜之，殆有信其不然。若果爾爾者，則不得不深為執事惜，深為國家前途痛也。自執事撻伐安福，迅奏膚功，而所謂現政府者，遂託庇以迄今日。執事之意，豈不以為大局自茲粗定，將以福國利民之業責付彼輩也。今一年矣，其成績何若，此無待鄙人詞費，計執事所痛心疾首。或更有倍蓰於吾儕者。由此言之。維持現狀之決不足以謀治安。既洞若觀火也。夫使現狀而猶有絲毫可維持之價值。人亦孰願無故自擾。以重天下之難。今彼自身既已取得無可維持之資格。則無論維持之者費幾何心力。終必無所救。而徒與之俱斃。若以執事之明而猶見不及此。則今後執事之命運。將如長日衣敗絮行荆棘中。吾敢斷言也。而或者曰。執事所規畫。殆不在是。執事欲大行其志。則不得不以武力排除諸障。執事今挾精兵數萬。可以投諸所向無不如意。且俟威加海內後。乃徐語於新建設也。執事若懷抱此種思想者。則殷鑒不遠。在段芝泉。芝泉未始不愛國也。當其反對洪憲拯國體於漂搖之中。其爲一時物望所歸。不讓執事之在今日。徒以不解民治之眞精神。且過信自己之武力。一誤再誤。而卒自陷於窮途。此執事所躬與周旋而洞其癥結者也。鄙人未嘗學軍旅。殊不能知執事所擁之兵力視他軍何如。若專就軍事論軍事。則以貴軍虀粉湘軍。誰曰不可能。雖然。尤當知軍之爲用。有時不惟其實而惟其名。不惟其力而惟其氣。若徒校實與力而已。則去歲畿輔之役。執事所部。殊未見有以優勝於安福。然而不待交綏而五尺之童已能決其勝負者。則名實使然。氣實使然。是故野戰礮機關鎗之威力。可以量可以測者也。其不可量不可測者。乃在輿論之空氣。空氣之爲物。若至弱而易侮。及其積之厚而扇之急。順焉者乘之以瞬息千里。逆焉者則木可拔而屋可發。雖有賁獲。莫能禦也。輿論之性質。正有類於是。三年來執事之功名。固由執事所自造。然猶有立乎執事之後而予以莫大之聲援者。曰輿論。此諒爲執事所承認也。嗚呼。執事其念之。輿論之集也甚難。其去也甚易。一年以來。輿論之對於執事。已由沸點而漸降下矣。今猶保持相當之溫度。以觀執事對於今茲之役。其態度爲何如。若執事所舉措而忽反於大多數人心理所豫期。則緣反動之結果。而沸點忽變爲零點。蓋意中事也。審如是也。則去歲執事所處地位。將有人起而代之而安福所卸下之垢衣。執事乃拾而自披於其肩背。目前之勝負。抑已在不可知之數耳。卽讓一步。如現政府所願望。仗執事威靈以掃蕩湘軍。一舉而下岳州。再舉而克長沙。三舉而抵執事功德夙被之衡陽。事勢果至於此。吾乃不知執事更何術以善其後。左傳有言『盡敵而返。敵可盡乎。』試問執事所部。有力幾許。能否資以復滿洲駐防之舊。試問今在其位者。與將在其位者。能否不爲王占元第二。然則充執事威靈所屆。亦不過恢復到民國七八年之局面而止。留以醞釀將來之潰決已耳。於大局何利焉。況眈眈焉甚執事之後者尤大有人在。以吾儕局外所觀察。彼湘軍者。或且爲執事將來唯一之良友。値歲之不易。彼蓋最能急執事之難。執事今小不忍而虀粉之。恐不旋踵而乃不勝其悔也。執事不嘗力倡國民大會耶。當時以形格勢禁。未能實行。天下至今痛惜。今時局之發展。已進於昔矣。聯省自治。輿論望之若饑渴。頗聞湘軍亦以此相號召。此與執事所夙倡者。形式雖稍異。然精神則脗合無間也。執事今以節制之師。居形勝之地。一舉足爲天下輕重。若與久同袍澤之湘軍左提右挈。建聯省的國民大會之議。以質諸國中父老昆弟。夫孰不距躍三百以從執事之後者。如是則從根本上底定國體。然後蓄精銳以對外雪恥。斯眞乃愛國軍人所當有事。夫孰與快鬩牆之忿。而自陷於荆棘以終也。鄙人自昔本以書癡聞。比來更日夕淫於典籍。於時事無所聞問。凡此所云云。或早已在執事規畫中。且或已在實行中。則吾所言悉爲詞費。執事一笑而拉雜摧燒之。固所願也。若於利害得失之審擇。猶有幾微足煩尊慮者。則望稍割片晷垂意鄙言。嗚呼。吾頻年來向人垂涕泣以進忠告。終不見採。而其人事後乃悔吾言之不用者。蓋數輩矣。吾於執事無交。殊不敢自附於忠告。但爲國家計。則日祝執事以無悔而已。臨風懷想。不盡所言。敬頌勛安。伏惟荃察。

致顏駿人書

駿人總長仁兄閣下。頃讀各報似魯案行將有直接交涉之事。初以爲以吾當局之明。必不致出此。乃日復一日。消息愈惡。心所謂危。不能不一竭忠告於執事。報所傳日人三條或八條提案。吾不知其內容究竟如何。其條件之利害亦且可勿具論。要之當太平洋會議行將開幕之時。而小幡突然有此提議。其用意何居。不可不深察。吾國應付稍不愼。行將全墜國家之人格。開罪英法美三國而資日本以竊笑。此不可不猛省也。威爾賽條約拒簽之理由及其經過執事所熟知。無待更喋陳。在現政府之意其或始終不慊於此舉。亦未可知。雖然慊與不慊且勿論。要之已將『國家意志』堅決表示於世界。全世界人屬耳目焉。當時英法挾戰勝之威睥睨操縱。羣雄戢戢唯命。而初不料我以一孱國。乃有此倔強之舉。其不快可知也。雖復不快。然事後固已起一反省。知我非有所萬不得已。何至攖此逆鱗。質言之。則我之國家人格雖以極不快於此舉之英法亦不能不承認也。此舉反響徧於世界諸阪。而美國尤顯著。美之不批准和約。原因雖複雜。而山東問題。實爲其一重要之口實。觀競爭選舉時哈丁之演說無一次不及此事。可以見矣。今茲太平洋會議。簡單言之。可謂爲謀巴黎和約之修正。修正範圍雖亙各部。然今既以太平洋名。則和約中關於山東部分爲宜修正之首要問題。蓋不俟論。夫美國亦豈必其有所愛於中國。然哈丁輩爲貫徹其屢次宣言。則不容不有此舉。在彼固亦一種『國家意志』之表示也。今距會議之開不過兩月。而突然以直接交涉聞。在英法人視之。正諺所謂『既有今日何必當初。』兩年前吾英法人所勸汝以委曲求全者原不過如此。今日既畢竟出於此者。何以當時毅然決然不肯爲吾儕調人稍留面目。然則前年拒簽之舉。乃毫無意義。倘以惡意解釋。則直是對於英法『不賞臉』而已。在美國方面。彼蓋嘗緣此問題而倒一政府。今茲會議。雖不能謂專爲此問題而設。要之將以結束前案。而此實其重要目的之一。局外人見我官司抱屈。代爲不平。亦十分起勁。而局中人忽鬼鬼祟祟。私和了結。而我對於美國之態度。乃如諺所謂『臨時扯吊橋』。將會議戲目中主要之一幕。忽然抽去。從惡意的解釋。可謂與美國大開頑笑。自今以往。天下人誰復敢與我共事者。以上所推論。具體的利害。較然甚明。更從抽象一面說。則所謂國家意志國家人格者。須一貫到底。而不然者。則一切舉動。皆成爲無意識。何以自立於天地。此又其幾甚微。而執國命者所宜常目在之也。頗聞論者之說。或慮我不應日本交涉。日人將有詞謂彼已還我而我不受。持此以抵制議場上之提案。夫此則豈足成理由者。茲事爭點。在日本則以事實爲權利。始終主張彼有正當之既得權。我則始終反對之。數年來兩國民意見之背馳。天下所共見也。日本所以屢次提出直接交涉。凡欲以貫徹其所主張也。我國亦正惟要貫徹我所主張。故力拒之以迄今日。雖微太平洋會議。而我之不能拋棄我主張甚明。況既有之。且開會即在目前。則彼我各提出所主張。以待局外之公評。此乃一定之程序。彼不能以不受交涉架我以罪。猶之我之不能禁彼提出交涉而已。慮其藉口實以阻會議上之進行。此杞人之論也。爲今之計。我政府對於小幡自始即持此理由（彼此對於既得權承認不承認絕對背馳之理由）婉詞以謝。最正當也。萬一初著已誤。而既與彼爲一度談判。以吾所料。其條件必不能與吾國民所希望相應。自無待言。吾願執事毅然決然。告以兩國主張根本齟齬。立即宣告談判中止。其或可以補救。而不然者。墮彼術中。優柔捱延。及太平洋會議開時。彼將首行宣告謂山東問題我兩國正在磋商中。無煩第三者之越俎。及鄉鄰纓冠之救。盡絕。彼乃伏我而鹽其腦。其爲寃酷。眞萬劫不復矣。下走日理舊著，徹夜申旦，常苦晷刻之不足，本無餘暇以與聞今日之所謂政談者，徒以茲事關係國家之面目及生命，且爲執事一生政治事業之歧途，爲公爲私，義不容嘿，故敢貢其區區。下走賦性雖迂，然絕非徒奮意氣而漫爲無責任之言，尤不屑如時俗所謂「唱高調」者以圖聳觀聽，此當爲執事所能亮察。凡此所云云，皆根據數年來歷史上所演事實，爲國家對外計而求所以「站得住」者，爲政府對內計而求所以站得住者，睠睠懷思，惄焉如擣，故不覺其心之長而語之重也。抑以執事之明達，於此等粗淺事理，寧復有惑？吾所云云，或皆在藎畫中，且已實行焉，則吾言悉爲詞費也已。溽暑乍退，君子維宜，諸惟爲國善攝，不盡。

代熊秉三范靜生致趙炎午書

炎午將軍執事：疊上公函，想承亮詧。頃得蕭督眞電，別紙鈔呈。彼電中「目的已達」云云，想是指占元已去，其言是何用意云云，蓋彼誤認湘軍爲鄂省易督一小問題而出動，則督既易而湘軍之不退爲無名也。今湘軍欲圖自立，最要是將題目放大，表明爲全國之聯省自治而戰，非爲鄂事而戰。此項宣言，想早已預備，祈從速發布。鄂局本身問題糾紛萬狀，弟等之意，謂吾湘人決不宜與聞，若斷斷於此著，則正如鼷鼠之入牛角也。欲聯省會議實現，非得吳蕭提攜不可。吳態度雖未明瞭，然綜合各方面消息，似尚無黷武之意。彼電詢切實辦法，此間卽答以衆所希望在此一著，盼彼與湘作桴鼓應云云。尊處交涉，亦望單提直指，咬定題目，切勿旁騖。至如本省本軍之實質的利益條件，此時似不宜提出。弟等固深知吾湘軍隊太多，非分若干駐外不可，又深知吾軍皆飢卒，無軍費之補償，不足自活。然在今日若無大題目，與彼提攜，而徒主張湘軍駐鄂，則人將以不相侵越之義反脣相稽，我且無辭軍費云云。卽盟諸載書。亦同虛諾。吾何取此不實之口惠者。若彼許我。我不容不歸。則今茲之興師。豈非毫無結果。如是而歸。無以謝父老。並湘局亦潰裂矣。今我軍已陷至困之境。惟得吳提攜更爲向上的發展。乃唯一之生路。而當提攜契約未成立以前。則以力避衝突爲第一義。此間同人日夜奔走。凡可以促進提攜之方法。謀之唯力是視。切望前敵諸公深會此意。餘事某某面述不盡。

代黎元洪等致趙炎午書

炎午將軍麾下。鄂人在水深火熱中。執事率三湘健者以急兄弟之難。不旬日而獨夫潰遁。匕鬯不驚。鄂之福亦湘之光也。執事誓師本意。其必非欲以快意黷武。此天下人所昭昭共見者。今吳蕭兩公率節制之師鎮撫江漢。其所部皆與湘軍久同袍澤。兩賢相軛。亦爲事理所必無。元洪等以爲國家前途生死問題。解決正在今日。而目前負解決之大任者。則吾湘鄂也。湘鄂聯成一氣。百事迎刃而解。若有齟齬。全局遂隳。爲罪爲功。間不容髮。伏望貴部以大局爲重。暫緩前進。並約束斥堠。勿以細故起衝突。俾雙方保全美感。共圖建設。湘鄂幸甚。國家幸甚。凡此所陳。當皆夙在藎慮之中。聊述之以表衆志所嚮。往不復一一也。

代黎元洪等致蕭耀南書

將軍麾下。吾鄂閔凶溝。茲戰禍。執事以紀律之師。遠臨鎮撫。惟鐘虡之不驚。故壺漿之載道。執事之所以慰循鄉父老者至厚。而鄉父老之感懷威德。當亦執事所熟知矣。今茲之役。民怨所府。惟在子春。子春既去。衆怒斯解。民意所屬。惟在自治。自治一倡。羣望斯歸。執事負時重望。還蒞本州。排難解紛。事半功倍。準此以談。其於愛厚。豈有量哉。南來湘鄂諸軍。其中不乏明達。本意既非黷武。行動諒有範圍。元洪等亦已函電交馳。力勸停進。執事愛護桑梓。用情逾眞。其必不忍更作鬩牆之爭。致詒故鄉之戚。此固無待元洪等忠告者。惟望約束斥堠。勿以薄物細故。致衝突滋紛擾。先固結本省團體。乃更與鄰疆戮力。共拯國難。倘時局從此獲一圓滿解決。則舉國實利賴之。非徒鄉人拜賜而已。專此祇頌韜安。佇候明教。不備。

代黎元洪等致吳子玉書

子玉將軍麾下。遙聞旌節已蒞江漢。中外延頸企踵。屬耳目。惟將軍之一言一動是瞻是聽。憂國之士。旦夕揣測將軍態度所嚮。以喜以懼。雖然。元洪等以爲將軍態度。久已與天下共見。至今日而猶揣測將軍。非能知將軍者也。將軍痛心疾首於黷武政策。深知力征經營之不足以謀統一。其仁言苦口。三四年前騰諸衡州諸函電者。天下所共見也。將軍熟察時代潮流。知政府非建設於民意基礎之上。不足以圖治安。乃於掃蕩安福羣醜之後。首倡國民會議解決時局之偉論。又天下所共見也。頻年以來。以各方面之形格勢禁。致將軍爲國家所建大計。未克見諸事實。然將軍之譽望。既緣此洋溢天下。舉國人咸祝禱將軍之終得行其志。而元洪等尤有以知將軍於夙所計畫。未嘗一日忘也。今茲以子春痡毒。政府養癰。鄂人呼籲之路既窮。湘士唇齒之悲愈切。積茲凶閔。致勞兵戎。而天時人事所趨。遂不得不以此善後艱鉅之任。遺諸將軍。淺見者不察。徒見政府方以亂命相加。輒竊竊私議。謂吳將軍得毋舉棋不定。取前此切齒反對之安福系政策。而躬自蹈襲之。若果爾爾者。則所謂與亂同道罔不亡。殷鑒不遠。卽在安福。若果爾爾者。則吳將軍數年令聞。將掃地以盡。不得不爲中國人才惜。而生民浩劫亦且未有艾也。夫此則何足以測將軍。將軍非童騃。何至於盡人能解之事理。而猶煩旁觀者爲之借箸。元洪等當子春潰遁。主客軍錯峙之際。慮前綫斥堠。或以細故生衝突。釀成戰禍。故曾有懇勸雙方停戰之通電。今蕭將軍既已力維秩序。安堵不驚。南來湘鄂諸軍。又皆與將軍夙同袍澤。其對於國家所願盡之責任。當壹惟將軍馬首是瞻。以將軍之明誠。其必不至以歷年蓄銳對外節制之師。供兄弟鬩牆之用。此又盡人所同信者。本無可戰。何待言停。就此一端。更不復勞元洪等詞費。惟猶有不能已於言者。十年來吾民之水深火熱。亦既極矣。厭亂望治。如飢如焚。外之則太平洋會議之召集。卽在目前。若國家仍長此在痺廢俶擾之中。恐並對外資格而失之。以致永劫不復。將軍固先天下之憂而憂者。寧能無以拯之。夫今日固千載一時之事會也。杜工部詩云。二三豪俊爲時出。整頓乾坤濟時了。元洪等不敏。願於浹旬以內。遄聽將軍活國德音矣。

新太平洋發刊詞

凡爾賽噩夢。予吾國人以極深刻之悲痛。鐫於腦際而不能拂去者。兩年於茲矣。今也太平洋會議。倡自美國。寖成事實。全世界人屬耳目焉。國人對於斯會之態度。或緣前此失望餘憤。謂國際間無正義可言。吾儕不願更受誑於幻象。淡焉置之而已。其反是者。或仍習於昔年虛憍倚賴之根性。希冀無數宿題。得有力者仗義執言。一切懸解。兩者異趣。其失惟均也。夫國際間所謂正義。吾儕誠不敢爲過度之信任。雖然。因違反正義所造之惡因。不惟被陵之國受其苦痛。卽陵人者亦安能盡免。凡爾賽會議之罪惡。今已漸暴露於各國民之前。各國當局者雖或形格勢禁。驟難轉圜。然爲輿論所驅。固不能不作補牢之計。太平洋會議。安見其不懲前毖後。一改彼度。況凡爾賽之會。主其事者爲歐洲極複雜糾紛諸問題擾其神明。對於遠東事。無統籌熟慮之餘裕。今茲之會。以遠東爲主題。範圍既較狹。則觀察宜較精。前此對於此部分事情之錯覺。最少亦當有幾分反省。且自凡爾賽拒約以後。我國民誓死自衛之苦衷與其決心。已漸爲世界所認識。人數占全人類四分一之中國。其休戚與全人類息息相關。凡含識者諒能知之。然則此種以全人類平和幸福爲職志之世界的會議。安能蔑我國民之意見如無物者。只須我國民確有一致的公正的表示。其必能發生反響。蓋可豫期。此吾儕對於太平洋會議所爲熱誠歡迎。而絕不敢預存不肖之心以懷疑漠視者也。雖然。天下事必當盡其在我。然後可以責善於人。倘我而自吝其分內之努力。或不解爲常識的活動。徒宴坐以待同情者之義援。不耕不畬而望收穫。甚且所希冀者遠出乎所努力者之上。則天下固無此倖獲。國民試思。彼爲我怨敵之國。其所以齕我轥我者。其心計之工爲何若。其手段之敏爲何若。其與他國交際之昵爲何若。其實力之足以威脅他國者爲何若。我以百不如人之國而與人搏死生於尊俎間。夫焉能有幸。又況政局日在沸擾飄搖中。無政府之狀態日益暴露。此種狀態。不啻對於世界人而爲吾民族無組織統治能力之自白。倘屆開會時而此種狀態一無改變。或且加甚。則豈惟吾宿志無貫徹之望。乃至有更不能堪之侮辱加諸我。亦意計中事耳。此吾儕對於太平洋會議。所爲不能僅以空洞之歡迎謂畢乃事。而正當藉此以激刺其自覺。而鞭策其自立也。同人等以上列兩種喜懼交幷之心理。創此叢刊。其主旨

(一)將吾國民爲自衛起見對於世界各民族最低限之要求——所要求爲吾全國人一致主張者。盡情發揮。使各民族得覘吾意嚮之所存。

（二）採國民外交之眞精神、將此次會議應提之問題應採之手段細密討論、供大多數人之參考批判、求出一準的、俾將來列席者有所秉承、

（三）促起國民注意、使對於政局速謀改造的新建設、免致以無政府狀態見蔑於盛會

飲冰室文集之三十七

辛亥革命之意義與十年雙十節之樂觀

雙十節天津學界全體慶祝會講演

今日天津全學界公祝國慶鄙人得參列盛會榮幸之至我對於今日的國慶有兩種感想第一是辛亥革命之意義第二是十年雙十節之樂觀請分段說明求諸君指教

革命兩個字眞算得中國歷史上的家常茶飯自唐虞三代以到今日做過皇帝的大大小小不下三四十家就算是經了三四十回的革命好像戲臺上一個紅臉人鬼混一會被一個黃臉人打下去了黑臉人鬼混一會又被一個花臉人打下去了拿歷史的眼光看過去眞不知所爲何來一千多年前的劉邦曹操劉淵石勒是這副嘴臉一千多年後的趙匡胤朱元璋忽必烈福臨也是這副嘴臉他所走的路線完全是「兜圈子」所以可以說是絕無意義我想中國歷史上有意義的革命只有三回第一回是周朝的革命打破黃帝堯舜以來部落政治的局面第二回是漢朝的革命打破三代以來貴族政治的局面第三回就是我們今天所紀念的辛亥革命了

辛亥革命有甚麽意義呢簡單說

一面是現代中國人自覺的結果

一面是將來中國人自發的憑藉。

自覺覺些甚麼呢。

第一　覺得凡不是中國人都沒有權來管中國的事。

第二　覺得凡是中國人都有權來管中國的事。

第一件叫做民族精神的自覺。第二件叫做民主精神的自覺。這兩種精神。原是中國人所固有。到最近二三十年間。受了國外環境和學說的影響。於是多年的「潛在本能」忽然爆發。便把這回絕大的自覺產生出來。如今請先說頭一件的民族精神。原來一個國家被外來民族征服。也是從前歷史上常有之事。因爲凡文化較高的民族。一定是安土重遷。流於靡弱。碰着外來游牧慓悍的民族。很容易被他蹂躪。所以二三千年來世界各文明國。沒有那一國不經過這種苦頭。但結果這民族站得住或站不住。就要看民族自覺心的强弱何如。所謂自覺心。最要緊的是覺得自己是「整個的國民」。永遠不可分裂不可磨滅。例如猶太人。是整個卻不是國民。羅馬人是國民卻不是整個。印度人既不是國民更不是整個了。所以這些國從前雖然文化燦爛。一被外族征服。便很難爬得轉來。講到我們中國這種苦頭。眞算喫得彀受了。自五胡亂華以後。跟着甚麼北魏咧。北齊咧。北周咧。遼咧。金咧。把我們文化發祥的中原。鬧得稀爛。後來蒙古滿洲。更了不得。整個的中國完全被他活吞了。雖然如此。我們到底把他們攆了出去。四五千年前祖宗留下來這分家產。畢竟還在偺們手裏。諸君別要把這件事情看得很容易啊。請放眼一看。世界上和我們平輩的國家。如今都往那裏去了。現在赫赫有名的國家。都是比我們晚了好幾輩。我們好像長生不老的壽星公。活了幾千年。經過千災百難。如今還是和小孩子一樣。萬事都帶幾分幼穉態度．這是什麼原故呢．因爲我們自古以來．就有一種覺悟．覺得我們這一族人像同胞兄弟一般．拿快利的刀也分不開．又覺得我們這一族人在人類全體中關係極大．把我們的文化維持擴大一分．就是人類幸福擴大一分．這種觀念任憑別人說我們是保守也罷．說我們是驕慢也罷．總之我們斷斷乎不肯自己看輕了自己．確信我們是世界人類的優秀分子．不能屈服在別的民族底下．這便是我們幾千年來能彀自立的根本精神．民國成立前二百多年不是滿洲人做了皇帝嗎．到了後來．面子上雖說是中國人被滿洲人征服．骨子裏已經是滿洲人被中國人征服．因爲滿洲漸漸同化到中國．他們早已經失了一個民族的資格了．雖然如此．我們對於異族統治的名義．也斷斷不能忍受．這並不是爭甚麼面子問題．因爲在這種名義底下．國民自立的精神．總不免萎縮幾分．所以晚明遺老像顧亭林黃梨洲王船山張蒼水這一班人．把一種極深刻的民族觀念傳給後輩．二百多年．未嘗斷絕．到甲午年和日本打一仗．打敗了．我們覺得這並不是中國人打敗．是滿洲人拖累着中國人打敗．恰好碰着歐洲也是民族主義最昌的時代．他們的學說．給我們極大的激刺．所以多年來磅礴鬱積的民族精神．盡情發露．排滿革命．成爲全國人信仰之中堅．那性質不但是政治的．簡直成爲宗敎的了．

第二件再說那民主精神．偺們雖說是幾千年的專制古國．但偺們向來不承認君主是什麼神權．什麼天授．歐洲中世各國都認君主是國家的主人．國家是君主的所有物．偺們腦筋裏頭．卻從來沒有這種謬想．偺們所篤信的主義．就是孟子說的『民爲貴社稷次之君爲輕』．拿一個鋪子打譬．人民是股東．皇帝是掌櫃．股東固然有時懶得管事．到他高與管起事來．把那不妥當的掌櫃撵開．卻是認爲天經地義．還有一件．偺們向來最不喜歡政府擴張權力干涉人民。偺們是要自己料理自己的事。偺們雖然是最能容忍的國民。倘若政府侵偺們自由超過了某種限度。偺們斷斷不能容忍。偺們又是二千年來沒有甚麼階級制度。全國四萬萬人都是一般的高。一樣的大。一個鄉下窮民。只要他有本事。幾年間做了當朝宰相並不為奇。宰相辭官回家去還同小百姓一樣受七品知縣的統治。法律上並不許有什麼特權。所以政治上自由平等兩大主義。算是我們中國人二千年來的公共信條。事實上能得到甚麼程度。雖然各時代各有不同。至於這種信條在國民心目中。卻是神聖不可侵犯。我近來常常碰着些外國人。很疑惑我們沒有民治主義的根柢。如何能彀實行共和政體。我對他說。恐怕中國人民治主義的根柢。只有比歐洲人發達的早。並沒比他們發達的遲。只有比他們打疊的深。並沒比他們打疊的淺。我們本來是最「德謨克拉西」的國民。到近來和外國交通。越發看眞「德謨克拉西」的好處。自然是把他的本性。起一種極大的衝動作用了。回顧當時清末的政治。件件都是和我們的信條相背。安得不一齊動手端茶碗送客呢。

當光緒宣統之間。全國有智識有血性的人。可算沒有一個不是革命黨。但主義雖然全同。手段卻有小小差異。一派注重種族革命。說是只要把滿洲人攆跑了。不愁政治不清明。一派注重政治革命。說是把民治機關建設起來。不愁滿洲人不跑。兩派人各自進行。表面上雖像是分歧。目的總是歸着到一點。一面是同盟會的人暗殺咧起事咧。用祕密手段做了許多壯烈行為。一面是各省諮議局中立憲派的人。請願咧彈劾咧。用公開手段做了許多羣衆運動。這樣子鬧了好幾年。犧牲了許多人的生命財產。直到十年前的今日。機會湊巧。便不約而同的起一種大聯合運動。武昌一聲礮響。各省諮議局先後十日間各自開一場會議。發一篇宣言。那二百多年霸占鋪產的掌櫃便乖乖的把全盤交出。我們永遠託命的中華民國。便頭角崢嶸的誕生出來了。這是誰的功勞呢。可以說誰也沒有功勞。可以說誰也有功勞。老實說一句。這是全國人的自覺心到時一齊迸現的結果。現在偺們中華民國雖然不過一個十歲小孩。但偺們卻是千信萬信信得過他一定與天同壽。從今以後。任憑他那一種異族。野蠻咧文明咧日本咧歐美咧。獨占咧共管咧。若再要來打那統治中國的壞主意。可斷斷乎做不到了。任憑甚麼人。堯舜咧桀紂咧。劉邦李世民朱元璋咧。王莽朱溫袁世凱咧。若再要想做中國皇帝。可是海枯石爛不會有這回事了。這回革命。就像經過商周之間的革命。不會退回到部落酋長的世界。就像經過秦漢之間的革命。不會退回到貴族階級的世界。所以從歷史上看來。是有空前絕大的意義。和那紅臉打倒黑臉的把戲。性質完全不同。諸君啊。我們年年雙十節紀念。紀念個甚麼呢。就是紀念這個意義。爲甚麼要紀念這個意義。爲要我們把這兩種自覺精神。越加發揚。越加普及。常常提醒。別要忘記。如其不然。把這雙十節當作前清陰曆十月初十的皇太后萬壽一般看待。白白放一天假。躲一天懶。難道我們的光陰。這樣不值錢。可以任意荒廢嗎。諸君想想啊。

我下半段要說的是十年雙十節之樂觀。想諸君驟然聽著這個標題。總不免有幾分詫異。說是現在人民痛苦到這步田地。你還在那裏樂觀。不是全無心肝嗎。但我從四方八面仔細研究。覺得這十年間的中華民國。除了政治一項外。沒有那一樣事情不是可以樂觀的。就算政治罷。不錯。現時是十分悲觀。但這種悲觀資料。也並非很難掃除。只要國民加一番努力。立刻可以轉悲爲樂。請諸君稍耐點煩。聽我說明。

樂觀的總根源。還是剛纔所說那句老話。「國民自覺心之發現」。因爲有了自覺。自然會自動。會自動。自然會自立。一個人會自立。國民裏頭便多得一個優良分子。個個人會自立。國家當然自立起來了。十年來這種可樂觀的現象。在實業教育兩界表現得最爲明顯。我如今請從實業方面舉幾件具體的事例。宣統三年全國紡紗的錠數不滿五十萬錠。民國十年已超過二百萬錠了。日本紗的輸入一年一年的遞減。現在已到完全封絕的地步。宣統三年。全國產煤不過一千二三百萬噸。民國十年增加到二千萬噸了。還有一件應該特別注意的。從前煤鑛事業完全中國人資本中國人自當總經理中國人自當工程師這三個條件具備的礦。一個也沒有。所出的煤。一噸也沒有。到民國十年。在這條件之下所產的煤四百萬噸。幾乎占全產額四分之一了。此外像製絲咧。製麵粉咧。製煙咧。製糖咧。製鹽咧。農墾咧。漁牧咧。各種事業。我也不必列舉統計表上許多比較的數目字。免得諸君聽了厭煩。簡單說一句。都是和紗廠煤礦等業一樣。有相當的比例進步。諸君試想從前這種種物品。都是由外國輸入。或是由外國資本家經營。我們每年購買出了千千萬萬金錢去賑外國人。如今挽回過來的多少呢。養活職工又多少呢。至如金融事業。宣統三年。中國人自辦的只有一個大清銀行。一個交通銀行。辦得實在幼稚可笑。說到私立銀行。全國不過兩三家。資本都不過十萬以內。全國金融命脈。都握在上海香港幾家外國銀行手裏頭。捏扁搓圓。憑他尊便。到今民國十年。公私大小銀行有六七十家。資本五百萬以上的亦將近十家。金融中心漸漸回到中國人手裏。像那種有外國政府站在後頭的中法銀行。宣告破產。還是靠中國銀行家來救濟整理。中國銀行公會的意見。五國銀行團不能不表相當的尊重了。諸君啊。諸君別要誤會以爲我要替資本家鼓吹。現在一部分的資本家。誠不免用不正當的手段。掠得不正當的利益。我原是深惡痛恨。而且他們的事業。也難保他都不失敗。但這些情節。暫且不必多管。我總覺得目前這點子好現象。確是從國民自覺心發育出來。『中國人用的東西。爲什麼一定仰給外國人。』這是自覺的頭一步。『外國人經營的事業。難道中國人就不能經營嗎。』這是自覺的第二步。『外國人何以經營得好。我們從前趕不上人家的在什麼地方。』這是自覺的第三步。有了這三種自覺。自然會生出一種事實來。就是『用現代的方法。由中國人自動來興辦中國應有的生產事業。』我從前很躭心疑惑中國人組織能力薄弱。不能舉辦大規模的事業。近來得了許多反證。把我的疑懼逐日減少。我覺得中國人性質。無論從那方面看去。總看不出比外國人弱的地方。所差者還是舊有的學問智識。對付不了現代複雜的社會。卽如公司一項。前淸所辦的什有八失敗。近十年內。卻是成功的成數比失敗的多了。這也沒甚麼稀奇。從前辦公司的不是老官場便是老買辦。一羣新智識也沒有。如今年富力強的青年。或是對於所辦事業有專門學識的。或是受過相當敎育常識豐富的。漸漸插足到實業界。就算老公司裏頭的老輩。也不能不汲引幾位新人物來做臂膀。簡單說一句。實業界的新人物新方法。對於那舊的已經到取而代之的地位了。所以有幾家辦得格外好的。不惟事事不讓外國人。只有比他們還要嶄新進步。剛纔所說的是組織方面。至於技術方面。也是同樣的進化。前幾天有位朋友和我說一段新聞。我聽了甚有感觸。諸君若不厭麻煩。請聽我重述一番。據說北京近來有個製酒公司。是幾位外國留學生創辦的。他們卑禮厚幣。從紹興請了一位製酒老師傅來。那位老師傅頭一天便設了一座酒仙的牌位。要帶領他們致敬盡禮的去禱拜。這班留學生。自然是幾十個不願意。無奈那老師傅說不拜酒仙。酒便製不成。他負不起這責任。那些留學生。因爲熱心學他的技術。只好胡亂陪著拜了。後來這位老師傅很盡職的在那裏日日製酒。卻是每回所製總是失敗。一面這幾位學生在旁邊研究了好些日子。知道是因爲南北氣候和其他種種關係所致。又發明種種補救方法。和老師傅說。老師傅總是不信。後來這些學生用顯微鏡把發酵情狀打現出來。給老師傅瞧。還和他說明所以然之故。老師傅聞所未聞。纔恍然大悟的說道『我向來只怪自己拜酒仙不誠心。或是你們有什麼沖撞。如今纔明白了。完全不是那麼一回事』從此老師傅和這羣學生教學相長。用他的經驗來適用學生們的學理。製出很好的酒來了。這段新聞。聽著像很瑣碎無關輕重。卻是「科學的戰勝非科學的」眞憑實據。又可見青年人做事。要免除老輩的阻力。而且得他的幫助。也並非難。只要你有眞實學問。再把熱誠貫注過去。天下從沒有辦不通的事啊。我對民國十年來生產事業的現象。覺得有一種趨勢。最爲可喜。就是科學逐漸占勝。科學的組織。科學的經營。科學的技術。一步一步的在我們實業界中得了地盤。此後凡屬非科學的事業。都要跟着時勢變計改良。倘其不然。就要劣敗淘汰去了。這種現象。完全是自覺心發動擴大的結果。完全是民國十年來的新氣象。諸君想想。這總算彀得上樂觀的好材料罷。

在教育方面。越發容易看得出來。前清末年辦學堂。學費膳費書籍費。學堂一攬千包。還倒貼學生膏火。在這種條件底下招考學生。卻是考兩三次還不足額。如今怎麼樣啦。送一位小學生到學校。每年百打百塊錢。大學生要二三百。然而稍爲辦得好點的學校。那一處不是人滿。爲什麼呢。這是各家父兄有極深刻的自覺。覺得現代的子弟。非求學問不能生存。在學生方面。從前小學生。逼他上學。好像拉牛上樹。如今卻非到學堂不快活了。大學生十個裏頭總有六七個曉得自己用功。不必靠父師督責。一上十五六歲。便覺得倚賴家庭是不應該的。時時刻刻計算到自己將來怎樣的自立。從前的普通觀念。是想做官纔去讀書。現在的學生。他畢業後怎麼的變遷。雖然說不定。若當他在校期間。說是打算將來拿學問去官場裏混飯喫。我敢保一千人裏頭找不着一個。以上所說這幾種現象．在今日看來．覺得很平常．然而在十年前卻斷斷不會有的．爲甚麼呢．因爲多數人經過一番自覺之後．纔能得來．所以斷斷不容假借．講到學問本身方面．那忠實研究的精神．一天比一天增長．固然是受了許多先輩提倡的影響．至於根本的原因．還是因爲全國學問界的水平線提高了．想要學十年前多數學生的樣子．靠那種「三板斧」「半瓶醋」的學問來自欺欺人．只怕不會站得住．學生有了這種自覺．自然會趨到忠實研究一路了．既有了研究精神興味．自然是愈引愈長．程度自然是愈進愈深．近兩年來「學問饑餓」的聲浪．瀰漫於青年社會．須知凡有病的人．斷不會覺得饑餓．我們青年覺得學問饑餓．便可證明他那「學問的胃口」消化力甚強．消化力既強．營養力自然也大．咱們學問界的前途．誰能彀限量他呢．有人說『近來新思潮輸入．引得許多青年道德墮落．是件極可悲觀的事．』這些話．老先生們提起來．什有九便皺眉頭．依我的愚見．勸他們很可以不必白操這心．人類本來是動物．不是神聖．「不完全」就是他的本色．現在不長進的青年．固然甚多．難道受舊教育的少爺小姐們．那下流種子又會少嗎．不過他們的醜惡．遮掩起來．許多人看不見罷了．凡一個社會當過渡時代．魚龍混雜的狀態．在所不免．在這個當口．自然會有少數人走錯了路．成了時代的犧牲品．但算起總帳來．革新的文化．在社會總是有益無害．因爲這種走錯路的人．對於新文化本來沒有什麼領會．就是不提倡新文化．他也會墮落．那些對於新文化確能領會的人．自然有法子鞭策自己．規律自己．斷斷不至於墮落．不但如此．那些借新文化當假面具的人．終久是在社會上站不住．任憑他出風頭．出三兩年．畢竟要屏出社會活動圈以外．賸下這些在社會上站得住的人．總是立身行己．有些根柢．將來新社會的建設．靠的是這些人．不是那些人．所以我對於現在青年界的現象．覺得是純然可以樂觀的．別人認爲悲觀的材料．

在我的眼內都不成問題。

以上不過從實業教育兩方面立論。別的事在今天的短時間內恕我不能多舉。總起來說一句。偺們十個年頭的中華民國。的確是異常進步。前人常說理想比事實跑得快。照這十年的經驗看來。倒是事實比理想跑得快了。因爲有許多事項。我們當宣統三年的時候。絕不敢說十年之內會辦得到。哈哈。如今早已實現了。尤可喜的。是社會進步所走的路。一點兒沒有走錯。你看近五十年來的日本。不是跑得飛快嗎。可惜路走歪了。恐怕跑得越發遠。越發回不過頭來。我們現在所走的。卻是往後新世界平平坦坦的一條大路。因爲我們民族本來自由平等的精神是很豐富的。所以一到共和的國旗底下。把多年的潛在本能發揮出來。不知不覺便和世界新潮流恰恰相應。現在萬事在草創時代。自然有許多不完全的地方。而且常常生出許多毛病。這也無庸爲諱。但方向既已不錯。能力又不缺乏。努力前進的志氣又不是沒有。像這樣的國民。你說會久居人下嗎。還有一件。請諸君別要忘記。我們這十年內社會的進步。乃是從極黑暗極混亂的政治狀態底下。勉強掙扎得來。人家的政治。是用來發育社會。我們的政治。是用來摧殘社會。老實說一句。十年來中華民國的人民。只算是國家的孤臣孽子。他們在這種境遇之下。還掙得上今日的田地。倘使政治稍爲清明幾分。他的進步還可限量嗎。

講到這裏。諸君怕要說。『梁某人的樂觀主義支持不下去了。』我明白告訴諸君。我對於現在的政治。自然是十二分悲觀。對於將來的政治。卻還有二十四分的樂觀。哩。到底可悲還是可樂。那關鍵卻全在國民身上。國民個個都說『悲呀。悲呀。』那眞成了舊文章套調說的『不亦悲乎。』只怕跟著還有句『嗚呼哀哉』呢。須知政治這樣東西。不是一件礦物。也不是一個鬼神。離卻人沒有政治。造政治的橫豎不過是人。所以人民對於政治。要他好他便好了。隨他壞他便壞了。須知十年來的壞政治。大半是由人民縱壞。今日若要好政治。第一是要人民確然信得過自己有轉移政治的力量。第二是人民肯把這分力量拿出來用。只要從這兩點上有徹底的自覺。政治由壞變好有什麽難。拿一家打譬。主人懶得管事。當差的自然專橫。專橫久了。覺得他像不知有多大的神通。其實主人稍爲發一發威。那一個不怕。現在南南北北甚麽總統咧巡帥咧聯帥咧督軍咧總司令咧。都算是素來把持家政的悍僕。試問他們能有多大的力量。能有多久的運命。眼看著從前在臺而上逞威風的。已經是一排一排的倒下去。你要知道現時站在臺上的人結果如何。從前站的人就是他的榜樣。我們國民多半拿軍閥當作一種悲觀資料。我說好像怕黑的小孩拿自己的影子嚇自己。須知現在紙糊老虎的軍閥。國民用力一推。固然要倒。就是不推他也自己要倒。不過推他便倒得快些。不推他便倒得慢些。他們的末日已經在閻羅王册上注了定期。在今日算不了什麽大問題。只是一件。倘若那主人還是老拿著不管事的態度。那麽這一班壞當差的去了。別一班壞當差的還推升上來。政治卻永遠無清明之日了。講到這一點嗎。近來許多好人打著不談政治的招牌。卻是很不應該。社會上對於談政治的人。不問好歹。一概的厭惡冷淡。也是很不應該。國家是誰的呀。政治是誰的呀。正人君子不許談。有學問的人不許談。難道該讓給亡清的貪官汚吏來談。難道該讓給强盜頭目來談。難道該讓給流氓痞棍來談。我奉勸全國中優秀分子。要從新有一種覺悟。『國家是我的。政治是和我的生活有關係的，談我是要談定了，管我是要管定了。』多數好人都談政治。都管政治。那壞人自然沒有站脚的地方。再申說一句。只要實業界教育界有嚴重監督政治的決心。斷不愁政治沒有淸明之日。好在據我近一兩年來冷眼的觀察。國民喫政治的苦頭已經吃彀了。這種覺悟已經漸漸成熟了。我信得過我所私心所禱的現象不久便要實現方纔說的對於將來政治有二十四分樂觀就是爲此諸君我的話太長了麻煩諸君好幾點鐘很對不起但盼望還容我總結幾句諸君啊要知道希望是人類第二個生命悲觀是人類活受的死刑一個人是如此一個民族也是如此古來許多有文化的民族爲甚麼會滅亡得無影無踪呀因爲國民志氣一旦頹喪了那民族便永遠翻不轉身來我在歐洲看見德奧兩國戰敗國人民德國人還是個個站起了奧國人已經個個躺下去那兩國前途的結果不問可知了我們這十歲大的中華民國雖然目前像是多災多難但他的禀賦原來是很雄厚的他的環境又不是和他不適他這幾年來的發育已經可觀難道還怕他會養不活不成養活成了還怕沒有出息嗎只求國民別要自己看不起自己別要把志氣衰頹下去將來在全人類文化上大事業正多着哩我們今天替國家做滿十歲的頭一回整壽看著過去的成績想起將來的希望把我歡喜得幾乎要發狂了我願意跟著諸君齊聲三呼『中華國民萬歲』

太平洋會議中兩種外論闢謬

重畫中國疆土說與國際共管說

十一月廿六日在天津青年會講演

我對於太平洋會議本來不敢希望他有多大的成績只求不鬧出別的岔子已屬萬幸所以幾個月以來對於這件事不肯多說話即偶爾說說亦不過從消極自衛方面立論不願意瞎唱高調今天所演講仍是這種態度因爲近來有些外國報紙在那裏極力製造空氣鼓吹兩種謬論大不利於我國我不能不向世界人辨明一番

兼要令中國人知道警醒。

第一種。是重畫中國疆域說。說中國疆域應限於長城以內的十八省。這是日本有名的幾家大報館同時鼓吹。而且在華盛頓議場內外到處放空氣。

第二種。是國際共管中國說。說中國財政要破產了。中國人沒有自己統治自己的能力。外國人應協同共管。這也是日本報界半年以來常說的。而上海英國半官報之字林西報鼓吹尤力。中國也有一部分人希望他實現。

這兩種謬說。本來都毫無價值。而且斷斷不會成為事實。但人家既放出這些空氣來。不能說他絕無影響。所以我覺得我有加以糾正的責任。

日本人所倡第一類謬說。是從他們幾年來倡的甚麼「滿蒙除外」更進一步。他的用意。不外是要把東三省收作自己囊中物。還借此送一個秋波給英國。叫他去打西藏的主義。我們中華民國現在的疆域。都是多年來從歷史上傳下來。這些歷史事實。都是天下共見。也不必我逐個逐個地方來背履歷。但對於日本人眈眈垂涎的東三省。我卻要把歷史上證據搬出來。請全世界人評一評。

原來中國文化。起於北部。五千年開國的黃帝。他的京城在涿鹿。就是現在張家口附近的涿鹿縣。因為如此。所以勢力先從北方進展。長江一帶還未開闢的時候。關外地方早已入中國版圖了。據說堯舜時代的幽州營州。就是現在東三省地方。但這些代遠年湮的事。我也不必多引。我們從正史上最確實的證據。知道當戰國時（西曆紀元前四百年以後）奉天全省及朝鮮。都是當時那七大國中燕國的領土。燕國是紀元前一一三四年受封下來。初封之君。是周文王的兒子。是中華民族的血脈。燕國的領土。當然就是中華民族的領土了。當秦始皇滅六國時。燕王喜兵敗。還把他的國都搬到奉天去。支持了五年。這是西紀前二二六年至二二二年的事。秦漢統一以後。這塊地方。就二千多年長爲中國的郡縣。中間偶然有些武人割據獨立。或者外族偶然侵入占據。總是不久就依然收回。這種原是中國歷史上常有的事。內地十八省。那一省沒有經過這種沿革。難道可以說十八省不是中國疆域嗎。這些小小波折。我不必細談。請將二千二三百年來這地方的建置列一個表如下。

西紀前二二一年（秦始皇二十六年）置遼東遼西二郡。
一〇七年（漢元封四年）平朝鮮。增置眞番臨屯樂浪玄菟四郡。合秦所置遼東遼西共爲六郡。統屬於幽州。
八二年（漢始元五年）省眞番臨屯入玄菟樂浪。共爲四郡。
紀元一二〇年（漢永寧元年）增置遼東屬國都尉。
二〇一至二三七年　公孫氏據遼。後自稱燕王。
二三九年（魏景初三年）分置遼東昌黎樂浪玄菟帶方五郡。統屬於平州。復置東夷校尉。治襄平。
三一九年至三六九年（晉太興二年以後）慕容廆據之。稱燕王。此後爲南北朝。
四二〇年至六二五年（魏至隋）屬營州刺史所管。
六四五年（唐貞觀十九年）增置蓋遼巖三州。
六七七年（唐總章元年）高麗平。置安東都護。統九都督府四十二州。
九一七年至一一二五年　爲契丹所據。
一一二六年至一二三三年　爲金所據。
一二六九年（元至元六年）置遼陽等處行中書省。統七路。
一三七一年（明洪武四年）置定遼都衛。

一三七六年（明洪武八年）改爲遼東都指揮使司統二十五衞。一四〇九年（明永樂七年）復置安東自在二州。

這是從秦漢到明朝的沿革大略。清朝以後便是現在的東三省。那歷史人人共知。不必我細說了。其實我說的都是廢話。這些歷史日本人何嘗不知道。不過想借此騙騙那不大懂東方情形的歐美人罷了。其實這種不近情理之談。我也敢斷定歐美人不至受他的騙。卻是另有一段話。我不能不向歐美人提醒。歐美人看見日本年年向美洲澳洲檀香山等處輸出許多勞工。現在屢屢提出甚麼人種平等問題。糾纏不已。有些人說日本人口過剩。總須讓他一條出路。不如把滿蒙送給他消納他一部分苦力。免得他們來和白人搶麵包吃。我說這是完全看錯了。苦力勞工。總是往工價高的地方跑。滿蒙工價比日本低下數倍。如何能消納他們。不信你看日本近二十年來。得了一個臺灣。又得了一個朝鮮。他的面積加增了一倍有多。試問他們的苦力移了多少出去。那苦力不是依舊一年一年的往美洲澳洲送嗎。卻是他得了這兩大塊富源。資本主義越加發達。到處做歐美人的勁敵。往後他若是在滿蒙方面完全達到目的。自然也是蹈襲從前的故技。苦力呢。還是一船一船的裝著經過太平洋或多島海往外送。他卻是在大陸上多搶得幾萬里的富源。多統治千來萬的人口。恐怕那時歐美人纔眞頭痛呢。日本人這種無理的野心。我們自然是誓死抵抗。我還警告歐美人千萬別要上這個當兒。

第二種謬論。說的甚麼國際共管。這問題卻不像頭一種那麼簡單。很有幾家有力量的報紙。說得來像是「持之有故言之成理。」事實上卻也有打算實行的徵兆。尤其可痛者中國國內並且有一部分人——還是比較有智識有地位的人。也跟著在那裏附和。我對於這種邪說。本來還要詳詳細細做一篇文去闢他。今晚時間有限。且說個大略罷了。

頭一件。我要問他們共管是管些什麼。怎麼個管法。據他們的論調。像是只管財政。不管別的政治。那麼。我且問。關稅鹽稅都已管了。進一步還管些什麼。自然是煙酒稅咧印花稅咧釐金咧錢糧地丁咧一攬千包都要來請。你想想。海關設在通商口岸。自然是外國人要管便管得下。鹽稅雖然稍爲艱難些。但是鹽場有定。派稽核還可勉強辦到。至於煙酒印花，釐金錢糧，地丁等等。他那性質是各府各縣各埠各鄉零碎散布。那共管機關若要派洋員來稽核。最少非把十幾個省長一千多個縣知事都換成洋人不可。這還是專就收入講呀。管財政不管支出。那管法能算徹底嗎。這樣說來。中外大小衙署的會計科乃至各軍隊的軍需處都要插入個把洋員。這種事辦得到辦不到。另一問題。倘若如此還能說是管財政不管政治嗎。須知財政和別的政治。絕對不能分離。共管財政。老實說就是統治權移轉罷了。第二件。我要問他們共管是怎麼個共法。共得下來共不下來。共管的先例。我們在近世歐洲外交史上也曾看見幾件。埃及咧。摩洛哥咧。波斯咧。都因爲是有兩個或兩個以上的國家在這些地方競爭權利。相持不下。其後千回百折。商量出共管或類似於共管的法子來圖解決。結果總是鬧得不歡而散。或促成一國獨吞的機會。或種出國際戰爭的遠因。這種過去遠隔的事例。我且不必多徵引。據我所知道眼面前一件事——京漢鐵路修理黃河橋的事。聚起幾國人來投標承辦。他們彼此鬧意見。鬧得個落花流水。還在西文報紙上互相攻擊。丟了許多醜。你想。這不過一件極小的事。又專限於枝術範圍。尚且鬧出恁麼大笑話。倘若聚了許多利害不相容的國。各各派出若干名縱橫捭闔的政客。來共管別一個國的政治。你說會「

和衷共濟」嗎。鼓吹共管的人。請想一想啊。第三件。我要問他們這共管權用什麽程序取得。管不下來又怎麽樣。海關管理權是在前清用皇帝批准的程序取得。鹽政管理權。是在袁世凱全盛時代用大總統批准的程序取得。那時候那批准人的威令確能行於全國。所以取得這權的人。就可以行使這權。行使經過若干年變成歷史的關係。所以這權直到今日還能行得下去。然而管鹽權比起管關權。已差一層。你看現在奉天雲南……等處的鹽稅。不是紛紛截留嗎。稽核總所有甚麽辦法。如今你們提倡共管。難道在華盛頓會議席上幾個國私商決議。不管我們承諾不承諾。就實行起來。恐怕天下沒有這種情理吧。若要經過承諾的程序。就要問甚麽人配承諾。甚麽機關配承諾。我想各國若要找出承諾的人和機關。頭一度難關是沒有人肯。第二度難關是沒有人敢。第三度難關。就讓一步說有人肯了有人敢了。他所承諾還是一句空話。假令各國提出一個共管案什麽北政府南政府替你簽上一個字。你拿着這個權到各省去監督煙酒稅。煙酒商不理。去監督釐金或印花稅。一般商民不理。去監督田賦。農民不理。去監督鐵路收入。鐵路員不理。責成地方官壓迫他們。地方官不理。試問這共管團怎麽辦。我想只有一個法子。是派遣大兵徧地駐防彈壓。請問這件事辦得到辦不到。辦到之後中國人對於他們的感情如何。他們彼此相互間權利的軋轢又如何。請主張共管的人細想一想啊。

前段所說。並未講到共管之該不該。不過替他們左思右想。終久想不出一個辦法來。倘若這件事有辦的必要。辦了有許多好處。不辦有許多壞處。那麽不妨從無法中再想辦法。但據我看來事實上完全不是如此。主張共管的最強理由。是說政府財政要破產。外債還不起。外國人爲保護債權者利益起見。不得已而出此。其實我們大部分外債。用關鹽作保償還資源。已極確實。其餘無擔保品的一小部分。大半是來歷曖昧。用莎士比亞劇本中「一磅肉」的毒計。借些款來促成我們的內亂以便敲我們的骨髓。就道德上論這種殘忍狡譎的債權者。本就應該多嘗一點苦頭但我們今日也並不是要賴債據我們國民經濟力近年發展的情形看來。但使政治稍進清明。財政稍加整頓便將這些曖昧無擔保的外債統加起來我們的償還能力仍是綽有餘裕外國人稍爲明白中國情形的。總該信我這句話是靠得住。然則現在因爲那一兩個國曖昧外債的關係提起這絕對辦不到的國際共管問題。豈不是犯不着嗎。以上所說都是請外國人反省的話。至於中國人方面。近來很有一種極不祥的論調說是這羣惡官僚惡軍閥我們實在沒有法子對得下。只好請外國人來幫忙這種消極的頹喪的思想之發生。實在是對於國家生命前途含有莫大的危險。比諸軍閥專橫官僚腐敗兩種病證更爲可怕。這種道理。等我過幾天再專做一篇文來論他今不細說。我今晚所講。只能把這件事之決辦不到而且有害無利。就實際上情形。警告國人第一件現在全國人最痛苦的是兵因爲自己裁兵無望。便想外國人共管之後實行監督這一著。我老實告訴你你這個念頭全然打錯了。裁兵是要我們國民自己裁的。外國人決然替代我不得。外國人裁兵除非是大大的派些外國兵來硬捺着裁以兵裁兵本來就不是根本辦法。何況外國兵斷斷派不來。派得來又非我們所欲呢。你若說是只要設立一個共管團把幾位紅頭髮綠眼睛的放在裏頭便可以行幾道文書。叫那些擁兵自衞的人束手就範。我勸你再別要做這個夢第二件須知外國人他是沒有恁麼多閑工夫來替我們管到這些事的。他們來了之後。第一步自然是把他們舊有的外債重加保障。將我國原有財源儘先提充。進一步就是商量加借新債。將來若整理出些新財源也就儘量提充作保。再進一步是利用我們財政機關金融機關運輸機關的權力。謀他們經濟上的特別便利。這幾件事。他們便忙十來年也忙不了。那裏有工夫想到我們什麼裁兵不裁兵以及財政整理不整理這些問題。第三件。有人說中國因為這羣貪官汚吏。所以把政治鬧到如此混濁。外國人來了。或者可以掃一掃這種積弊。我說這話也完全看錯了。現在外國人在中國管理的事已經不少。那一樁說得上眞有好成績來。據我所見所聞。在這幾條鐵路裏頭。在各處鹽務稽核分所裏頭。在各處海關裏頭。就不曉得有多少毛病。那內容腐敗。只怕和我們的官僚不相上下。罷須知權力濫用。是人類的通病。在這種無監督機關的國家之下。無論中國官吏外國官吏。總是一邱之貉。說外國人個個都是不飲盜泉。有這理嗎。我還有一句話揭穿來說。外國人無論是獨吞是共管。總之他們有許多事不能直接辦。去什有九是間接假手於中國人。用中國的幹員去搜刮脂膏。派中國的悍兵去彈壓反側。那時最得力的人。還不是這羣惡官僚惡軍閥嗎。然則政治那裏會有清明之望。不過在原有的官僚軍閥之上。再添一種太上官僚太上軍閥罷了。第四件。國人這種頹喪心理。都是從苟安之一念發生出來。因為這幾年被那惡政治攪得雞犬不寧。有田不能耕。有生意不能做。覺得換一個局面。總會比今日好些。外國人共管。最少總可以壓伏軍閥的私鬬。維持各地方秩序。讓我們過些安逸的日子。其實這種看法也錯了。外國人除卻派大兵來。沒有鎮壓中國的力量。不派大兵。而想鎮壓中國。就只有利用我們的人來鎮壓我們。你想在這兩種條件之下。說我們可以過安逸日子。有這個理麼。結果什麼好處得不著。只多得了幾根繩子來自己綑死自己。你看南滿鐵路管理權在外國。我們糧食的運輸。就被人家制了死命。膠濟鐵路管理權在外國。我們便沿路的礦業。一概不能辦。關餘收放權在外國。我們就到金融萬急時候。也一點不能通融。須知此類所爭的。並不是甚麼國家體面問題。件件都是我們切身利害。我們若是激於一時意氣。看錯題目。引虎入室。將來怕悔之無及了。

我今晚說的話、大半是要忠告外國人所以對我們自己人說的、倒不十分透徹、我對於在座諸君實在十分抱歉、如今且說幾句簡單的話做個結束是、

現在周圍空氣不佳、外交形勢很是險惡、但我們不能怪外人、只好怪自己、不能望外人、只好望自己這幾句話是我們死裏求生的唯一路徑、諸君若問望自己怎樣望法呢、我還拿前頭的話覆述一句、是從無辦法中想辦法、我有一段話、預備下星期六在北京講演、那題目是「無槍階級對有槍階級」、到那時再說來請教罷、

無槍階級對有槍階級

十一月十二日北京國立法政專門學校公開講演

學校裏的講演、應該是討論學術、我忽然拈出「無槍階級對有槍階級」這個怪題、像是很不該、但我想、所謂學術者、並不是專記誦那死的學理、還要兼研究那活的實際問題、我們無論對於那門學術、總應該採這種態度、法政學校學生的態度該怎樣呢、自然是要應用法政學理來解決法律上政治上經濟上種種問題、遇有這類目前切要問題、爲國人所急欲解決而未能解決者、我們便應該從四方八面想出個解決方法、供國人採擇、這是法政學生應有的特別責任、現在的中國人民、厭苦兵禍、可算得全國人心理所同然、但是苦無救濟之法、質而言之、裁兵問題、便是關於我們個人生死國家存亡最痛最切的問題、今天所講、就是把我個人對於這問題的意見、提出來請教諸君、我講演之前要先聲明一句、我的話絲毫不含煽動性質、我是完全拿學者的態度

來討論政治學上的實際問題。我確信這問題是我們應該討論而且人人都有權討論的。全部西洋史。一言以蔽之可以說是「階級鬬爭史」他們的階級有種種分野。或是奴隸對市民。或是平民對貴族。或是貴族對皇族或是原住人民對外來征服者或是外來僑寓者對原住人民或是這教對那教或是一個教裏頭這派對那派。……雖然名目繁多。情形各各不同。但裏頭有一個共通的現象。是一邊由統治者形成一個階級。極其專橫一邊由被治者形成一個階級。極其困苦困苦到無路可走便聯合起來要求解放本來那統治階級是強者。被治階級是弱者。雖然統治階級總是少數。被治階級總是多數。多數的弱者聯合起來便會變強。所以他們所要求的解放無論經多少波折。早晚終須有一天達到目的。所以每經一次階級鬬爭那政治便一次從少數人手裏解放到多數人手裏。如是由少數而多數。而大多數而最大多數。而全體。便是政治的極軌。也是政治進化一定的程序但這裏頭有最緊要的一個條件。是要那弱的階級自覺。和努力。若離卻這個條件。那解放是永世不能得到的。

歐美人的階級分野屢屢變遷。好像戲臺上唱的「過昭關」闖過一道城門再闖第二道城門。如今他們是無產階級對有產階級的時代了。他們這齣戲唱得好熱鬧啊。連我們站在對岸的也跟著搖旗吶喊助興。依我看。這是他們階級的分野。我們還彀不上這分野。這是他們目前火燒眉毛的問題。我們還要隔好幾層再說到這問題。他們的有產階級的確是統治者。無產階級的確是被統治者。無產階級的困苦的確是專由有產階級害了。他們他們若能從有產階級手裏得着解放他們的問題便算解決。我們不然。我們有產的人本來就不配成一個階級。就勉強算他個階級。能他們絕對的不配當統治者。那統治者與其說他是有產的人。毋寧說他是無產的人——最少也是本來無產的人因據着那統治者地位纔漸漸變成有產或者是靠着許多無產的人擁護他他纔變成有產——無產的固然是被壓迫受困苦有產的也是一般的被壓迫受困苦所差不過程度問題無產的把有產的打倒就算解放了嗎咳不能不能因爲這繩子的結不是在這裏所以我國有產階級對無產階級這問題我雖然確信將來必要解決但現在說這些話純然搔不著癢處我國目前生死關頭只有無槍階級對有槍階級一個問題倘若這個問題解決不下來那麼別的問題任憑你說得天花亂墜可都是白說了

我想諸君應該質問我『你這題目先就不通階級如何能彀拿有槍無槍來分呢』不錯連我也覺得不通無奈眼面前事實的確如此諸君只能怪事實不通不能怪我的題目不通原來兵是人民做的今天是個民明天就可變成個兵今天是個兵明天也許變成個民這其間有什麼階級呢雖然正因爲本來不應分階級的人給他兩個對待的名稱他自然會變成兩個階級要而言之一國裏頭若是有一部分人專拿兵來當作職業那麼有槍階級和無槍階級自然會劃出一個大鴻溝來這鴻溝顯露之後若不設法塞住結果非鬧至人民死絕國家亡掉不止羅馬當共和時代及帝國初期武功總算震古鑠今了但除卻平民之外並沒有叫做兵的這個階級到了末年行傭兵制兵的階級立刻發生鬧了好些年畢竟把西羅馬整個送掉了唐朝行府兵制的時候六百三十四個折衝府每一個府的兵從千二百人起到八百人止個個成年的民都是兵個個兵放下槍都是民當然沒有什麼階級後來邊將屯防的「職業兵」漸漸發生便有安史之亂跟着十幾個藩鎮鬧得烏煙瘴氣結果是兵的階級與國家同歸於盡像羅馬的傭兵唐的藩鎮難道說他不算一個階級嗎不幸我們中國現在階級的分野正在往這條死路上行諸君試把古今歷史比較一比較當信我標立這名目並非杜撰了

這種不祥的階級怎麼會發生呢。哎。諸君須知。天下的壞事。出面來做的雖然只有幾個人。從後臺裏直接間接有意識無意識來養成的實不知若干千千萬萬人。說到這裏。不能不追述革命以來的歷史。你想。革命是誰的事呀。革去一個專制的舊國。建設一個「德謨克拉西」的新國。自然該由全國人民自覺自動的去革他去建他。你看歐洲各國革命。那一國不是由「人民運動」得來。我們怎麼樣呢。哎。說來又是慚愧又是可憐。我們豈但彀不上說「人民運動。」並且彀不上說「運動人民。」我們僥倖成功。不過靠的是運動軍隊運動土匪。諸君啊。諸君也不能怪當時的革命家。好好的人民沒有一個肯攏邊。叫他們有什麼法子想。不用這種手段。能彀把滿清推倒嗎。卻是宇宙間的因果律從來不會饒人。一般人民十年前消極的種下那惡因。今日卻要積極的捱受這惡果。人民運動或運動人民成功的革命。那政治自然會建設在人民的基礎之上。運動軍隊成功的革命。那政治安能不建設在軍隊的基礎之上。運動土匪成功的革命。那政治安能不建設在土匪的基礎之上。年復一年。你革我我革你革了又革。人民是拿着老主意一概不管。任憑他們幾十個大頭目帶領些大小嘍囉頑把戲。鬧到南南北北幾百萬「軍隊的土匪」「土匪的軍隊」攪成一塌糊塗。他們的罪惡已經是千夫所指。更無庸我再添一句半句話。但諸君不要忘記這種罪惡。當事的人固然居一大半。旁觀的人最少也分一小半。誰叫你一直縱容他縱容到這步田地呀。平心而論。這些頭目裏頭也未必絕對的沒有一個好人。可惜是總脫離不了中國舊腦筋。總覺得要有多少扛槍的人站在我背後。纔能施展我的抱負。他的抱負如何。且不必問。卻是這種辦法。只能說他整個是「蠻拿基」。那裏還有一分一毫「德謨克拉西」氣味來。就拿區區小子說罷。——我卻彀不上當頭目先要聲明——便也曾被這種舊腦筋纏縛多年。到如今醒悟過來。除了痛自刻責痛自懺悔。外別無話說。然而現在在臺面上活動的人。恐怕百中之九十九還在做這種夢哩。好的人尚且如此。那壞的更無從說起了。一方面那些野心家或是熱心家日日只想擴充力量好來管轄人。一方面那些良善人民。只有拜天念佛希望得著個把好人來管轄自己。這種思想。都是和我們招牌上所寫的民國兩個字背道而馳。兩方面湊合起來。於是鬧成現在有槍階級和無槍階級相對待的局面。諸君試從頭細想。我這話可不錯嗎。舊話不必提了。眼面前逼到山窮水盡不能不解決的。便是裁兵問題。這個問題已經成了天下公論。任憑什麼人肚子裏縱然幾十個不願意口頭上也一字不敢駁回。那必要解決的理由更不必我來分說了。現在只賸下一句話。就是「兵有什麼法子能彀裁。」試隨便拉一個人來問他。大約不外以下三種解答。第一。是希望擁兵的人自己去裁他們。若肯激發天良忽然幹這一回事。那麼眞是南無大慈大悲救苦救難觀世音菩薩。我們只有香花供奉你。想配嗎。雖至愚極蠢的人諒來也不會再做這種迷夢。第二。那麼只好希望南方也好北方也好。但求有一位「首出」的「聖神文武」。「一戎衣而有天下」。那時候便好「放馬歸牛」。「淨洗甲兵長不用」了。呵呵。果然有這一日。眞是「如天之福。」只可惜紙上的餅。不能拿來充肚裏飢。只有睜白眼看著北方唱一齣南征。南方便添了幾十旅。南方唱一齣北伐。北方便又添了十幾師。等他們再對唱得幾回。只怕全個中國只有兵沒有人了。第三。既然如此。沒有指望。只好望外國人來替我們裁。哎。痛心呀痛心。我眞不料神農黃帝會生下這樣的子孫。連這種沒長進辱沒先人的話都講得出口來。我覺得國民若起了這種心理。那麼國家纔眞是無藥可醫。這病症比諸不能裁兵。只怕還深幾十倍哩。也罷。果然人家肯替我們裁。裁又裁得下去。你這話猶自可說。我老實告訴你罷。現在有槍階級的老爺們。不比從前。瞪一瞪幾雙綠眼睛嚇他們不倒。除非外國派大兵來駐防外國派大兵來駐防中國成了個什麼東西。姑且不管。你想有這回事嗎。

這樣講來。那三種解決法到頭只落得一個空然則怎麼樣呢。我們只好隨他得過且過。好嗎。若還過得下去。我們也不必討論這問題了。學校斷了經費看我們的先生、怎麼過法。我們的學生又怎麼過法。衙門不發薪水看我們做官的怎麼過法。鈔票兌不出錢看我們一切人等怎麼過法。這兩年來住在高陽通州武穴宜昌……等處地方的人。問他怎麼過法。這五年來住在岳州醴陵重慶成都自流井敍州畢節長安三原汕頭江門梧州……等處地方的人。問他怎麼過法。逃難跑到香港上海天津等處地方。當光賣盡。問他怎麼過法。眼看着不到兩年。全國都是這樣景象。問你怎麼過法。就算裁兵有希望我們將來的日子怎麼過法。還是問題。倘若兵不能裁。只怕我們更沒有日子可過了。

望是沒有指望。過是過不下去。怎麼好呢。唉。還是自己靠自己罷。還是自己救自己罷。我爲說話方便起見。請假設兩個代名詞。有槍階級算是「他們」。無槍階級算是「我們」。關於裁兵問題。「他們」和「我們」是利害不兩立的。「他們」很強。「我們」很弱。自然只有「我們」怕「他們」。沒有「他們」怕「我們」。只有「他們」支配「我們」。沒有「我們」支配「他們」。話雖如此說。還請回頭一看。幾十年前歐洲的貴族不是很強。平民不是很弱嗎。貴族向來不怕平民。爲什麼後來竟自怕起來了呢。現時歐美日本的資本家不是很強。勞動者不是很弱嗎。資本家向來不怕勞動者。爲什麼近來也竟自怕起來了呢。這個燈謎猜破了。實屬平淡無奇。不外是凡強者階級人數一定少。凡弱者階級人數一定多。弱者階級散開了。成爲逐個逐個的「我」。便是天下之至弱。弱者階級合攏來成爲一個「我們」。便是天下之至強。「我們」第一件要有痛切的感覺。覺得兵若不裁，「我們」早晚總是不得了。第二件，要有明確的信念，信得過「我們」若不自己設法裁兵，兵是永遠不能裁。那麽，「我們」何妨試一試組織個

國民廢兵運動大同盟。

看看「我們」力量如何，「我們」別的政治問題都暫且不管，專畫出一個時期來辦這件事。「我們」對於別的事或者彼此利害衝突，對於這件事，敢斷言沒有衝突。「我們」各人都是因為要救自己纔辦這件事，自然各人會各自想出法子來。「我們」應該聯合辦的事就聯合着想法子，「我們」應該單獨辦的事就單獨著想法子。金融界裏頭都是「我們」，自然有金融界的法子。一般商店裏頭都是「我們」，自然有一般商店的法子。鐵路裏頭都是「我們」，自然有鐵路裏的法子。兵工廠裏頭都是「我們」，自然有兵工廠裏頭的法子。電報局郵政局裏頭都是「我們」，自然各各有那裏頭的法子。鄉村裏頭耕田的都是「我們」，自然有鄉村裏的法子。學校裏頭教書的讀書的都是「我們」，自然有學校裏頭的法子。衙門裏頭辦公的都是「我們」，自然有衙門裏頭的法子。還有一句最要緊的話，「他們」裏頭其實什有九都是「我們」，自然會從「他們」裏頭想法子。什麽法子呢，「我」是不知道，要「我們」纔知道。但我所知道的「我們」打是打不過「他們」，「我們」罵是罵不過「他們」，我所又知道的，「我們」決定能彀轉移「他們」，「他們」終久都要變回「我們」。「他們」都變回「我們」，那時候兩個階級都消滅，連這問題也都消滅了。

我也明知道這事件並非容易辦，辦起來不知要經多大的波折，要出多大的犧牲。但我要問一句，我們還打算做共和國的人民不打算做，要做共和國人民，國家的事卻一概不管，這樣子做得成做不成。我們既已生今之

世．為今之人．就是不愛管事．迫著也要管事．就是不會管事．也得學學管事．換一句話說．總要把幾千年來．孤獨睽離的生活蛻變一下子．常常找個機會來練習練習協同動作的生活．苟非如此．我們這個國斷斷不能再生存在這世界上．我們這個人也斷斷不能再生存在這個國裏頭．像「國民廢兵運動」這件事．題目如此其簡單明瞭．全國人心理對於他如此其一致．倘若連這件事都不能協同工作．還講別的事嗎．果然如此．我們只算是沒有做共和國民的可能性．只好再出個把皇帝等著來做他臣僕．或者歡迎些外國主人進來等著替他們當奴才．我希望我們不是這樣纔好．

我這個題目算講完了．還有一段話請諸君特別注意．當民國成立前後幾年間．法政總算是最時髦的學問．除國立各校外．私立的法政專門大學等等．差不多有十幾家．學生也是愛學法政的人占大多數．那動機也無庸為諱．恐怕有一半是出於想做官的心理．如今是學生的自覺心大發現了．不惟人人知道官沒有什麼做頭．而且都覺得做官是一件極可恥的事．這種現象．不能不說是進化勇決的表徵．但反動的結果．便不知不覺連法政這一科學問也漸漸輕蔑起來．厭惡起來．社會上因為政客成了個壞名詞．便相戒不談政治．學生因為知道想做官是可恥．便遲疑不肯學法政．這不能不說是近兩三年來一種社會病態．你想人民沒有法律觀念．沒有政治智識．共和國的基礎建設在那裏呢．現代的青年．倘若人人都輕蔑法政厭惡法政．將來這種觀念這種智識靠什麼人灌輸到社會去．現在有槍階級的政治．我們信得過他不久定要消滅．消滅之後．自然是「德謨克拉西」的政治．為時代當面迫切之要求．倘非有普及完全新穎豐富的法政教育．這種政治能彀成立能彀持續嗎．諸君在一般青年公共的使命之外．還帶有這一項極尊嚴的特別使命．我希望諸君一刻都別要忘記啊」．

市民與銀行

十一月二十一日天津南開大學公開講演

這幾天很不幸忽然有中交兩行擠兌的事．關於這件事．我們一般市民．應該有兩種根本覺悟．

第一是　現在的覺悟．

第二是　將來的覺悟．

現在的覺悟．就是『做買賣的人萬不可以拒絕國鈔的收用．手邊拿着有國鈔的人．萬不可以去擠兌．』若然不信用我這話嗎．老實說不但是破壞銀行破壞國家．簡直是自己和自己過不去．為什麼呢．因為拒收和擠兌的結果．不外把你自己的財產價值消失或減削了．這種道理．且等下文詳細說明．現在第一段先說擠兌心理的不對．第二段把我所知道的兩行情形和這回風潮的起因．略說一說．再入正文．

擠兌這件事．眞算得中國人獨有的古怪．把戲諸君諒來都知道歐戰以來歐洲各國的經濟財政．都是困難達於極點了．我們試查一查六七年來的新聞紙．曾否聽見過有一回說是某國國家銀行被擠．某國市面不行用國鈔．中國人或者以為人家的政府威信好．所以人民不敢如此．其實不然．外國人關於本身或公衆利害問題．向來沒有一件肯饒讓政府．稍為有點不對．動輒就起羣衆運動．何以我們慣用的什麼擠兌手段拒收手段．他們始終沒有用過一回呢．因為這種手段．絕不能向政府示威．只算是向社會搗亂．只算是和自己開頑笑．所以稍有常識的國民．斷斷不肯如此．

擠兌和拒收。是發生於一種極可惡極可笑極可憐的心理。甚麼心理呢。就是『在大家不安寧的環境當中。想我一個人的安寧。在千千萬萬人危險裏頭。單獨我一個人免掉危險。』你想。這種道理會行得通嗎。這種事情會辦得到嗎。人類是社會的動物。斷不能離卻社會獨自一個人生存。想自己免掉危險。除了協同防止或救濟社會的共同危險外。沒有別的法子。左傳說得好。『嫠婦不恤其緯而憂宗周之隕。爲將及焉。』這本是很淺而易見的道理。中國人不曉得怎麼了。對於這點道理。始終看得不明白。信得不眞切。這種「不管公衆怎麼樣。只求個人免掉危險」的卑劣心理。就是亡國滅種的總根原。其實結果自己何嘗免得掉。不惟免不掉。或者本來並沒危險。因爲這一點卑劣心理。無端造出危險來。鬧到社會和自己同歸於盡。這種卑劣心理。中國人眞是無處不發現。這幾天鬧的什麼拒收咧。擠兌咧。就是這種心理的充分表示。就是因想免掉危險。反而生出危險的最好證據。說起來眞是又可恨又可笑又可憐。我這泛論。姑止於此。而今且說銀行情形。

原來中交兩行。在民國五年的時候。我們對於他很不放心。因爲他差不多完全是政府的機關。正惟是那樣。所以那時候他的安全和危險。也和我們沒有甚麼大關係。到如今。卻是不同了。他們都已有了覺悟。知道銀行的根本生命。不在政府。而在市場。再加以近兩三年來。國內產業勃興。新組織的公司很多。生意都做得很好。所以他們把他所有的力量。都用來市面上招攬主顧。不甚願意和政府打交道。簡單說。他們是已經做了市民的機關。不是政府的機關了。他們這兩年來。聯合各家私立銀行。組織個銀行公會。力量積得的很雄厚。卻是生意還是做得很踏實。他們力量的雄厚。也不必要我替他鼓吹。諸君諒來還記得幾個月以前中法銀行倒帳。我們銀行公會因爲要維持市面。拍着胸脯。幾百萬的鈔票都兌下來了。還有一件事。諸君或者未必都知道。就是前二十多天。有一筆到期的公債應該在關餘上償還。關餘一時未交到。我們的銀行公會就墊了四百多萬。這件事就是這風潮的原因之一。下文再說。就這兩件事而論。我們可以證明銀行公會很對得起市民。他們的力量也實在是掮得起擔子。至於他們生意做得踏實。我也有證據。現在北京天津張家口三處中交兩行發的鈔票通計不到一千五百餘萬元。拿他所流通地方的人口比例起來。每人不過攤得五毛多錢。諸君稍爲學過經濟學的人。諒來都知道貨幣的性質不過市面上一種籌碼。籌碼太多了固然無用。太少了也是不彀。照中國現在經濟狀況說來。這一塊大地方僅僅有這點子籌碼。只嫌太少不嫌太多。我記得這回擠兌風潮發生的前三日。我還和中國銀行裏頭一位重要的人談天。他說『今年因爲北幾省年成很好。貨幣需要加增。許多現錢散到鄉下去。鄉下人是和印度人同一樣脾氣。都喜歡將銀子埋在地窖子。鬧到市面上交易媒介物缺乏。依著經濟學的公例。這時候是應該多發鈔幣。等明年春天收回。但現在這種時局。我們是一張鈔票不敢多發。不惟不敢多發。而且是見一張收回一張。細想起來。實在是自衞心太過。有點對不起市面。』我當時和他說『他們這種謹慎態度。是很好的。但謹慎也不可太過分了。』到這時候想來。還是他們閱歷之談。很可佩服。若依著書獃子的腦筋。用外國通行公例來調劑金融。這時還不知亂子鬧到怎樣大呢。閑話少講。總之這種實情。我們可以認爲銀行中人做生意十分踏實的證據。然則這回風潮怎麼會鬧出來呢。我們局外人自然不能知道底細。據這幾天有些報紙說是外國人要實行「國際共管」的野心。妒忌我們銀行公會做他的阻力。趁太平洋會議初開時。給我們一頓「悶頭棍」。要制我的死命。他們算定了中國人民智識幼稚。稍爲放點子風聲。一定要擠兌。一擠兌。我們的銀行全盤要倒。他們便可以爲所欲爲。這些話確不確。我沒有憑據。不敢便下判斷。倘然是如此嗎。

那麼、我們的智識程度、眞是被人家一猜便中了、人家要我們擠兌、我們便像專制時代奉着聖旨一般拚命去擠兌、鬧到我們全國人神嚎鬼哭、人家暗地裏點頭微笑唉、我們爲甚麼傻到這步田地呢、我明白告訴諸君說、各國的鈔票有三分之一的現金準備、便算千穩萬當了、我們呢、別的地方不必多說、我所知道的天津中國銀行便的的確確有五成以上的準備——出一萬元鈔票庫裏存著五千多元預備兌換、聽說他帳目也曾向商會公開、我想我們任誰要去看帳都可以看出來這眞算是極謹愼極呆板的做法了、北京準備大概少些要知他並不是沒有準備、是不願意把這許多現銀放在北京在他處一調還是可以調來他們的情形既已如此、諸君卻還要想想、雖然有五成以上的準備所缺的還有四成多像我們市民這幾天的樣子去擠便有一百個銀山也要擠倒他們這幾天限制兌換、論理原是不應該、但我們市民既如此不明事理、叫他們有什麼辦法呢、尤須知我們銀行若將全部兌出這些銀子三五日內拐幾個灣便全部跑到外國銀行的庫裏了、所以限制兌換雖然不合理、我們爲全國人經濟上的自衞起見、我倒替銀行界十分原諒哩、

諸君聽我剛纔的話說鈔票有五成以上的準備、那麼那四成多豈不是無着落嗎、驟然聽見、少不免就要驚慌起來、其實這是極普通極淺白的道理、稍讀過一兩部經濟學書的人都曉得、我正在要將這道理提要說說、恰好見著北京報紙上登有馬寅初先生在北大講演甚爲簡明、我且把他重述一番便了、馬先生講演的要點在論鈔票如何發出如何收回他的大意說是、

『我們中國人不甚了解鈔票的性質、總以爲銀行現洋不足、所以發出鈔票來代現洋、鈔票越多、獲利越厚、爲什麼獲利呢、就是靠行使一片空紙、這些話最易動聽、但是全然看錯了、須知鈔票斷不能憑空發出一定

是有些商人或製造家向銀行借款銀行才拿鈔票給他。……譬如某家米商要到某處辦米。自然要帶鉅款前往。於是向銀行借款。拿米做抵押。銀行便發出鈔票交給那米商。米商便拿來付米價工資以及其他種種開銷。不到幾天。這鈔票便分布到各處。不知者以爲這鈔票係一片空紙。毫無價值。殊不知這鈔票代表的便是米。……米爲有價值的物貨。但使那這種物質一日存在。那代表他的鈔票。斷無成爲廢物之理。』

『鈔票既是代表物質而發出。自然也是跟着物質而收回。譬如前段所講的米商向銀行借得鈔票去辦米。那米運到北京。陸續賣出。買米的人用的都是鈔票。米商一面將米出售。一面收進鈔票。積有成數。便送到銀行償還借款。銀行一面取消借款。一面取消兌換鈔票之義務。不消費力。鈔票已經收回庫裏了。所以凡爲正當營業所發之鈔票。儘有自放自縮之能力。並不必假手於現洋。因爲鈔票所代表的並非現洋。乃是社會有史以來所產的財富。人類一日存在。財富一日不減。那麼鈔票便一日不會失去價值。現洋之有無多少。簡直可說沒甚關係。』

馬先生這段話。把鈔票性質講得十分明瞭。此外還有些學理談。不必多引了。簡單說。鈔票本非代表現洋。所以雖無現洋準備。他的價值原不會失。然則爲甚麼要準備呢。全然是時間的關係。因爲銀行放給米商的債權。是要一個月或三個月纔能收回。銀行對於持有鈔票人債務。是要見票即付。所以總要存些現洋。預備着債權未到期之時。可以應付零星債務。鈔票準備金的作用不過如此。所以有三成以上足足彀用。明白這種道理。便可知像天津中國銀行有五成以上的準備。眞算穩當到十二分。又可知那四成多沒有準備。乃是天經地義。你若是要連那四成多都叫他拿出現洋來。那麼。無論那一國的國家銀行。沒有過不倒的呀。

我們市民因爲沒有這種常識。所以每每將現洋和鈔票分爲兩撅。他們外國人只有在國際匯兌上纔發生現洋和鈔票比價問題。我們這問題在國內動不動就發生。須知你只要按部就班行使那公認的鈔票。你的財產再不會損失。卻是鬧甚麼拒收咧。擠兌咧。鬧下來自然會鬧到鈔票價值低落。鈔票低落。銀行倒沒有甚麼關係。自己卻喫了大虧了。因爲鈔票是代表你的貨物。鈔價落到八折。你那一斗米便虧二升。落到六折。你便虧四升。倘若越鬧越大。鬧到秩序不能維持。你那貨物或是銷不出去。甚至被焚被搶。那就價值全部損失了。所以我說他是自己和自己過不去。我希望我們市民要立刻有十二分覺悟。不要中了外國人毒計。銀行方面能立刻撤銷限制兌現。自然是極好。就令一時未能。我們也應該原諒他爲自衛計不得不然。只是我們鎮定一鎮定。他自然會恢復原狀。我們何苦直接去擠他。間接來擠自己呢。

這都是講的現在的覺悟。至於將來的覺悟。今日時候不彀。只好略說幾句罷了。

我們經過這幾天驚慌。得了一種極深切的教訓。什麼教訓呢。就是我們今日纔知道『政治咧。金融咧。和我們切身利害有這麼大的關係。』你看輕輕地這點謠言。不是幾乎鬧得幾百萬人連飯都沒有得喫了嗎。雖然是由於別人陰謀煽陷。和我們的無故自驚。也是因爲政治和金融有種種不安的資料。纔能弄出這些虛驚。倘若不把這種不安資料根本剷除。恐怕這種風波不到幾時。又要再起。所以我勸市民們一面要拿現在的覺悟把目前的風潮平下去。一面還要拿將來的覺悟。把我們衆人託命的金融機關。切實監督整頓起來。據我所想。有最重要的三件事。

第一件。由市民要求政府將發行鈔票權歸到唯一的國家銀行。那些「野雞鈔票」。一概收回。不得再發。

第二件．由市民要求發行鈔票之國家銀行照依外國通例每一星期將鈔票流通額及準備金額公布一次．

第三件．由市民要求全國金融界當國民監督財政機關未成立以前絕對的不許再借一文錢給政府．

這三件事的理由今日不能多講其實也是自然之理．不必多講．但我還要向大家切實叮囑幾句我們向來打的『關起大門不管事』的主意．如今是打不成了你不管了會有禍事落到你頭上來．你說不管你身上帶着幾塊錢預備今晚糴米買煤隔着幾點鐘米也糴不出煤也買不出你立刻就要綁着肚子餓．我看你還是管還是不管唉市民啊你若老是這種不管事的壞脾氣我且不必說什麼『天下興亡匹夫有責』的這些廢話．老實說．不是頑意兒那餓鬼來光顧人怕沒有什麼客氣哩．

續論市民與銀行

十二月十七日北京朝陽大學經濟研究會公開講演

當中交擠兌風潮初起時．我曾標「市民與銀行」這題目講演過一次．說市民對於銀行．應該有兩種覺悟．一是目前的覺悟．二是將來的覺悟所謂目前覺悟者．指擠兌之無謂所謂將來覺悟者指市民應該監督銀行．當時正在風聲鶴唳的時候．對於第二段未便暢所欲言現在金融界總算已經蘇生了一半我們痛定思痛．不得不急起直追作亡羊補牢的計畫貴大學經濟研究會會員諸君．對於此等實際問題．諒來研究有素．我所以將這個題目再行提出．和諸君討論請教．

這回風潮當中市民總算對得起銀行了。學生是到處講演。商會和各商店是極力維持居然把一場絕大風波。漸漸平息下去。我如今卻要問銀行到底對得起市民不曾從前怎麼樣啦目前怎麼樣啦。將來又怎麼樣啦。從前呢何消多問。孔子說得好。『虎兕出於柙龜玉毁於櫝中是誰之過與』這回風潮雖說是政府財政的影響。上海投機事業的影響乃至某類某類人挑撥的影響。原因異常複雜。然而銀行當事人安能逃避責任空穴來風。理有固然。銀行自身若是無懈可擊。何至一牽動便牽動到這樣狼狽呀。所以他們過去的罪戾除了該向市民痛切引咎力圖洗贖之外。別無話講。目前呢風潮還未完全平息。他們頭痛醫頭脚痛醫脚。只好隨他枝枝節節對付過去以觀後效卻是將來啊。擔驚受怕爲日方長『一摘使瓜好再摘使瓜稀三摘猶自可四摘抱蔓歸。』倘若這種不祥的事件再鬧一兩回。我們小百姓可真擱不住了。我下文說的幾件事雖然是很普通很陳腐的話。卻是往後金融界生死問題。我遇着機會也常常向他們銀行中人苦口忠告。但諸君須知有權威的總愛濫用算是人類公共惡根性。若沒有人拿鞭子跟在後頭。那劣馬斷沒有範我馳驅的道理。市民若依舊持那種老不管事的態度恐怕將來喫苦頭的日子還多着哩。我有許多話不願意向銀行家說。但願意向市民說。因爲這些話奉行的責任雖在銀行家。發動和維持的力量實全在市民。

我以爲市民對於銀行家有應該要求或制止的五件事。

第一。宜絕對的拒絕停兑。且事前偵察之防止之。　中行當洪憲停兑時。各分行一致抵抗。叫中央稀爛的金融狀況傳染不到地方上去。算得金融界極可紀念的一件事。這回擠兑該行不久就準備完竣。現在已經是無限制兑現。我們市民拿他經過的歷史看來。大概還可以放心。所以停兑不停兑。不是兩行公共問題。恐怕是交行單獨問題。聽說交行現正趕緊籌備。快就有解決方法。果然如此。我們還有什麼話可說。但我們總須要求他快點給個准信。若鈔票長此靠着軍警強制行使。卻斷非市民所能忍受。若他自身解決不了。我們就不能不責備銀行公會。交行自身有無覺悟。銀行公會有無準備。這都是我們市民應該過問的。因爲市民是他的債主。很有這個權。還有一件事須要緊緊防備着。恐怕這窮極無聊的政府。忽然要蠻幹發出什麼「不換紙幣」來。我們可眞不得了。我這話並非有什麼特別消息。不過這幾年來上這種條陳的人確也不少。現當山窮水盡的時候。難保他們不走上這條死路。須知不換紙幣在歐美各國到萬不得已時偶然施行。已經沒有那回不感極大的苦痛。人家是法幣的效力徧及全國。問題僅在國際匯兌上。那苦痛已經受不住。何況我們是號令不出國門一步。若把這些不換廢紙源源不絕發在城圈子裏頭。換煤換不成。換米換不着。只好幾百萬人活活餓死了。所以我警告市民頭一件要監視他們防備這一着。

第二。宜要求發行權統一。　鈔票發行權應該統一。是淺而易見的道理。不獨歐洲諸國採用「單一發行制」的爲然。卽採用「多數發行制」的美國。這個權還是統一。他們的制度。凡稍有經濟常識的人都知道。不必我徵引了。我們的制度。說他多數又不是。說他單一又不是。提起中央銀行。就聯想到「中交」這名詞。「中」「交」這名詞。卻是兩個。不是一個。此外還有什麼匯業什麼邊業……等等。都是有發行權的銀行。那權都是不相統屬。漫無限制。這種怪現象。除了我們貴中華民國。眞找不出第二個來。我們須知道啊。金融界的情狀。像一個緻密的網。一個網眼出毛病。便全副都惹起破綻來。遠的不必說。就論這回中交風潮。能中法擱淺。就是間接重要原因之一種。我們受過這種敎訓。總該有些覺悟了。所以根本改正發行制度。統歸於一。

以便國民確實監督。眞是目前整頓金融第一切要的問題。

第三、宜規定幾個準備市將準備金集中。每日把數目公開。按比例發行鈔票。發行銀行不將準備金和鈔票數目公開。鬼鬼祟祟的要發多少便發多少。這也是我們貴民國獨有的習慣。全世界找不出配脚來交通嗎。不惟我們市民莫名其妙。恐怕連股東所知道的也不見得比我們多得多少。中國嗎稍好些。我們在報紙上算是每年一回看見他股東會報告的帳目。普通銀行的營業。固然可以如此。至於發行鈔票這部分的事業。是金融界一個寒暑表風雨表。日日不同。刻刻不同。你想天下有一年報告一回的寒暑表……豈非笑話。還好聽說中行方面每星期的公開報告要實行了。我們市民還要切實監督他。從此不許他中斷。還要由商會或者其他團體。組織個監視機關。看他有無謊報。此外別的「野雞鈔票」呢。據發行統一的原理當然不能許容他繼續存在。但統一既未能立刻辦到。若聽他們絕對自由。怕將來亂子還多着哩。倘若市民躲懶。不肯注意監視。啊啊。等着第二回吃苦罷。

這一段論準備金額公布之必要。爲什麼先提出準備市這個條件呢。因爲一國的現金總要集中。然後調劑金融。纔有實力。歐洲單一發行制的國家不必論。就講美國罷。從前準備金分置各州。感覺種種困難。近來陸續集中到幾個大市。「準備市」這個名詞。原自美國發生出來。論學理本來已該如此。按照中國現在情形。更感這種辦法之必要。內地軍閥如虎。土匪如狼。銀行把那白團團的東西放在庫裏頭。實在萬分危險。況且一般人民在這種不安全的環境之下。刻刻自危。得着塊把現洋。非趕緊埋在地底不可。這樣下去。可以全國鬧到無籌碼可用。救濟方法。只有將現金集中在天津上海等處幾個大碼頭。內地卻專靠鈔票當籌碼用。『

這樣辦法豈不是內地不兌現嗎。』『是呀。不錯。』『那麼同不換紙幣有什麼分別呢。』『咳。截然不同。』因爲內地需用現洋。不過爲匯往各口岸辦貨之用。只要是平價匯兌。那麼要現洋的時候。自然會匯到外邊兌現。只要外邊準備市的現洋確實可靠。鈔票自然不會發生問題。我們市民須要明白這種辦法是最安全的最經濟的。要設法責備銀行實行。他從此對於內地鈔票絕對不要再鬧擠兌風潮。對於準備市的準備金。卻嚴重監督一點不放鬆。那麼金融界就可以漸漸上軌道了。

第四。要把發行職務和普通營業分清界限。稍治銀行學的人都該知道英倫銀行營業範圍制限極嚴。除了和各銀行往來拆息外。別的生意都不做。又該知道該行的營業部和發行部是絕對分離。別國的中央銀行大概都是如此。爲什麼要如此呢。頭一件因爲中央銀行是「銀行的銀行」他若和普通銀行做同類的營業。便不能完他的職責。第二件因爲中央銀行有發行特權。營業若沒限制。就容易生出流弊。我們怎樣呀。像中交兩行。說是中央銀行嗎。他們的營業範圍種類和一般商業銀行毫無分別。說是商業銀行嗎。他們卻有發行權。不但如此。他們發行與營業攪成一團。這種辦法便饒他鈔票準備金日日公開出來。我們還是信心不過。爲什麼呢。因爲活期存款和鈔票性質一樣。你說的你有若干成的準備金。安知不是拿甲的裙蓋乙的腳呢。就讓你們生意做得很穩當。制度也不應如此。何況你們簡直是一個大衙門。每年開銷。起碼是百打百萬。你營業的贏虧。誰又管得呢。所以我們應該要求那擔任中央銀行職責的銀行。叫他打量打量他自己的身分。改正營業範圍。就令一時辦不到。也須把營業和發行界限分清。讓我們的公衆監督權。易於行使。

第五。要責成各銀行不許濫把錢借給政府。別國政府借錢。總是用公債形式。公債是要經國會通過種種嚴重程序。連國庫證券也是如此。再沒有像我們貴民國把銀行當做外府。安心要「予取予攜」。甚至部裏頭的人自己開銀行。向政府重利盤剝。記得我從前在財政部的時候。雖沒有力量把以前積欠償還。卻也曾用公事向中國銀行定出一種透支規則。鑿個四方孔來限制自己。自己任內。不敢拖欠銀行一個大錢。我非不知貪圖方便。但覺得不是如此。必至政府銀行兩敗而俱傷。這幾年來的內情。我也沒有工夫去細細過問。但那一塌糊塗情形。人人都可以想見了。現在銀行帳簿上是年年賺錢。按起實際來。不過賺得政府一筆空帳。吸收人民幾百幾千萬脂膏。雙手獻給政府。政府破產。累得全社會跟着破產。政府盜竊的罪惡。難道銀行不該分一半嗎。前事說來也是無益。往後銀行再有這種舉動。我們市民眞是「人人得而誅之」了。

以上所說。是專就國家銀行方面立論。因為他是金融的總神經系。非把他弄好了。別的事都無從說起。嗳。我們市民啊。我們受了幾千年來祖宗遺傳的根性。總覺得越少管閑事。自己越舒服越安全。那裏知道你生的時候不同。想要學那上古人『鑿井而飲。耕田而食』的過日子。可是沒有了。好好鑿一個井。有人會把你的水攪渾。好好耕一塊田。有人會把你的穀擡走攬過了。擡完了。你還睡在鼓子裏做夢哩。你要不管嗎。『閉門家裏坐。禍從天上來。』任你幾百萬家私。金融界一個亂子鬧出來。你立刻便會成個光蛋。你拿着三兩塊錢。指望他今日明日糴些米養活家口。金融界一個亂子鬧出來。你就會全家餓死。你還要知道金融界的命脈和財政是分不開的。財政的命脈和一般政治是分不開的。惡政治一個波浪。沒頭沒臉的打來。直打得你片瓦不存。葬身無地。老實告訴你罷。生在今日的人。若要不管政治。你就別想再活得成。

管政治不是一時就能管的。也不是一時就會管的。我們何妨先挑一兩件事學着管管。那麼學管那件最緊要呢。我說請先行管一管金融市民啊。你別要把你自己力量看得太輕一一個月以前他們這條命。是你救轉來，你既已救得他。你就管得他。你若不管他。恐怕終須有一日他倒來要你的命哩。

我這段話算講完了。對於今日在座學生諸君。還另外有些要求。我前幾天和孟祿博士談天。有幾句話最令我感動。他說『中國官僚腐敗的罪惡。無論那種社會都傳染到。最是可怕。據我看實業界乃至教育界都傳徧了。』他又說『撲滅罪惡唯一的方法。就是把罪惡公開。今日中國的大患。是罪惡都隱藏起來。社會上沒有人知道他底細。』我想諸君立這個會。目的不是在研究經濟嗎。諸君諒來都知道研究學問。不但是研究學理。最要緊是研究問題。我卻要添上一句。問題不是研究空的。是要研究實的。倘然會中有人提議。『我們要研究井田可行不可行。怎麼個行法。』有個不鬧到哄堂大笑嗎。這也是經濟上問題。爲什麼惹笑呢。因爲這是周公孔子的問題。不是我們的問題。像歐美今日八點鐘制呀。六點鐘制呀。第二國際呀。第三國際呀。馬克思呀。散德加列沁呀。基爾特呀。那樣應採。那樣可行。算是他們研究的主潮。我們的青年也跟着起鬨。連筆墨官司都不知打了多少場了。依我看來。和宋儒高談井田。簡直沒有什麼分別。我們非不知井田在中國過去經濟史上很有價值。但現在卻沒有閑工夫去替孟子商君分庭辯護。我們非不知社會主義在中國將來經濟界上要放光明。但現在卻沒有閑工夫去替那些共產黨集產黨吶喊搖旗。諸君都知道讀書要讀活書。別要讀死書。研究問題要研究活問題。別要研究死問題。卻還要知道同是一部書。同是一個問題。在那時代那地方是活的。換轉別個時代別個地方。會變成死的哩。諸君眞要讀活書研究活問題嗎。請應用你所學得的學理。切切實實來研究中國眼面前的迫切問題。就拿今天所講的題目來作譬吧。諸君就該把銀行界過去的罪惡。詳細調查。公開出來。供社會指摘該研究出一個改革的方案叫社會要求實行社會上不明白情形你就該指導他社會上沒有這勇氣你就該鼓舞他你若能像樣子選定幾個題目去下工夫那麼你自身對於學問自然越發親切有味你所學得的學問也不至與社會完全隔離了我想不但經濟無論做那門學問都該這樣做請諸君垂聽啊

外交歟內政歟

十二月二十日北京高等師範學校平民教育社公開講演

今日承平民教育社委託有機會和諸君交換意見不勝欣幸所標講題當先加解釋我所要說的並非泛論外交內政問題我的意思是國民運動的方向應該在外交呀還是在內政呢

我講演之前還有對於平民教育社的一點意見平民教育應該怎樣教育法呢我想不外兩種(一)從私的生活方面說要教育他們學做現代的人(二)從公的生活方面說要教育他們學做共和國的國民兩種是不能偏廢的但無論從事於那一種都不是用上講堂背講義的方法所能有效最要緊是常常實地練習譬如欲教成一個電車運轉手自然非拿電車給他練習駕駛不可想要教成多數人會做共和國國民非常常造出些機會叫他們養成政治上協同動作之觀念及技能不可我所以極力提倡國民運動就是此意

本題所講分爲七段

(一)國民運動之意義及價值

(二)中國是否曾有國民運動

(三)「五四」之外交的國民運動。
(四)今後國民運動之方向外交歟內政歟。
(五)內政的國民運動之重要條件。
(六)現在國民運動應拿什麼爲主題。
(七)「我」自己應做的事。

一　國民運動之意義及價值

近來社會上稍爲時髦一點的人都喜歡用新名詞。卻是許多好名詞。都被他們活活用壞了。即如「運動」這個字在中國一般人說起來都覺得他含有夤緣詭祕可厭可鄙的觀念。其實這個字是從英語 Movement 譯來。Movement 的本訓。何嘗有一毫像中國人所說呢。我如今先要把運動這個字下一個正當的解釋。好像把一鍋水燉到沸度。水中種種質點。都在滿鍋裏運動起來。現出變化作用。又像在化學室中將幾種原素放在一個玻璃瓶內。他們便運動起來分析化合。忙個不了。這種物理學上運動狀態。很可以借來做人類社會運動解釋。社會是個有機體。凡有機體的生活。都是以搆成他本身之分子的運動爲養命之源。倘若「搆成分子」運動停息。那有機體便活不成了。例如人體中無數細胞。剎那剎那在那裏運轉。周而復始。這算是經常運動。若忽然疾病來侵。便於經常運動之外。更起一種非常運動。體中健全的細胞。便一齊著急。對於那些陳腐毒害的黴菌。施行攻擊或防衛。人類所以能保健卻病。都是賴此。倘若有一個人平時那血管運行。懨懨無力。遇着疾病。

體中健全細胞躲起懶來害起怕來。不肯或不敢和那些病菌對抗。這個人我敢說他不到幾天便要死了。國家的搆成分子——國民和人體的搆成分子——細胞。正是一樣。國民當國家安寧的時候。要有繼續不斷的經常運動。然後政治上病的分子不至發生。國民當國家艱危的時候。要有急起直追的非常運動。然後內部發生或外部襲來之政治上病的狀態。可以減輕或消滅。若是國民都躲懶都害怕運動力停滯或止息。那麼這國家或是犯著一個險症暴病而亡。或是害了癆傷捱些時也斷送性命。這是萬無可逃的事理。這樣說來。國民運動意義之重大。可以想見了。

一部西洋史。一言以蔽之。就是國民運動史。希臘市府國家的市民 Citizen 對於全市——卽國家大大小小的事。人人都有權管。人人都愛管。所以古代文明的源泉都從那幾個斗大小城醞釀出來。羅馬人的國民運動。更是好看。他們有一回最有趣的事。那平民和貴族對抗。忽然全體都跑往離羅馬城外十三里的小丘上去了。歷史上有名的叫做「退出國都」之役。貴族平時雖然是趾高氣揚。碰着這種運動也不得不低頭了。因爲統治階級權力雖大。離卻被治階級卻也活不成。強者能彀制弱者死命的。只有一件。弱者能彀制強者死命的倒有幾十件哩。只要弱者能有團結的運動。至弱便變成至強。羅馬平民拿出他「看家本事」唱過這齣有聲有色的活戲。此後二千多年歐洲政治舞臺演的都是這一套。自從近世之文藝復興宗教改革經過法國大革命。直至現代之勞工同盟。戲本雖日日翻新。精神卻是從一個源泉裏導引出來。我們讀西洋史。眞是越讀越有趣。處處峯迴路轉。時時柳暗花明。只看見他們國家裏頭的細胞。好像「無事忙」一般。在那裏運動個不休。除宗教學術文藝上種種運動不計外。專就政治上說。那關於全部的例。如人權宣言運動殖民地獨立運動民族建國運動普通選舉運動社會主義運動……等等那關於局部的例如放奴運動婦女參政權運動禁酒運動……等等看他們鬧眞鬧得起勁眞運動得興高彩烈淋漓盡致拿我們中國人眼光看來眞是莫名其妙只好說是「囉唣」「搗亂」「多管閑事」「幹嗎」好像那些方領矩步的老先生們看著你們學生賽打毬兩邊成羣結黨個個打得滿身臭汗究竟所爲何來殊不知你們每日或隔日打一次毬便是身體保健的絕妙法門比吃人參鹿茸還強幾倍他們囉囉唣唣愛管閑事大至全人類的人權也要管小至一家裏頭買個丫頭用用也要管一個人愛吃兩口酒也要管說聲管便大吹大擂的糾合千千萬萬人管起來他們鬧這種頑意好像鬧上了癮一天不鬧便一天不好過哈哈他們眞是瘋子嗎國家的發展全人類的進化都是從這一個根子來哩我老實告訴諸君說罷我們若不承認中華民國——不承認生今之世要適用共和政治那便無話可說如其不然便要知道共和政治的土臺全在國民非國民經過一番大覺悟大努力這種政治萬萬不會發生非繼續的覺悟努力這種政治萬萬不會維持倘若國民不願意管政治或是不能彀管政治或是不會管政治那麼這種國民只好像牛馬一般套上個籠頭聽人處分碰著個把聖君賢相大家便過幾年安逸日子碰著那強暴殘忍的人壓在上頭只好隨他愛搶便搶愛殺便殺還你把國體政體的名目換幾十躺招牌結果還是一樣你若想取得自由市民的資格可是海枯石爛不會有這回事哩怎麼纔算願意管政治呢是要靠國民運動來表示這意志怎麼纔能彀管政治呢是要靠國民運動來爭得這權利怎麼纔會管政治呢是要靠國民運動來練習這技能簡單說一句國民運動便是共和政治唯一的生命沒有運動便沒有生命了

歐美的國民運動大概可分兩種(一)法定的(二)特別的法定的是選舉運動大總統若干年滿任國會及地

方議會若干年改選。每到這時候。嗳喲可了不得。全國人都像熱鍋上螞蟻。動得個「不亦樂乎」。那些政黨首領。日日從早到晚十幾點鐘的演說。或在公共會場。或是露天。到處人山人海。在這個市講完。嗚嗚的搭火車飛跑到那個市。火車裏頭聚得一羣人也要演說。車站上停得十分八分鐘也要演說。那討論問題的小册子。便像雪片一般飛滿全國。那些主張。都寫著旗子。拿軍樂隊夾著遊行。便像南洋煙草公司賣告白一般。全國人民除非閉著眼。眼一張看見的便是政治問題。除非塞著耳。耳一開聽見的便是政治問題。他們每隔一兩年。便做一躺這種法定的運動。好像鄉村裏定期迎神賽會。連七八十歲老太婆五六歲小孩子都趁熱鬧大忙特忙起來。他們平時像一鍋水保住平均的溫度。一到選舉時。更漲到沸度。他們鬧慣了也忘了形。不知是責任呀。還是興味。依我看來。他們這樣的政治運動。簡直和賽球賽馬賽舢板的運動同一性質。眞是無事忙。忙到舉國若狂了。

什麽是特別運動。大抵拿來要求某種應得而未得的權利。來處分某種應解決而未解決的問題。這些事在選舉運動時雖亦常常提出。但未必都能成爲選舉競爭的目標。未必都能成爲國會中討論的主題。他們於是乎由一特種階級——或一特種團體結合起來。舉行種種方式的運動。把他們所要求所主張擡出來。喚起一般人注意。而促反對者之警省。他們在平時——或法定選舉時。已經爲不斷的努力。遇有機會。更臨時做刺激的運動。例如印度人乘英太子往遊。便大大的做一回反歡迎的運動。勞工階級每年五月一日。便大大的做一回國際紀念節的運動。這些運動多行一次。那主義的旗幟便加增一度的鮮明。運動來運動去。從前的空想漸漸的都變成事實了。

這種運動在人類政治生活上有什麽意義呢。依我想。最要的有三件。

第一．使多數人懂得政治是怎麼一回事．懂得什麼叫做政治問題．一般人的通患．莫過於腦筋裏沒有問題．無論在政治上在學問上在道德上．凡不用心思的人．總不會發生問題．件件事都覺得「照例如此」「不成問題．」那麼全個社會都殭冷都釘住．再不會改進了．運動的最大作用．是把各種問題大鑼大鼓的擡出來放在公衆面前聒噪得大家耳根不得清淨．初時那些渾渾沌沌什麼事都回答個「不成問題」的人．你向他聒噪得幾次．他腦筋裏也漸漸成了問題了．例如我好貪幾杯．覺得吃酒不成問題．倘使我住在美國．聽他們戒酒會中人種種科學的解剖說法．許不免我腦中也成了問題．凡一個問題經過一度羣衆運動之後．那問題自然會成爲「通俗化．」例如美國從前曾經拿用金用銀問題來做兩黨競爭選舉的目標．難道美國市民個個都是經濟學博士嗎．自然大多數人對於這問題不惟不管而且不懂．但當那運動正劇的時候．差不多連掃街夫連竈下婢開口便是金銀本位的利害了．所以國民運動的作用．第一步是把向來不成問題的事項漸漸都變成了問題．第二步是把向來少數人注意了解的問題叫多數人都注意都了解．這便是政治智識普及國民的唯一捷徑．

第二．使多數人認識且信任政治生活之「改進可能性．」每一個時代的舊政治．總是被治階級呻吟於統治階級之下．統治階級總是强者．被治階級總是弱者．弱者因爲力量來不及．只好聽天由命．只好盼望强者發慈悲赦免．二百年前歐洲的人民和現在中國的人民都是如此．——中國人尤甚——國民運動是由少數弱者的自覺喚起多數的自覺．由少數弱者的努力攏成多數的努力．自覺努力的結果．强者階級必然降服．弱者階級定然得解放．你不試過不肯信．試得一兩回便信了．信得過這種種事業有「可能性．」自然政治生命常帶活氣。

第三 使多數人養成協同動作之觀念及技能。國民運動雖然也需有指導的人。但他的性質。純是多數共動。不是一人獨動。譬如前幾天你們高師學生和清華學生賽球。倘使你們多數的隊員都沒有打球的興味和技能。那麼縱令你們隊裏有一位「球聖」兩三位「球賢」。我敢保你們終是一敗塗地。因爲人類是社會的動物。除了互助協作外。斷斷不會做成一件事。要養成互助協作的習慣和技能。斷不是靠口頭提倡所能辦到。總須找些機會常常作實地練習。國民運動是拿很鬆很寬很暫的團聚試行協同動作。做過一次。那習慣興味技能便長進一次。所以緻密堅強之民治組織。非經過多次運動而且常常繼續運動。不能成功。

上文所說三項。第一項是從智的方面說。第二項是從意的方面說。第三項是從情的方面說。所以我覺得國民運動的價值。在政治本身是可限量的。在國民教育上是無可限量的。一個個政治問題的運動。雖有成敗之可言。從政治教育的意味看來。無成敗之可言。凡國民政治運動。總是成功。——雖失敗也算成功。爲什麼呢。因爲靠他纔能養成做共和國民的資格。成固然養資格。敗也是養資格。資格養成。什麼事幹不了。所以國民運動只有成功。沒有失敗。

二 中國有過國民運動沒有

民衆政治的思想。幾千年來中國人腦裏頭是沒有的。「人存政舉」是我們祖宗相傳唯一的信條。所以古今大政治家。能做到「格君心之非」。便是第一等事業。漢宋明各時代也曾有所謂「民間淸議」很像帶點運動彩色然而和歐美式的運動性質根本不同漢明式運動最高的結果不過希望君相幹好事歐美式是要人民自己來幹漢明式運動費盡九牛二虎之力能把一個誤國權奸打下去已算莫大的成功但那權奸做壞事已做彀了國家元氣已喪盡了況且一個權奸打下去別一位權奸又擠上來始終還是那麼一回事歐美式運動是把政治築成一個壁壘叫壞人混不進去所以他們只有政策對不對的問題——政策本來沒有絕對的好不好——沒有人好不好的問題就以人論罷政府當局因才具不濟要做好事做不來的容或有之安心做壞事——把國事弄壞來謀一己利益的人——卻斷斷沒有為什麼呢為的是他們大大小小政策都是從國民運動產生出來當局的地位是靠國民運動纔能得着他們辦的事不過執行國民運動的結果國民幾千萬雙眼睛看著那裏容一個人作弊我們在「清議」極盛的時代尚且不能得這種結果別的時代更不必說了舊小說裏頭說的「一條好漢」最足表現中國人心理無論好事壞事總是靠一兩條好漢去做你看戲臺上打仗總是一個紅臉一個花臉單刀比武那些打赤膊翻筋斗的配脚完全不算一個脚色歐美人便不然做好漢一齊去做並不是一條幾條問題他們的政治像密集式的軍隊不戰便罷一戰是幾十萬人一齊往前和我們的「兩將對陣拚打幾百回合」恰恰相反所以中國雖然出些堯舜禹湯歸根總是「人亡政息」歐美便沒有「人亡」的問題若說人亡除非全國人都死了既已不會有這種事所以他們的政再不會息

中國國民運動的起原算是前清末年纔有點影子當時所謂立憲運動革命運動都是訴諸一般民衆合起來對付滿洲政府初時用文字宣傳後來漸漸做規模較大的國會請願最後因鐵路國有問題做一回極猛烈的運動便成了辛亥革命的直接導火線民國成立也不能不說是由國民運動得來但因為那時言論集會太不

自由到底的祕密運動多公開運動少所以這中華民國並未能建設在民衆意識的基礎之上換一句話說這中華民國的建設並非由全國民認識共和政治之價值協同努力去建設他不過極少數人用「催生符」的方法勉強得這意外的結果既已如此所以始終脫不了「幾條好漢」的老思想就令當局者果然高尙純潔不過變名的聖君賢相結果還會落得個「人亡政息」何況當時並未有實力這招牌還是假手於王莽曹操一流人掛起來呢俗語說得好「種瓜得瓜種豆得豆」這十年來的民國人人都知道他是「挂着羊頭賣狗肉」卻還要知道這不但是掌櫃的混帳本來股東何嘗有開羊肉鋪的意思來股東若決賣羊肉那些狗肉掌櫃能容他一刻站在櫃臺上嗎

我方纔說歐美的「法定期國民運動」是選舉我們的選舉——合法非法且不管——國會呢說是選過三次了總統呢南南北北合計說是選過四次了諸君也曾聽見過某年某月某日某城某鎮某鄉某黨某人有過一回競爭選舉的公開演說沒有到選舉議員時候只看見兩兩三三交頭接耳或是跪倒在那些都督督軍的膝前懇求指派或是派出成隊成隊的掮客放盤買票到選舉總統時候除買票外還拿兵圍着議員口口聲聲說是「人民代表」總統口口聲聲說是「受全國人民委託」人民嗎他們最通達時務的知道「北京城裏轉了朝」已是了不得其餘十個有八個眞是「不知有漢何論魏晉」還說是現在「老佛爺當家」哩什麼鳥總統議員他們腦裏頭就始終沒有這個字然而「代表」「委託」等等名詞竟被那些大盜小偷偷用了十年了諸君須知這種現象——買票及派兵圍議場等現象——不但北方滿淸遺孽統治的地方是如此便是南方革命偉人統治的地方也何嘗不是如此這種「法定期運動」尙且沒有那些臨時運動更不消說了

諸君想想像北京這幾年內大開門戶賣官鬻爵像廣東這幾年內明目張膽開賭販煙（開賭是過去販煙是現在）倘使換轉在外國中無論那國國民有個不起鬨的嗎我們怎麼樣呢除了忍氣吞聲之外有人敢放一個屁嗎其餘應興應革之事千頭萬緒總沒有人過問違法地方是如此護法地方也是如此打開窗戶說亮話都是一邱之貉。

十年的民國鬧到這樣田地是誰的責任呢那些軍閥那些官僚那些戴假面具的偉人志士都不足責因爲他們本來是靠這行頭來吃飯最可惜的有一羣自命正人君子的人他們積極方面的心理是孔子說的『苟有用我者期月而已可也三年有成』總認定要靠一兩個有大力的人纔能施展他「致君澤民」的抱負消極方面的心理是孟子說的『歸潔其身而已矣』只求不肯「同流合汚」別的事也不願多管了不瞞諸君說我自己和我的朋友都是這一類的人全國中這一類人確也不少這一類人原算是人體中健全細胞但他對於毒菌或不肯抵抗或懶得抵抗那麼非讓毒菌猖獗縱橫到處傳染不可了所以我覺得國事之壞責任不在他們而在我們我絕對不敢責備別人只有責備自己。

總括一句可以說中國做政治活動的人——無論何黨何派——都完全沒有了解民主政治的眞意義所走的路都走錯了十年以來號稱優秀分子的人或是運動這軍閥打那軍閥打倒一個軍閥便養成個更大的軍閥或是運動軍閥手下的人去倒軍閥或是運動些土匪來倒軍閥結果那能倒軍閥的人立刻便變成了新軍閥鬧來鬧去總離不了這一套始終並沒有人從運動國民上痛下工夫歐美式的國民運動所以不能發生原因都是如此。

三 「五四」之外交的國民運動

「五四運動」是民國史上值得特筆大書的一件事。因爲他那熱烈性和普徧性的確是國民運動的標本。這回運動從表面看來性質完全是屬於外交的。要評論這回運動須先把別國的國民外交運動來比較一比較。

別國的國民外交運動大率是政府先定有強硬的對外方針。國民起來做聲援運動是對外示威示威的結果。不是敵人讓步便是開戰。所以這種運動在別國是輕易不肯濫用。一用起來力量卻非常之大。「五四」外交運動完全不是這樣政府和國民分爲兩橛。這種外交運動也許全無效果。就有也斷不能如別國的外交運動效果之大。

「五四」運動有效果沒有呢。有。歐美一般人腦裏頭。本來沒有什麼中國問題。如今卻漸漸的都有了。提起中國問題便緊緊跟着聯想到山東問題。提起中國問題便人人都說『日本人欺負中國』。簡單說這回運動算是把中日關係問題大吹大擂的擡到世界人面前去了。這便是第一種效果。

這回太平洋會議這問題雖然沒有滿意的解決。但日本人已漸漸覺得中國民氣和世界輿論可怕。不能不稍爲讓步。這也算第二種效果。

因爲這種運動引起多數青年的自覺心。因此全國思想界忽呈活氣。這是我認爲最重要的第三種效果。

因這回運動。表示中國人「國民運動的可能性」。將來也許引起別種國民運動。這是我希望的第四種效果。

四　今後國民運動之方向外交歟內政歟

『五四運動』與其說是純外交的毋寧說是半內政的因爲他進行路向含督責政府的意味很多論理這種運動應該有擴大的可能性應該跟着就把方向移到內政方面然而我們國民仍舊遲遲不進什麼緣故呢我想緣故有兩種

一　外交問題較簡單容易把多數人的感情燒起來內政問題較複雜要轉幾個灣纔能了解多數人看得不痛切不着急

二　外交問題的運動和國內專權的人沒有什麼直接觸犯危險程度較少多數人樂得附和內政問題任提何件都是和目前盜國殃民炙手可熱的人短兵相接危險程度甚大稍爲計較一下瞻顧一下便不肯上前了

這兩件我確認爲內政的國民運動不能發展的主要原因但我以爲今後運動方向非由外轉到內不可請言其理

(一)外交運動的效力有一定限度我們再沒有法子能超過這限度例如山東問題這回華會解決如何恐怕就算是他的最高限度再鬧也鬧不出什麼結果只怕越鬧越疲了

(二)往後外交問題恐怕日加一日的複雜鬧也鬧不了許多歐戰當中和戰後一兩年歐美人沒有餘暇經營中國所以搗亂的只有一個日本近來形勢一變各國對於中國權利爭奪的故態怕要復活你看西藏問題不已是一步步逼緊來嗎我們枝枝節節的對外恐怕對不了許多徒然令人笑我們是「無意識的愛國」反爲

無益。

(三)內政上局面不轉變爭外交決無結果。外交主張是要政府去辦的。國民不能努力建設一個像樣的政府。而拿許多話嘵嘵向人在自己是「不揣其本而齊其末」在人家看來完全是一種戲論。你看這回華會中日本人放的空氣說『中國算得有政府沒有』說『中國領土範圍發生問題』諸如此類幾令我們無辭可答。我們欠的外債本利無着人家當然來商量監督財政。我們鐵路破產人家當然來商量共管鐵路。專靠民氣抵抗。抵抗得了嗎。

因這三種理由所以我說以後我們若不打算做國民運動便罷。若還打算做決然應該把方向轉變。從外交方面移到內政方面。

五　內政的國民運動之主要條件

條件有十。

第一　要積極的不要消極的。　消極的運動是主張『不要做某件事』積極的運動是主張『必要做某件事』例如消極的說『當政府的人不許賣國』這句話誰能說他錯呢。但須要進一步說『要做某件事某件事纔算不賣國』如其不然。那不賣國的主張。恐怕成了一句空泛的廢話。有人說中國是「否定性」的國民。他們雖然否定滿清。卻不見得可定共和。雖然否定集權。也不見得可定自治。乃至否定袁世凱的人。並不是可定孫文。否定張勳的人並不是可定段祺瑞。否定安福派的人。並不是可定奉直派。這種現象。雖然是因爲現在政治現象是「一邱之貉」叫我們無從下一個「可定」的考語但國民若使永遠專持「否定」的態度沒有積極的主張拿出來恐怕成了世界上虛無的國民便完事了

第二　要對事的不要對人的　漢明清議什有九是對人問題去了個鄧騭來了個梁冀去了個劉瑾來了個魏忠賢對付壞人是對付得無了期費九牛二虎之力換掉一個換來的還是一樣試問能有幾個「九牛二虎」呀我們中國人總是「有治人無治法」那副舊腦筋所以對人問題還有興味對事問題便無興味對付袁世凱做皇帝還許有全國一致的時候對付北京市的電燈卻永沒有全市一致的時候我常說『到了中國報紙裏頭的政治新聞沒有人名字中國政治便清明了』所以國民運動是表示我們國民要要求那幾樁事當局的人能辦這幾件事的便要他不能的便攆他他是張三還是李四我們卻沒有閑工夫來管

第三　要公開不要祕密　在專制淫威之下國民運動帶些祕密性質或亦爲事理所不能免但我以爲祕密總是罪惡雖以極光明的人多做幾回祕密行動也會漸漸變壞況且我所主張的國民運動純然帶「國民政治教育」的意味若是祕密則這種作用完全失掉了所以我主張萬事要公開始終用堂堂之陣正正之旗赤裸裸的把社會黑暗方面都盡情暴露出來連我們自己的缺點也暴露了一切暴露之後自然會有辦法

第四　要在內地不在租界　我想中國有了這幾個租界便製造出一種畸形的社會假如沒有這租界或者中國連幾句空論都沒有也未可定但是有了這租界中國卻是只有空論便完事了在租界裏當志士發幾封「快郵代電」唱的調子比天還高那本意是否取巧出風頭姑且不論但無論如何已是隔着一層在租界大喊大叫總貫徹不到內地人的耳朵而且冒險犧牲的精神減少說話的效力也減少了所以眞正的國民運動

非離去租界到內地不可。

第五．問題要大要普徧．國民運動的問題．要爲「全民的」然後能得多數人同情．增大他的效力．例如今年八校罷課．起初標的是教育基金問題．比較的還近於普徧．然而已不算十分普徧．因爲教育界人認爲很大．別界的人或認爲很小．其後漸漸變爲敎職員欠薪問題．那更小了．因此而犧牲學生三四個月功課．實屬不值．且不能得社會同情．學校經費爲什麼無着．因爲不能履行預算．爲什麼不能履行預算．因爲學校預算都被別的人吃去了．既是拚着犧牲學校裏幾個月光陰．爲什麼不把題目放大．鼓運起國民監督財政運動或其他運動．像學校罷課這類事情．我是最不贊成的．我希望他從此不再發現．但若到不得已而發現的時候．我望他總要把問題放大些纔好．

第六．問題要簡單明了．凡要拐幾個灣的問題．斷不能做國民運動的主題．排滿革命運動爲什麼有力．說一聲『滿洲人搶掉了我祖宗的江山』個個都了解了．五四運動爲什麼有力．說一聲『日本人欺負中國』個個都了解了．能彀唱得起的國民運動．總是要這一類的問題．等到將來多數人政治智識漸充．政治興味漸濃．那麼稍爲複雜的問題．也說得進了．

第七．要分段落．政治問題甚多．不能同時並舉．既拿一個問題做主題．就專從這個問題下全力．好像攻要塞．一般攻破這個礮臺再攻那個礮臺．總要在某一個定期內將某一個問題向國民耳朶邊聒噪不休．叫人人心目中都認識這問題的價値．把一個問題鬧出個段落．再鬧第二個．

第八．運動主體要多方面．運動專以學生爲主體．只是學生運動．不能算是國民運動．運動專以商界或勞工界爲主體。只是商界或勞工界運動。不能算是國民運動。國民運動縱然不能辦到「全民的」。總須設法令他近於「全民的」。運動要由智識階級發起。那是沒有法子的事。但若專靠智識階級做主體。却反於國民運動的精神了。

第九　運動不妨斷續。但要繼續。　政治運動。很可以拿體育運動來做比方。我們舞啞鈴打球。斷不能成天價去舞去打。只要歇些時再去舞一躺打一躺。常常繼續下去。技術自然會精。身體自然會強。我並不是勸許多人拋棄了他本來職業去做個「國民運動家」。只要隔些時便大家鼓起精神去做他一下。有人罵中國人只有「五分鐘熱度」。這句話我就不甘服。人類感情熱烈的高潮。原只有五分鐘。難道外國人又會過五分鐘以外嗎。只要你隔些時又來他五分鐘。再隔些時又來他五分鐘。那麼幾十幾百個五分鐘。力量卻再大不過了。

第十　不要問目前的成敗。　天下事本要帶着「知不可而爲」和「爲而不有」的精神去做。個人生活如此。何況國家大事。若件件打過算盤。千妥萬當。本利還元。纔去做。那麼只好一事不做了。諸葛孔明說的『成敗利鈍。非所逆睹』。眞是人類生活安心立命的不二法門。試看歐美人近一百多年國民運動事業。那一件不是經幾十年幾十次的失敗。纔能做成。所以我們當着手運動之先。便要先把「失敗」兩個字批在自己預算册上頭。只認爲應該做的。便大踏步做去。

六　目前的國民運動該拿什麼做主題

國民運動的重要既如彼。那應注意的條件又如此。假如我們全國人要起一次大大的國民運動。應該選擇那個題目最好呢。

平和統一運動嗎，不好不好，一則是太空泛，雖然個個人都贊成，卻說的都是不着邊際的話。二則是容易被野心家利用，無論是分贓的平和，是南征北伐的統一，都只有軍閥的好處，沒有國民的好處。

省憲運動嗎，好是好極了，但太過複雜，要拐幾個灣纔能說明他的必要，不能一叫便醒，而且嚕嚕囌囌的法理論，多數人厭聽，又容易發生意見。

勞工運動嗎，不能說他不好，但是不切題，搔不着癢處，這是將來的問題，不是現在的問題，好像和小學校學生們講婚姻問題，他們絕對不感覺他必要，更絕對不感覺得有興味。

此外別的問題雖甚多，但各各都有些不甚適切之處，我以為目前最痛切最普偏最簡單的，莫如裁兵或廢兵這個大問題，我們應該齊集在這面大旗底下，大大的起一次國民運動。

幾百萬兵放在國裏頭，什麽事都沒有辦法，拿這幾百萬兵變回人民，這筆養兵費省下來，什麽事都有辦法，這是眼面前最顯淺的事理，全國民人人心目中都有這見解，一點便醒，對於問題本身，幾乎沒有容插異議的餘地，從政治實際上看，固然是極重要的問題，從國民政治教育上看，也是極適當的問題，要起這種運動，那程序怎麽樣呢，凡運動總須用三種手段，廢兵運動自然也是這樣。

(一)研究　應該有些人將問題中之問題，忠實研究，例如中國是否要有兵，要有兵要有多少，要的是怎麽樣的兵，裁兵費要多少，怎麽籌法，怎麽用法，人民裁兵的可能性在那裏，用什麽機關去裁，裁了怎樣安頓……如此等等，非有人專門研究清楚不可。

(二)宣傳　宣傳是把研究的結果傳布出去。叫他成爲輿論。或將研究結果全部分宣傳。或僅宣傳他一部分。是要看那對面的人地位如何感想如何。有對於一般市民的宣傳。有對於軍官或兵士的宣傳。說法雖不同。總求得他了解。引起他的同情。

(三)實行　輿論養成之後。便要起一次或數次公開的聯合的大運動——老實說一句。就是示威運動。但舉行運動時。有兩個附帶的重要條件。(第一)運動的目的。全在表示意思。說不上有什麼行爲。一切法律外的行動萬不可有。(第二)運動手段如罷市罷課等。自然要用。但是一天便了。斷不能因此荒廢本業。

七　「我」所應該做的事

這段題目所標的這「我」字。並非指我梁啓超。自己各人各有個「我」。要人人反省「我」應該做什麼事。這種反省的作用。在那裏呢。頭一件固然是靠他來喚起自己的責任心。第二件卻更緊要。因爲各人地位不同。能力不同。甲所能做的乙未必能做。所以甲所應做的。是這件。乙所應做的。卻不是這件。而是那件。眞正的國民運動。並不是某人指揮某人去做。乃是要人人自動的去做。自動的去做。便要各人經一番反省之後。知道「我」能做那件。「我」該做那件。然後各用其長。各盡其才。庶幾可以收互助的效果了。

既已說到此處。自然我梁啓超自己的「我」。應該有一番反省。我索性趁這機會明白告訴諸君罷。國內有些人。對於我這人根本懷疑。說什麼「研究系陰謀家」。這個頭銜。我實在不敢承領。因爲我是個感情生活的人。簡直可以說我所用的字典裏頭沒有「祕密」這兩個字。謀尚且不會。陰更不必說了。但別人對於我種種懷疑。我並不怪。因爲我的舉動。表面上看來好像常常矛盾。這種性質。我雖然自認爲我的短處。却不自認爲我的壞處。這是情感生活的人應有的結果。我若把我的矛盾去掉。同時怕並把我做事的活力也去掉了。別人怎麼議論我我不管。我近來卻發明了自己一種罪惡。罪惡的來源在那裏呢。因爲我從前始終脫不掉一「賢人政治」的舊觀念。始終想憑藉一種固有的舊勢力來改良這國家。所以和那些不該共事或不願共事的人也共過幾回事。雖然我自信沒有做壞事。多少總不免被人利用我做壞事。我良心上無限苦痛。覺得簡直是我間接的罪惡。這還是小的。我的最大罪惡。是這幾年來懶了。還帶上些舊名士憤時嫉俗獨善其身的習氣。並未抖擻精神向社會服務。並未對於多數國民做我應做的勞作。我又想凡人對於社會都要報恩。越發受恩深重的人。越發要加倍報答。像我恁樣的一個人。始終沒有能彀替社會做出一點事。然而受了社會種種優待虛名和物質生活都過分了。我若還自己懶惰。不做完我本分內的事。我簡直成了社會的罪人。

我生平是靠興味做生活源泉。我的學問興味政治興味都甚濃。兩樣比較。學問興味更爲濃些。我常常夢想能彀在稍爲清明點子的政治之下。容我專作學者生涯。但又常常感覺我若不管政治。便是我逃避責任。我覺「我」應該做的事。是恢復我二十幾歲時候的勇氣。做個學者生涯的政論家。我很盼望最近的將來有眞正的國民運動出現。倘若有麼。我梁啓超應該使役我的舌頭和筆頭來當個馬前小卒。

「知不可而爲」主義與「爲而不有」主義

十二月二十一日北京哲學社公開講演

今天的講題是兩句很舊的話。一句是「知其不可而爲之。」一句是「爲而不有。」現在案照八股的作法。把他分作兩股講。

諸君讀我的近二十年來的文章。便知道我自己的人生觀是拿兩樣事情做基礎(一)「責任心。」(二)「興味。」人生觀是個人的。各人有各人的人生觀。各人的人生觀不必都是對的。不必於人人都合宜。但我想。一個人自己修養自己。總須拈出個見解。靠他來安身立命。我半生來拿「責任心」和「興味」這兩樣事情做我生活資糧。我覺得於我很是合宜。

我是感情最富的人。我對於我的感情都不肯壓抑。聽其盡量發展。發展的結果。常常得意外的調和。「責任心」和「興味」都是偏於感情方面的多。偏於理智方面的很少。

「責任心」强迫把大擔子放在肩上。是很苦的。興味是很有趣的。二者在表面上恰恰相反。但我常把他調和起來。所以我的生活雖說一方面是很忙亂的。很複雜的。他方面仍是很恬靜的。很愉快的。我覺得世上有趣的事多極了。煩悶痛苦懊惱。我全沒有。人生是可贊美的。可謳歌的。有趣的。我的見解便是(一)孔子說的「知其不可而爲之」和(二)老子的「爲而不有。」

「知不可而爲」主義「爲而不有」主義和近世歐美通行的功利主義根本反對。功利主義對於每做一件事之先必要問『爲什麼』胡適中國哲學史大綱上講墨子的哲學就是要問爲什麼「爲而不有」主義便爽快的答道。『不爲什麼。』功利主義對於每做一件事之後。必要問『有什麼效果。』「知不可而爲」主義。便答道。『不管他有沒有效果。』

今天講的並不是詆毀功利主義，其實凡是一種主義皆有他的特點，不能以此非彼，從一方面看來，「知不可而爲」主義容易獎勵無意識之衝動，「爲而不有」主義容易把精力消費於不經濟的地方，這兩種主義或者是中國物質文明進步之障礙，也未可知，但在人類精神生活上卻有絕大的價值，我們應該發明他享用他，「知不可而爲」主義，是我們做一件事，明白知道他不能得着預料的效果，甚至於一無效果，但認爲應該做的便熱心做去，換一句話說，就是做事時候把成功與失敗的念頭都撇開一邊，一味埋頭埋腦的去做，這個主義如何能成立呢，依我想，成功與失敗本來不過是相對的名詞，一般人所說的成功不見得便是成功，一般人所說的失敗不見得便是失敗，天下事有許多從此一方面看說是成功，從別一方面看也可說是失敗，從目前看可說是成功，從將來看也可說是失敗，比方鄉下人沒見過電話，你讓他去打電話，他一定以爲對牆講話，是沒效果的，其實他方面已經得到電話，生出效果了，再如鄉下人看見電報局的人在那裏乒乒乓乓的打電報，一定以爲很奇怪，沒效果的，其實我們從他的手裏已經把華盛頓會議的消息得到了，照這樣看來，成敗既無定形，這「可」與「不可」不同的根本先自不能存在了，孔子說，『我則異於是，無可無不可，』他這句話似乎是很滑頭，其實他是看出天下事無絕對的「可」與「不可」，即無絕對的成功與失敗，別人心目中有「不可」這兩個字，孔子卻完全沒有，「知不可而爲」本來是晨門批評孔子的話，映在晨門眼簾上的孔子是「知不可而爲」，實際上的孔子是「無可無不可而爲」罷了，這是我的第一層的解釋，

進一步講，可以說宇宙間的事絕對沒有成功，只有失敗，成功這個名詞，是表示圓滿的觀念，失敗這個名詞，是表示缺陷的觀念，圓滿就是宇宙進化的終點，到了進化終點，進化便休止，進化休止不消說是連生活都休止

了。所以平常所說的成功與失敗不過是指人類活動休息的一小段落。比方我今天講演完了。就算是我的成功你們聽完了就算是你們的成功。

到底宇宙有圓滿之期沒有到底進化有終止的一天沒有。這仍是人類生活的大懸案。這場官司從來沒有解決因爲沒有這類的裁判官。據孔子的眼光看來這是六合以外的事。應該「存而不論」此種問題和「上帝之有無」是一樣不容易解決的。我們不是超人。所以不能解決超人的問題。人不能自舉其身。我們又何能拿人生以外的問題來解決人生的問題。人生是宇宙的小段片。孔子不講超人的人生。只從小段片裏講人生。人類在這條無窮無盡的進化長途中正在發脚蹣跚而行自有歷史以來不過在這條路上走了一點比到宇宙圓滿時候還不知差幾萬萬年哩。現在我們走的只是像體操教員剛叫了一聲「開步走」就想要得到多少萬萬年後的成功。豈非夢想。所以談成功的人不是騙別人。簡直是騙自己。

就事業上講。說什麼周公致太平。說什麼秦始皇統一天下。說什麼釋迦牟尼普渡衆生。現在我們看看周公所致的太平到底在那裏。大家說是周公的成功其實是他的失敗。「六王畢四海一」這是說秦始皇統一天下了。但仔細看看他所統一的到底在那裏。並不是說他傳二世而亡。他的一分家當完了。就算失敗只看從他以後。便有楚漢之爭。三國分裂。五胡亂華。唐之藩鎮。宋的遼金。就現在說又有督軍之割據。他的統一之功算成了嗎。至於釋迦牟尼。不但說沒普渡了衆生。就是當時的印度人也未全被他普渡。所以世人所說的一般大成功家實在都是一般大失敗家。再就學問上講牛頓發明引力。人人都說是科學上的大成功。但自愛斯坦之相對論出而牛頓轉爲失敗。其實牛頓本沒成功。不過我們沒有見到就是了。近兩年來歐美學界頌揚愛斯坦成功之快之大無比矣我們沒學問不配批評只配跟着謳歌跟着崇拜但照牛頓的例看來他也算是失敗所以無論就學問上講就事實上講總一句話說只有失敗的沒有成功的

人在無邊的「宇」（空間）中只是微塵不斷的「宙」（時間）中只是段片一個人無論能力多大總有做不完的事做不完的便留交後人這好像一人忙極了有許多事做不完只好說「託別人做吧」一人想包做一切事是不可能的不過從全體中抽出幾萬萬分之一點做做而已但這如何能算是成功若就時間論一人所做的一段片正如「抽刀斷水水更流」也不得叫做成功

孔子說『死而後已』這個人死了那個人來繼續所以說繼繼繩繩始能成大的路程天下事無不可天下事無成功

然而人生這件事卻奇怪的很在無量數年中無量數人所做的無量數事個個都是不可個個都是失敗照數學上零加零仍等於零的規律講合起來應該是個大失敗但許多的「不可」加起來卻是一個「可」許多的「失敗」加起來卻是一個「大成功」這樣看來也可說是上帝生人就是教人作失敗事的你想不失敗嗎那除非不做事但我們的生活便是事起居飲食也是事言談思慮也是事我們能到不做事的地步嗎要想不做事除非不做人佛勸人不做事便是勸人不做人如果不能不做人非做事不可這樣看來普天下事都是「不可而爲」的事普天下人都是「不可而爲」的人不過孔子是「知不可而爲」一般人是「不知不可而爲」罷了

「不知不可而爲」的人遇事總要計算計算某事可成功某事必失敗可成功的便去做必失敗的便躲避自

以爲算盤打對了．其實全是自己騙自己．計算的總結與事實絕對不能相應．成敗必至事後始能下判斷的．若事前橫計算豎計算．反減少人作事的勇氣．在他挑選趨避的時候．十件事至少有八件事因爲怕失敗．不去做了．

算盤打得精密的人．看着要失敗的事都不敢做．而爲勢所迫．又不能不勉強去做．故常說『要失敗啦．我本來不願意做．不得已啦．』他有無限的憂疑．無限的驚恐．終日生活在搖盪苦惱裏．

算盤打得不精密的人．認爲某件事要成功．所以在短時間內歡喜鼓舞的做去．到了半路上忽然發見他的成功希望是空的．或者做到結尾．不能成功的眞相已經完全暴露．於是千萬種煩惱悲哀都湊上來了．精密的人不敢做．不想做．而又不能不做．結果固然不好．但不精密的人．起初喜歡去做．繼後失敗了灰心喪氣的不做．比前一類人更糟些．

人生在世界是混混沌沌的．從這種境界裏過數十年．那末生活便只有可悲．更無可樂．我們對於「人生」眞可以詛咒．爲什麽人來世上作消耗麵包的機器呢．若是怕沒人吃麵包．何不留以待蟲類呢．這樣的人生可眞沒一點價值了．

「知不可而爲」的人怎樣呢．頭一層．他預料的便是失敗．他的預算册子上件件都先把失敗兩個字擺在當頭．用不着什麽計算不計算．揀擇不揀擇．所以孔子一生一世只是『毋意毋必毋固毋我．』「意」是事前猜度．「必」是先定其成敗．「固」是先有成見．「我」是爲我．孔子的意思就是說人不該猜度．不該先定事之成敗．不該先有成見．不該爲着自己．

第二層。我們既做了人。做了人既然不能不生活。所以不管生活是段片也罷。是微塵也罷。只要在這微塵生活段片生活裏。認爲應該做的。便大踏步的去做。不必打算。不必猶豫。

孔子說。『無適也無莫也義之與比。』又說。『鳥獸不可與同羣吾非斯人之徒歟而誰歟。天下有道。丘不與易也。』這是絕對自由的生活。假設一個人常常打算何事應做何事不應做。他本來想到街上散步。但一念及汽車撞死人。便不敢散步。他看見飛機很好。也想坐一坐。但一念及飛機摔死人。便不敢坐。這類人是自己禁住自己的自由了。要是外人剝奪自己的自由。自己還可以恢復。要是自己禁住自己的自由。可就不容易恢復了。「知不可而爲」主義。是使人將做事的自由大大的解放。不要作無爲之打算。自己捆綁自己。

孔子說。『智者不惑。仁者不憂。勇者不懼。』不惑就是明白。不憂就是快活。不懼就是壯健。反過來說。惑也。憂也。懼也。都是很苦的。人若生活於此中。簡直是過監獄的生活。

遇事先計畫成功與失敗。豈不是一世在疑惑之中。遇事先怕失敗。一面做。一面愁。豈不是一世在憂愁之中。遇事先問失敗了怎麼樣。豈不是一世在恐懼之中。

「知不可而爲」的人。只知有失敗。或者可以說他們用的字典裏。從沒有成敗二字。那末還有什麼可惑可憂可懼呢。所以他們常把精神放在安樂的地方。所以一部論語。開宗明義便說『不亦樂乎』『不亦悅乎』。用白話講。便是『好呀』。『好呀』。

孔子說。『發憤忘食。樂以忘憂。不知老之將至。』可見他作事是自己喜歡的。並非有何種東西鞭策纔作的。所以他不覺鬍子已白了。還只管在那裏做。他將人生觀立在「知不可而爲」上。所以事事都變成不亦樂乎。不亦悅乎。這種最高尚最圓滿的人生。可以說是從「知不可而爲」主義發生出來。我們如果能領會這種見解。卽令不可至於樂乎悅乎的境地。至少也可以減去許多「惑」「憂」「懼」。將我們的精神放在安安穩穩的地位上。這樣才算有味的生活。這樣才値得生活。

第一股做完了。現在做第二股。仍照八股的做法。說幾句過渡的話。「爲而不有」主義與「知不可而爲」主義可以說是一個主義的兩面。「知不可而爲」主義可以說是「破妄返眞」「爲而不有」主義可以說是「認眞去妄」。「知不可而爲」主義可使世界從煩悶至淸涼。「爲而不有」主義可使世界從極平淡上顯出燦爛。

爲而不有這句話。羅素解釋的很好。他說人有兩種衝動。(一)占有衝動。(二)創造衝動。這句話便是提倡人類的創造衝動的。他這些學說。諸君諒已熟聞。不必我多講了。

「爲而不有」的意思是不以所有觀念作標準。不因爲所有觀念始勞動。簡單一句話。便是爲勞動而勞動。這話與佛教說的「無我我所」相通。

常人每做一事。必要報酬。常把勞動當作利益的交換品。這種交換品只准自己獨有。不許他人同有。這就叫做「爲而有」。如求得金錢名譽。因爲「有」。纔去爲。有爲一身有者。有爲一家有者。有爲一國有者。在老子眼中看來。無論爲一身有爲一家有爲一國有。都算是爲而有。都不是勞動的眞目的。人生勞動應該不求報酬。你如果問他『爲什麼而勞動』。他便答道。『不爲什麼』。再問『不爲什麼爲什麼勞動』。他便老老實實說『爲勞動而勞動。爲生活而生活。』

老子說．『上人爲之而無以爲．』韓非子給他解釋的很好．『生於其心之所不能已．非求其爲報也．』簡單說來．便是無所爲而爲．旣無所爲．所以只好說爲勞動而勞動．爲生活而生活．也可說是勞動的藝術化生活的藝術化．

老子還說．『旣以爲人己愈有．旣以與人己愈多．』這是說我要幫助人．自己卻更有．不致損減．我要給人．自己卻更多．不致損減．這話也可作爲而不有的解釋．按實說．老子本來沒存「有」「無」「多」「少」的觀念．不過假定差別相以示常人罷了．

在人類生活中最有勢的便是占有性．據一般人的眼光看來．凡是爲人的好像己便無．例如楚漢爭天下．楚若爲漢．楚便無．漢若爲楚．漢便無．韓信張良幫漢高的忙．謀皇帝．他們便無．凡是與人的好像己便少．例如我們到磁器鋪子裏買瓶子．一個瓶子．他要四元錢．我們只給他三元半．他如果賣了．豈不是少得五角．豈不是旣以與人己便少嗎．這似乎是和己愈有己愈多的話相反．然自他一方面看來．譬如我今天講給諸君聽．總算與大家了．但我仍舊是有．並沒減少．再如教員天天在堂上給大家講．不特不能減其所有．反可得教學相長的益處．至若彈琴唱歌給人聽．也並沒損失．且可使彈的唱的更加熟練．文學家．詩人．畫家．雕刻家．慈善家．莫不如此．卽就打算盤論．幫助人的雖無實利．也可得精神上的愉快．

老子又說．『含德之厚．比於赤子．赤子終日號而不嗄．和之至也．』他的意思就是說成人應該和小孩子一樣．小孩子天天在那裏哭．小孩子並不知爲什麼而哭．無端的大哭一場．好像有許多痛心的事．其實並不爲什麼．成人亦然．問他爲什麼吃．答爲餓．問他爲什麼餓．答爲生理上必然的需要．再問他爲什麼生理上需要．他便答不出了。所以「爲什麼」是不能問的。如果事事問爲什麼。什麼事都不能做了。

老子說『無爲而無不爲。』我們卻只記得他的上半截的「無爲」把下半截的「無不爲」忘掉了。這的確是大錯。他的主義是不爲什麼而什麼都做了。並不是說什麼都不做。要是說什麼都不做那他又何必講五千言的道德經呢。

「知不可而爲」主義與「爲而不有」主義。都是要把人類無聊的計較一掃而空。喜歡做便做。不必瞻前顧後。所以歸併起來。可以說這兩種主義就是「無所爲而爲」主義。也可以說是生活的藝術化。把人類計較利害的觀念變爲藝術的情感的。

這兩種主義的概念演講完了。我很希望他發揚光大。推之於全世界。但要實行這種主義須在社會組織改革以後。試看在俄國勞農政府之下。「知不可而爲」和「爲而不有」的人比從前多得多了。社會之組織未變。社會是所有的社會。要想打破所有的觀念大非易事。因爲人生在所有的社會上。受種種的牽掣。倘有人打破所有的觀念。他立刻便缺乏生活的供給。比方作教員的。如果不要報酬。便立刻沒有買書的費用。然假使有公共圖書館。教員又何必自己買書呢。中國人常喜歡自己建造花園。然而又沒有錢。其勢不得不用種種不正當的方法去找錢。這還不是由於中國缺少公共花園的緣故嗎。假使中國仿照歐美建設許多極好看極精緻的公共花園。他們自然不去另造了。所以必須到社會組織改革之後。對於公衆有種種供給時才能實行這種主義。

雖是這樣說法。我們一方面希望求得適宜於這種主義的社會。一方面在所處的混濁的社會中。還得把這種主義拿來寄托我們的精神生活。使他站在安慰清涼的地方。我看這種主義恰似青年修養的一付清涼散。我不是拿空話來安慰諸君。也不是勉強去左右諸君。他的作用着實是如此的。

最後我還要對青年進幾句忠告。老子說。『寵辱不驚』。這句話最關重要。現在的一般青年或爲寵而驚。或爲辱而驚。然爲辱而驚的大家容易知道。爲寵而驚的大家卻不易知道。或者爲寵而驚的比較爲辱而驚的人的人格更爲低下也說不定。五四以來。社會上對於青年可算是寵極了。然根柢淺薄的人。其所受寵的害恐怕比受辱的害更大吧。有些青年自覺會做幾篇文章。便以爲滿足。其實與歐美比一比。那算得什麼學問。徒增了許多虛榮心罷了。他們在報上出風頭。不過是爲眼前利害所鼓動。爲虛榮心所鼓動。別人說成功。他們便自以爲成功。豈知天下沒成功的事。這些都是被成敗利鈍的觀念所誤了。

古人的這兩句話。我希望現在的青年在腦子裏多轉幾轉。把他當作失敗中的鼓舞。煩悶中的清涼。困倦中的興奮。

時務學堂箚記殘卷序

丁酉秋。秉三與陳右銘。江建霞。黃公度。徐研甫諸公設時務學堂於長沙。而啓超與唐君紱丞等同承乏講席。國中學校之嚆矢。此其一也。學科視今日殊簡陋。除上堂講授外。最主要者爲令諸生作箚記。師長則批答而指導之。發還箚記時。師生相與坐論。時吾儕方醉心民權革命論。日夕以此相鼓吹。箚記及批語中蓋屢宣其微言。湘中一二老宿覩而大譁。羣起掎之。新舊之鬨。起於湘而波動於京師。御史某刺錄箚記全稿中觸犯清廷忌諱者百餘條。進呈嚴劾戊戌黨禍之構成。此實一重要原因也。迄今將三十年。諸箚册散佚殆盡。秉三顧辛苦守此卷。幾於秦燔後壁中尚書矣。卷中諸生有李虎村炳寰林述唐圭田均一邦瓚蔡樹珊鍾浩俱從紱丞死於辛亥漢口革命之役。其署名蔡艮寅者。則松坡舊名也。時第一班四十人中。松坡齒最幼焉。啓超五十生日。秉三出茲卷爲壽。先以付印。而命爲之序。嗚呼。此固吾國教育界一有價值之史料。而啓超攬此。乃不勝山陽聞笛之感也。民國十一年壬戌正月二十六日。新會梁啓超。

中國韻文裏頭所表現的情感

本學期在清華學校講國史。校中文學社諸生請爲文學的課外講演。輒拈此題。所講現未終了。講義隨講隨編。其預定的內容略如下。

一——二　導言
三　奔迸的表情法
四——五　迴盪的表情法
六　附論新同化之西北民族的表情法
七——八　蘊藉的表情法
九　附論女性文學與女性情感
十　象徵派的表情法
十一　浪漫派的表情法
十二　寫實派的表情法
十三　文學裏頭所顯的人生觀
十四　表情所用文體的比較

右講稿皆於著史之暇間日抽餘晷草之。其脫略舛謬處。自知不少——卽如第三講中論奔迸的表情法所引隴頭歌。細思實當改入第四講中論吞咽式表情法條下——今因改造雜誌索稿。匆匆檢付無暇覆勘校改。惟自覺用表情法分類以研究舊文學。確是別饒興味。前人雖間或論及。但未嘗爲有系統的研究。不揣愚陋。輒欲從此方面引一端緒。其疏舛之處。極盼海內同嗜加以是正。校中參考書缺乏。且時日匆促。故所引作品。僅憑記憶所及。讀者幸勿責其罣漏。

十一。三。二十五。在清華學校。　啓超。

一

天下最神聖的莫過於情感。用理解來引導人。頂多能叫人知道那件事應該做。那件事怎樣做法。卻是被引導的人到底去做不去做。沒有什麼關係。有時所知的越發多。所做的倒越發少。用情感來激發人。好像磁力吸鐵一般。有多大分量的磁。便引多大分量的鐵。絲毫容不得躲閃。所以情感這樣東西。可以說是一種催眠術。是人類一切動作的原動力。

情感的性質是本能的。但他的力量。能引人到超本能的境界。情感的性質是現在的。但他的力量。能引人到超現在的境界。我們想入到生命之奧。把我的思想行爲和我的生命迸合爲一。把我的生命和宇宙和衆生迸合爲一。除卻通過情感這一個關門。別無他路。所以情感是宇宙間一種大祕密。

情感的作用固然是神聖。但他的本質不能說他都是善的都是美的。他也有很惡的方面。他也有很醜的方面。他是盲目的。到處亂碰亂迸。好起來好得可愛。壞起來也壞得可怕。所以古來大宗教家大教育家。都最注意情感的陶養。老實說。是把情感教育放在第一位。情感教育的目的。不外將情感善的美的方面盡量發揮。把那惡的醜的方面漸漸壓伏淘汰下去。這種工夫做得一分。便是人類一分的進步。

情感教育最大的利器。就是藝術。音樂美術文學這三件法寶。把「情感祕密」的鑰匙都掌住了。藝術的權威。是把那霎時間便過去的情感。捉住他令他隨時可以再現。是把藝術家自己「箇性」的情感。打進別人們的「情閾」裏頭。在若干期間內占領了「他心」的位置。因爲他有恁麼大的權威。所以藝術家的責任很重。爲功爲罪。間不容髮。藝術家認淸楚自己的地位。就該知道最要緊的工夫。是要修養自己的情感。極力往高潔純摯的方面向上提挈。向裏體驗。自己腔子裏那一團優美的情感養足了。再用美妙的技術把他表現出來。這纔不辱沒了藝術的價值。

二

我這篇講演。說的是中國韻文裏頭所表現的情感。「韻文」是有音節的文字。那範圍從三百篇楚辭起。連樂府歌謠古近體詩塡詞曲本乃至駢體文都包在內。（但駢體文徵引較少）我所徵引的只憑我記憶力所及。自然不能說完備。但這些資料。不過借來舉例。倒不在乎備不備。我想恁麼多也夠了。我所徵引的都是極普通膾炙人口的作品。絕不搜求隱僻。我想這種作品。最合於作品代表的資格。

我這回所講的。專注重表現情感的方法。有多少種。那樣方法。我們中國人用得最多。用得最好。至於所表現的情感種類。我也很想研究。但這回不及細講。只能引起一點端緒。我講這篇的目的。是希望諸君把我所講的做基礎。拿來和西洋文學比較看看。我們的情感。比人家誰豐富誰寒儉。誰濃摯誰淺薄。誰高遠誰卑近。我們文學家表示情感的方法缺乏。的是那幾種。先要知道自己民族的短處去補救他。纔配說發揮民族的長處。這是我講演的深意。現在請入本題。

三

向來寫情感的。多半是以含蓄蘊藉爲原則。像那彈琴的絃外之音。像喫橄欖的那點回甘味兒。是我們中國文學家所最樂道。但是有一類的情感。是要忽然奔迸一瀉無餘的。我們可以給這類文學起一個名。叫做「奔迸的表情法」。例如碰着意外的過度的刺激。大叫一聲或大哭一場或大跳一陣。在這種時候。含蓄蘊藉是一點用不着。例如詩經。

『蓼蓼者莪。匪莪伊蒿。哀哀父母。生我劬勞。』（蓼莪）

『彼蒼者天。殲我良人。如可贖兮。人百其身。』（黃鳥）

前一章是父母死了。悲痛到極處。『哀哀……劬勞』八箇字。連淚帶血迸出來。後一章是秦穆公用人來殉葬。看的人哀痛憐憫的情感。迸在這四句裏頭。成了羣衆心理的表現。

『風蕭蕭兮易水寒。壯士一去兮不復還。』

這是荆軻行刺秦始皇。臨動身時。他的朋友高漸離歌來送他。只用兩句話。一點扭捏也沒有。卻是對於國家對於朋友的萬斛情感。都全盤表出了。

古樂府裏頭有一首箜篌引。不知何人所作。據說是有一箇狂夫。當冬天早上。在河邊『被髮亂流而渡。』他的

妻子從後面趕上來要攔他攔不住溺死了他妻子做了一首「引」是

『公無渡河公竟渡河墮河而死將奈公何』

又有一首隴頭歌也不知誰人所作大約是一位身世很可憐的獨客那歌有兩疊是

『隴頭流水流離四下念吾一身飄然曠野

隴頭流水鳴聲嗚咽遙望秦川肝腸斷絕』

這些都是用極簡單的語句把極眞的情感盡量表出眞所謂『一聲河滿子雙淚落君前』你若要多著些話或是說得委婉些那麽眞面目完全喪掉了

『力拔山兮氣蓋世時不利兮騅不逝騅不逝兮可奈何虞兮虞兮奈若何』（虞兮歌）

『大風起兮雲飛揚威加海內兮歸故鄉安得猛士兮守四方』（大風歌）

前一首是項羽在垓下臨死時對着他愛妾虞姬唱的把英雄末路的無限情感都湧現了後一首是漢高祖做了皇帝過後回到故鄉對那些父老唱的一種得意氣概盡情流露

『陟彼北芒兮噫顧瞻帝京兮噫宮闕崔巍兮噫民之劬勞兮噫遼遼未央兮噫』（五噫歌）

這一首是後漢時梁鴻做的滿肚子傷世憂民的熱情歎了五口大氣盡情發洩極文章之能事

『上邪我欲與君相知長命無絕衰山無陵江水爲竭冬雷震震夏雨雪天地合乃敢與君絕』（上邪曲）

這類一瀉無餘的表情法所表的什有九是哀痛一路這首歌卻是寫愛情像這樣斬釘截鐵的賭咒正表示他們的戀愛到「白熱度」

正式的五七言詩用這類表情法的很少。因爲多少總受些格律的束縛。不能自由了。要我在各名家詩集裏頭舉例。幾乎一個也舉不出（也許是我記不起）獨有表情老手的杜工部有一首最爲怪誕。

『劍外忽傳收薊北。初聞涕淚滿衣裳。卻看妻子愁何在。漫卷詩書喜欲狂。白日放歌須縱酒。青春結伴好還鄉。即從巴峽穿巫峽。便下襄陽向洛陽。』

凡詩寫哀痛憤恨憂愁悅樂愛戀。都還容易。寫歡喜眞是難。即在長短句和古體裏頭也不易得。這首詩是近體。箇箇字受「聲病」的束縛。他卻做得如此淋漓盡致。那一種手舞足蹈的情形。讀了令人發怔。據我看過去的詩沒有第二首比得上了。

此外這種表情法。我能舉得出的很少。近代人吳梅村。詩格本不算高。但他的集中卻有一首。確能用這種表情法。那題目我記不眞。像是送吳季子出塞。他劈空來這麼幾句。

『人生千里與萬里。黯然消魂別而已。君獨何爲至於此。生非生兮死非死。山非山兮水非水。……』

他送的人叫做吳漢槎。是前清康熙間一位名士。因不相干的事充軍到黑龍江。許多人替他叫冤。都有詩送他。梅村這首算是最好。好處是把無窮的冤抑。用幾句極粗重的話表盡了。

詞裏頭這種表情法也很少。因爲詞家最講究纏綿悱惻。也不是寫這種情感的好工具。若勉強要我舉個例。那麼辛稼軒的菩薩蠻上半闋。

『鬱孤臺下淸江水。中間多少行人淚。西北是長安。可憐無數山。……』

這首詞是在徽欽二宗北行所經過的地方題壁的。稼軒是比岳飛稍爲晚輩的一位愛國軍人。帶着兵駐在邊界.常常想要恢復中原.但那時小朝廷的君臣都不許他.到了這個地方.忽然受很大的刺激.由不得把那滿腔熱淚都噴出來了.

吳梅村臨死的時候.有一首賀新郎.也是寫這一類的情感.那下半闋是.

『故人慷慨多奇節.恨當年沈吟不斷.草間偷活.艾灸眉頭瓜噴鼻.今日須難決絕.早患苦重來千疊.脫屣妻孥非易事.竟一錢不值何須說.……』

梅村因為被清廷強姦了.當「貳臣」.心裏又恨又愧.到臨死時纔盡情發洩出來.所以很能動人.

曲本寫這種情感.應該容易些.但好的也不多.以我所記得的.獨桃花扇裏頭有幾段很見力量.那哭主一齣寫左良玉在黃鶴樓開宴.正飲得熱鬧時.忽然接到崇禎帝殉國的急報.唱道.

『高皇帝在九京.不管亡家破鼎.那知你聖子神孫.反不如飄蓬斷梗.十七年憂國如病.呼不應天靈祖靈.調不來親兵救兵.白練無情.送君王一命.……』

『宮車出.廟社傾.破碎中原費整.養文臣帷幄無謀.豢武夫疆場不猛.到今日山殘水賸.對大江月明浪明.滿樓頭呼聲哭聲.這恨怎平.有皇天作證.……』

那沈江一齣寫清兵破了揚州.史可法從圍城裏跑出.要到南京.聽見福王已經投降.哀痛到極.迸出來幾句話.

『抛下俺斷蓬船.撇下俺無家犬.呼天叫地千百徧.歸無路.進又難前.……累死英雄.到此日看江山換主.無可留戀.』

唱完了這一段.就跳下水裏死了.跟着有一位志士起來.已經救他不及.便唱道.

『……誰知歌罷賸空筵。長江一線。吳頭楚尾路三千。盡歸別姓。雨翻雲變。寒濤東捲。萬事付空烟。……』

這幾段我小時候讀他。不知淌了幾多眼淚。別人我不知道。我自己對於滿清的革命思想。最少也有一部分受這類文學的影響。他感人最深處。是一箇箇字都帶着鮮紅的血嘔出來。雖然比前頭所舉那幾箇例說話多些。但在這種文體。不得不然。我們也不覺得他話多。

凡這一類。都是情感突變。一燒燒到「白熱度」。便一毫不隱瞞。一毫不修飾。照那情感的原樣子。迸裂到字句上。我們既承認情感越發眞越發神聖。講眞沒有眞得過這一類了。這類文學。眞是和那作者的生命分劈不開。——至少也是當他作出這幾句話那一秒鐘時候。語句和生命是迸合爲一。這種生命。是要親歷其境的人自己創造。別人斷乎不能替代。如『壯士不還』『公無渡河』等類。大家都容易看出是作者親歷的情感。卽如桃花扇這幾段。也因爲作者孔云亭是一位前明遺老。（他裏頭還有一句說。那曉得我老夫就是戲中之人）這些沈痛。都是他心坎中原來有的。所以寫得能夠如此動人。所以這一類我認爲情感文中之聖。

這種表現法。十有九是表悲痛。表別的情感。就不大好用。我勉強找。找得牡丹亭驚夢裏頭。

『原來是姹紫嫣紅開徧。似這般都付與斷井頹垣。』

這兩句的確是屬於奔迸表情法。這一類。他寫情感忽然受了刺激。變換一個方向。將那霎時間的新生命迸現出來。眞是能手。

我想悲痛以外的情感。並不是不能用這種方式去表現。他的訣竅。只是當情感突變時。捉住他「心奧」的那一點。用強調寫到最高度。那麽別的情感。何嘗不可以如此呢。蘇東坡的水調歌頭。便是一箇好例。

『明月幾時有．把酒問青天．不知天上宮闕．今夕是何年．我欲乘風歸去．又恐瓊樓玉宇．高處不勝寒．……』

這全是表現情感一種亢進的狀態．忽然得着一個「超現世的」新生命．令我們讀起來不知不覺也跟着到他那新生命的領域去了．這種情感的這種表現法西洋文學裏頭恐怕很多．我們中國卻太少了．我希望今後的文學家．努力從這方面開拓境界．

四

這一回講的．我也起他一個名叫做「迴盪的表情法．」是一種極濃厚的情感蟠結在胸中．像春蠶抽絲一般．把他抽出來．這種表情法．看他專從熱烈方面盡量發揮．和前一類正相同．所異者前一類是直線式的表現．這一類是曲線式或多角式的表現．前一類所表的情感．是起在突變時候．性質極爲單純．容不得有別種情感攙雜在裏頭．這一類所表的情感．是有相當的時間經過．數種情感交錯糾結起來．成爲網形的性質．人類情感在這種狀態之中者最多．所以文學上所表現．亦以這一類爲最多．

這類表情法．在詩經中可以舉出幾個絕好模範．

『鴟鴞鴟鴞．旣取我子．無毀我室．恩斯勤斯．鬻子之閔斯．

迨天之未陰雨．徹彼桑土．綢繆牖戶．今女下民．或敢侮予．

予手拮据．予所捋荼．予所蓄租．予口卒瘏．曰予未有室家．

予羽譙譙．予尾翛翛．予室翹翹．風雨所漂搖．予維音嘵嘵．』（鴟鴞）

三百篇的作者，百分之九十九沒有主名。獨這一篇因尚書金縢所記，我們確知係出周公手筆，是當管蔡流言王業漂搖的時候，作來感悟成王的。他託爲一隻鳥的話，說經營這小小的一箇巢，怎樣的擔驚恐，怎樣的捱辛苦，現在還是怎樣的艱難，沒有一句動氣話，沒有一句灰心話，只有極濃極溫的情感，像用深深的刀痕刻鏤在字句上。那情感的豐富和醇厚，眞可以代表「純中華民族文學」的美點。他那表情方法，是用螺旋式一層深過一層。

『弁彼鸒斯，歸飛提提。民莫不穀，我獨于罹。何辜于天，我罪伊何，心之憂矣，云如之何。

踧踧周道，鞫爲茂草。我心憂傷，惄焉如擣。假寐永歎，維憂用老。心之憂矣，疢如疾首。

維桑與梓，必恭敬止。靡瞻匪父，靡依匪母。不屬于毛，不離于裏。天之生我，我辰安在。……』（小弁）

這詩共八章，爲省時間起見，僅引三章。其實全篇是無一處不好的。這詩也大概尋得出主名，是周幽王寵愛褒姒，把太子廢了，太子的師傅代太子做這篇詩來感動幽王。幽王到底不聽，周朝不久也被犬戎滅了，算是歷史上很有關係的一篇文學。這詩的特色，是把磊磊堆堆蟠鬱在心中的情感，像很費力的纔吐出來，又像吐出又像吐不出，吐了又還有，那表情方法，專用「語無倫次」的樣子，一句話說過又說，忽然說到這處，忽然又說到那處。用這種方式來表現這種情緒，恐怕再妙沒有了。

『彼黍離離，彼稷之苗。行邁靡靡，中心搖搖。知我者謂我心憂，不知我者謂我何求。悠悠蒼天，此何人哉。

彼黍離離，彼稷之穗。行邁靡靡，中心如醉。知我者謂我心憂，不知我者謂我何求。悠悠蒼天，此何人哉。』（黍離）

這首詩依舊說是宗周亡了過後那些遺民經過故都憑弔感觸做出來大約是對的他那一種纏綿悱惻迴腸盪氣的情感不用我指點諸君只要多讀幾徧自然被他魔住了他的表情法是胸中有種種甜酸苦辣寫不出來的情緒索性都不寫了只是咬着牙齦長言永歎一番便覺得一往情深活現在字句上

『肅肅鴇翼集于苞棘王事靡盬不能蓺黍稷父母何食悠悠蒼天曷其有極』（鴇羽）

『汎彼柏舟亦汎其流耿耿不寐如有隱憂微我無酒以敖以遊

我心匪鑒不可以茹亦有兄弟不可以據薄言往愬逢彼之怒

我心匪石不可轉也我心匪席不可卷也威儀棣棣不可選也

憂心悄悄愠于羣小遘閔既多受侮不少靜言思之寤辟有摽

日居月諸胡迭而微心之憂矣如匪澣衣靜言思之不能奮飛』（柏舟）

鴇羽篇大抵是當時人民被強迫去當公差把正當職業都擔閣了弄到父母捱餓那柏舟篇大約是一位女子受了家庭的壓迫有寃無處愬都是表一種極不自由的情感他的表情法和前頭那三首都不同他們在飲恨的狀態底下情感纔發洩到喉嚨又嚥回肚子裏去了所以音節很短促若斷若續若用曼聲長謠的方式寫這種情感便不對

這五篇都是迴盪的表情法卻有四種不同的方式我們可以給他四個記號

迴盪法
- 螺旋式═鴟鴞 } 曼聲
- 引曼式═黍離 } 曼聲
- 堆壘式═小弁 } 促節
- 呑咽式═鴇羽柏舟 } 促節

詩經中這類表情法。眞是無體不備。像這樣好的還很多。小雅什有九皆是。眞所謂『溫柔敦厚。』放在我們心坎裏頭是暖的。詩經這部書所表示的正是我們民族情感最健全的狀態這一點無論後來那位作家。都趕不上。

楚辭的特色。在替我們文學界開創浪漫境界。常常把情感提往「超現實」的方嚮。這一點下文再說。他的現實方面。還是和三百篇一樣路數。纏綿悱惻。怨而不怒。試舉數段爲例。

『……入漵浦。余儃佪兮迷不知吾所如。深林杳以冥冥兮。猨狖之所居。山峻高以蔽日兮。下幽晦以多雨。霰雪紛其無垠兮。雲霏霏而承宇。哀吾生之無樂兮。幽獨處乎山中。吾不能變心而從俗兮。固將愁苦而終窮。……』（涉江）

『……忠何罪以遇罰兮。亦非余心之所志。行不羣以顚越兮。又衆兆之所咍。紛逢尤以離謗兮。謇不可釋。情沈抑而不達兮。又蔽而莫之白。心鬱邑而侘傺兮。又莫察余之中情。固煩言不可結詒兮。願陳志而無路。退靜默而莫余知兮。進號呼又莫吾聞。申侘傺之煩惑兮。中悶瞀之忳忳。……』（惜誦）

『曼余目以流觀兮。冀一反之何時。鳥飛反故鄉兮。狐死必首丘。信非吾罪而棄逐兮。何日夜而忘之。』（

哀郢）

『……忳鬱邑余侘傺兮吾獨窮困乎此時也。寧溘死以流亡兮。余不忍爲此態也。……』（離騷）

『製芰荷以爲衣兮集芙蓉以爲裳。不吾知其亦已兮苟余情其信芳。高余冠之岌岌兮長余佩之陸離。芳與澤其雜糅兮唯昭質其猶未虧。忽反顧以遊目兮將往觀乎四荒。佩繽紛其繁飾兮芳菲菲其彌章。人生各有所樂兮余獨好脩以爲常。雖體解吾猶未變兮豈余心之可懲。（同上）

屈原的情感是煩悶的。卻又是濃摯的。孤潔的。堅強的。濃摯孤潔堅强三種拼攏一處。已經有點不甚相容。還湊着他那種境遇。所以變成煩悶。涉江那段用象徵的方式烘托出煩悶。惜誦那段寫無倫次的煩悶狀態。和前文所引的小弁同一途徑。哀郢那段把濃摯的情感盡量顯出。離騷兩段專表他的孤潔和堅強。屈原是有潔癖的人。鬧到情死。他的情感。全含亢奮性。看不出一點消極的痕跡。

宋玉便不同了。他代表的作品是九辯。完全和屈原是兩種氣味。

『悲哉秋之爲氣也。蕭瑟兮草木搖落而變衰。憭慄兮若在遠行。登山臨水兮送將歸。泬寥兮天高而氣清。寂寥兮收潦而水清。憯悽增欷兮薄寒之中人。愴怳懭悢兮去故而就新。坎廩兮貧士失職而志不平。廓落兮羇旅而無友生。惆悵兮而私自憐。……』（九辯）

這篇全是漢晉以後那種歎老嗟卑的頹廢情感所從出。比屈原差得遠了。但表情的方法。屈宋都是一樣。我譬喻他像一條大蛇。在那裏蟠—蟠—蟠。又像一箇極深極猛的水源。給大石堵住。在石罅裏頭到處噴迸。這是他們和三百篇不同處。

楚辭多半是曼聲。很少促節。大抵這一體與促節不甚相宜。獨有淮南小山招隱士是別調。全篇都算得促節。如

『王孫遊兮不歸。春草生兮萋萋。歲暮兮不自聊。蟪蛄鳴兮啾啾。坱兮軋山曲岪心淹留兮恫慌忽罔兮沕。

潦兮栗虎豹穴叢薄深林兮人上慄』

但這種促節不全屬吞咽一路。像哀郢那幾句的確寫飲恨的情感。卻仍是曼聲。

漢魏六朝五言詩的表情法。都走微婉一路。容下文再說。要看他們熱烈的情感。還是從樂府裏找。試舉幾首爲例。

（1）

『悲歌可以當泣。遠望可以當歸。

思念故鄉。鬱鬱纍纍。

欲歸家無人。欲渡河無船。

心思不能言。腸中車輪轉。』

（2）

『秋風蕭蕭愁殺人。出亦愁。入亦愁。

座中何人。誰不懷憂。令我白頭。

胡地多悲風。樹木何脩脩。

離家日趨遠。衣帶日趨緩。心思不能言。腸中車輪轉。』

（3）

『來日大難。口燥脣乾。今日相樂。皆當喜歡。……

月沒參橫。北斗闌干。親交在門。飢不及餐。……』

（4）

『出東門。不顧歸。來入門。悵欲悲。

盎中無斗儲。還視桁上無懸衣。

拔劍出門去。兒女牽衣啼。

他家但願富貴。賤妾與君共餔糜。

共餔糜。上用倉浪天故。下爲黃口小兒。

今時清廉難犯。敎言君自愛。莫爲非。

今時清廉難犯。敎言君自愛。莫爲非。

行吾去爲遲。（注）行吾之「吾」字疑卽「乎」字同音通用

平愼行。望君歸。』

（5）

『有所思。乃在大海南。何用問遺君。雙珠瑇瑁簪。

用玉紹繚之。聞君有他心。拉雜摧燒之。

摧燒之當風揚其灰從今已往勿復相思

相思與君絕雞鳴狗吠當知之

妃呼豨秋風肅肅晨風颸東方須臾高知之』（注）「妃呼豨」感歎辭

這些樂府不惟不能得作者主名並不能確指年代大約是漢以後唐以前幾百年間的作品此外還有許多好的因爲他是另外一種表情法等到下文別段再講讀這幾首大略可以看得出當時平民文學的特采是極眞率而又極深刻後來許多專門作家都趕不上李太白刻意學這一體但神味差得遠了

漢代大文學家很少流傳下來最有名的是幾篇賦都不是表情之作五言詩初初發軔沒有壯闊的波瀾摹仿三百篇取蘊藉一路的較多些很迴盪的可以說沒有勉強舉一兩首如蘇武的

『結髮爲夫妻恩愛兩不疑歡娛在今夕燕婉及良時

征夫懷往路起視夜何其參辰皆已沒去去從此辭

行役在戰場相見未有期握手一長歎淚爲生別滋

努力愛春華莫忘歡樂時生當復歸來死當長相思』

枚乘的

『行行重行行與君生別離相去萬餘里各在天一涯

道路阻且長會面安可知胡馬依北風越鳥巢南枝

相去日已遠衣帶日已緩浮雲蔽白日遊子不顧返

思君令人老．歲月忽已晚．棄捐莫復道．努力加餐飯．』

兩首皆寫男女別時別後的情愛．前一首近於螺旋式．後一首近於吞咽式．當時作品中．只能到這種境界而止．往前比．比不上三百篇楚辭．往後比．比不上唐人．同時的也比不上平民文學的樂府．到三國時．建安七子漸漸把五言成立一個規模．內中以曹子建爲領袖．子建贈白馬王彪一首．可算得在五言詩裏頭別出生面．開後來杜工部一路．這詩很長．錄之如下．

『謁帝承明廬．逝將歸舊疆．淸晨發皇邑．日夕過首陽．伊洛廣且深．欲濟川無梁．汎舟越洪濤．怨彼東路長．顧瞻戀城闕．引領情內傷．太谷何寥廓．山樹鬱蒼蒼．霖雨泥我塗．流潦浩縱橫．中逵絕無軌．改轍登高岡．修坂造雲日．我馬玄以黃．

玄黃猶能進．我思鬱以紆．鬱紆將何念．親愛在離居．本圖相與偕．中更不克俱．鴟梟鳴衡軛．豺狼當路衢．蒼蠅間白黑．讒巧反親疏．欲還絕無蹊．攬轡止踟躕．

踟躕亦何留．相思無終極．秋風發微涼．寒蟬鳴我側．原野何蕭條．白日忽西匿．歸鳥赴喬林．翩翩厲羽翼．孤獸走索羣．銜草不遑食．感物傷我懷．撫心長太息．

太息將何爲．天命與我違．奈何念同生．一往形不歸．孤魂翔故域．靈柩寄京師．存者忽已過．亡沒身自衰．人生處一世．去若朝露晞．年在桑榆間．影響不能追．自顧非金石．咄唶令心悲．

心悲動我神．棄置莫復陳．丈夫志四海．萬里猶比鄰．恩愛苟不虧．在遠分日親．何必同衾幬．然後展殷勤．憂思成疾疹．毋乃兒女仁．倉卒骨肉情．能不懷苦辛．

苦辛何慮思天命信可疑。虛無求列仙。松子久吾欺。變故在斯須。百年誰能持。離別永無會。執手將何時。王其愛玉體。俱享黃髮期。收淚卽長路。援筆從此辭。』

大抵情感之文若寫的不是那一刹那間的實感。任憑多大作家也寫不好。子建這詩有篇序。說是同白馬王任城王三兄弟入朝。任城王死去。到還國時。『有司以二王歸藩。道路宜異止宿。意毒恨之。蓋以大別在數日。是用自剖。憤而成篇』云云。兄弟的眞愛情。從肺腑流出。所以獨好。

此後阮嗣宗幾十首的詠懷。大部分也是表情感熱烈方面的。內中如『二妃游江濱。』『嘉樹下成蹊。』『平生少年時。』『湛湛長江水。』『徘徊蓬池上。』『獨坐空堂上。』『駕言發魏都。』『一日復一夕。』『嘉時在今辰。』等篇。都是迴腸盪氣的作品。陶淵明雖然是淡遠一路。（下文別論）但集中詠荊軻。擬古裏頭的『榮榮窗下蘭。』『辭家夙嚴駕。』『迢迢百尺樓。』『種桑長江邊。』雜詩裏頭的『白日淪西河。』『憶我少年時。』等篇。都是表現他的陽性情感。應屬於這一類。此外如鮑明遠的行路難。潘安仁的悼亡。都也有好處。

中古以降的詩。用這種表情法用得最好的。我可以舉出一個人當代表。什麼人。杜工部。後人上杜工部的徽號叫做「詩聖」。別的聖不聖。我不敢說。最少「情聖」兩個字。他是當得起。他有他自己獨到的一種表情法。前頭的人沒有這種境界。後頭的人逃不出這種境界。他集中的情詩太多了。我只隨意舉出人人共讀的幾首爲例。

『客行新安道。喧呼聞點兵。借問新安吏。縣小更無丁。府帖昨夜下。次選中男行。中男絕短小。何以守王城。肥男有母送。瘦男獨伶俜。白水暮東流。青山聞哭聲。莫自使眼枯。收汝淚縱橫。眼枯卽見骨。天地終無情。……

…』（新安吏）

『四郊未寧靜．垂老不得安．子孫陣亡盡．焉用身獨完．投杖出門去．同行爲辛酸．……老妻臥路啼．歲暮衣裳單．孰知是死別．且復傷其寒．此去必不歸．還聞勸加餐．……』（垂老別）

這類是由「同情心」發出來的情感．工部是個多血質的人．他自京赴奉先詠懷那首詩裏頭說．『窮年憂黎元．歎息腸內熱．』又說『彤庭所分帛．本自寒女出．鞭撻其夫家．聚斂貢城闕．』又說『朱門酒肉臭．路有凍死骨．』他還有一首詩道『堂前撲棗任西鄰．無食無兒一婦人．不爲困窮寧有此．祇緣恐懼轉相親．』集裏頭像這樣的還多．都是同情心的表現．他的眼睛．常常注視到社會最底下那一層．他最了解窮苦人們的心理．所以他的詩因他們觸動情感的最多．有時替他們寫情感．簡直和本人自作一樣．三吏三別．便是模範的作品．後來白香山的秦中吟新樂府．也是這個路數．但主觀的諷刺色彩太重．不能如工部之哀沁心脾．

（1）

『少陵野老吞聲哭．春日潛行曲江曲．江頭宮殿鎖千門．細柳新蒲爲誰綠．……明眸皓齒今何在．血汚游魂歸不得．淸渭東流劍閣深．去住彼此無消息．人生有情淚沾臆．江水江花豈終極．黃昏胡騎塵滿城．欲往城南忘南北．』（哀江頭）

（2）

『……腰下寶玦靑珊瑚．可憐王孫泣路隅．問之不肯道姓名．但道困苦乞爲奴．已經百日竄荆棘．身上無有完肌膚．……豺狼在邑龍在野．王孫善保千金軀．不敢長語臨交衢．且爲王孫立斯須．……』（哀王孫）

（3）

『憶昔開元全盛日．小邑猶藏萬家室．稻米流脂粟米白．公私倉廩俱豐實．九州道路無豺虎．遠行不勞吉日出．齊紈魯縞車班班．男耕女桑不相失．宮中聖人奏雲門．天下朋友皆膠漆．百餘年間未災變．叔孫禮樂蕭何律．豈聞一絹直萬錢．有田種穀今流血．洛陽宮殿燒焚盡．宗廟新除狐兔穴．傷心不忍問耆舊．復恐更從亂離說．……』（憶昔）

這都是他遭值亂離所現的情感．集中這一類．多到了不得．這不過隨意摘幾首．前兩首是遭亂的當時做的．後一首是過後追想的．後人都恭維他的詩是詩史．但我們要知道他的詩史每一句每一字都有個「杜甫」在裏頭．

『死別已吞聲．生別常惻惻．江南瘴癘地．逐客無消息．故人入我夢．明我長相憶．恐非平生魂．路遠不可測．魂來楓林青．魂返關塞黑．君今在羅網．何以有羽翼．落月滿屋梁．猶疑照顏色．水深波浪闊．毋使蛟龍得．』

（夢李白）

這是他夢見他流在夜郎的朋友李白．夢後寫的情感．他是個最多情的人．對於好些朋友都有詩表示熱愛．這首不過其一．他對於自己身世和家族．自然用情更眞切了．試舉他幾首．

（1）

『……老妻寄異縣．十口隔風雪．誰能久不顧．庶往共飢渴．入門聞號咷．幼子餓已卒．吾寧舍一哀．里巷亦嗚咽．所媿爲人父．無食致夭折．……』（自京赴奉先詠懷）

（2）

『去年潼關破，妻子隔絶久，今夏草木長，脱身得西走，麻鞋見天子，衣袖露兩肘，朝廷慜生還，親故傷老醜，……寄書問三川，不知家在否，比聞同罹禍，殺戮到雞狗，山中漏茅屋，誰復依戶牖，摧頹蒼松根，地冷骨未朽，幾人全性命，盡室豈相偶，……自寄一封書，今已十月後，反畏消息來，寸心亦何有，……』（述懷）

（3）

『長鑱長鑱白木柄，我生託子以爲命，黄獨無苗山雪盛，短衣數挽不掩脛，此時與子空歸來，男呻女吟四壁靜，嗚呼二歌兮歌始放，鄰里爲我色惆悵』

『有弟有弟在遠方，三人各瘦何人强，生别展轉不相見，胡塵暗天道路長，前飛駕鵝後鶖鶬，安得送我置汝旁，嗚呼三歌兮歌三發，汝歸何處收兄骨』

『有妹有妹在鍾離，良人早沒諸孤癡，長淮浪高蛟龍怒，十年不見來何時，扁舟欲往箭滿眼，杳杳南國多旌旗，嗚呼四歌兮歌四奏，林猨爲我啼清晝』（同谷七歌中三首）

讀這些詩，他那濃摯的愛情，隔着一千多年，還把我們包圍不放哩，那述懷裏頭『反畏消息來』一句，眞深刻到十二分，那七歌裏頭『長鑱』一首，意境峭入，這些地方，我們應該看他的特别技能。

他常常用很直率的語句來表情，舉他一個例。

『憶年十五心尚孩，健如黄犢走復來，庭前八月梨棗熟，一日上樹能千回，卽今年纔五六十，坐卧只多少行立，强將笑語供主人，悲見生涯百憂集，入門依舊四壁空，老妻覩我顔色同，癡兒未知父子禮，叫怒索飯

啼門東。』（百憂集行）

用近體來寫這種蟠薄鬱積的情感本來極不易。這種門庭。可以說是他一個入開出。我最喜歡他喜達行在所三首裏頭那第三首的頭兩句。

『死去憑誰報。歸來始自憐。』

僅僅十個字。把那虎口餘生過去現在的甜酸苦辣。一齊迸出。我真不曉得他有多大筆力。此外好的很多憑我記憶最熟的背他幾首。

（1）

『國破山河在。城春草木深。感時花濺淚。恨別鳥驚心。烽火連三月。家書抵萬金。白頭搔更短。渾欲不勝簪。』

（2）

『帶甲滿天地。胡爲君遠行。親朋盡一哭。鞍馬去孤城。……』

（3）

『亦知戍不返。秋至拭清砧。已近苦寒月。況經長別心。寧辭擣熨倦。一寄塞垣深。用盡閨中力。君聽空外音。』

（4）

『今夜鄜州月。閨中只獨看。遙憐小兒女。未解憶長安。香霧雲鬟濕。清輝玉臂寒。何時倚虛幌。雙照淚痕乾。

」

（5）

『野老籬前江岸迴．柴門不正逐江開．漁人網集澄潭下．估客船從返照來．長路關心悲劍閣．片雲何意傍琴臺．王師未報收東郡．城闕秋生畫角哀．』

（6）

『歲暮陰陽催短景．天涯霜雪霽寒宵．五更鼓角聲悲壯．三峽星河影動搖．野哭千家聞戰伐．夷歌幾處起漁樵．臥龍躍馬終黃土．人事音書漫寂寥．』

他的表情方法．可以說是鴟鴞詩或黍離詩那一路．不是小弁詩那一路．和楚辭更是不同．他向來不肯用語無倫次的表現法．他所表現的情．是越引越深．越拶越緊．我想這或是時代色彩．到中古以後．那「小弁風」的堆壘表情法．怕不好適用．用來也很難動人了．至於那吞咽式．他卻常用．夢李白那首．便是這一式的代表．但杜詩到底是曼聲的比促節的好．

工部表情的好詩．絕不止前頭所舉的這幾首．（無論古近體）我既不是做古詩的選本．只好從略．還有些屬於別種表情法．下文另講．但我們要知道這種表情法．可以說是杜工部創作．最少亦要說到了他纔成功．所以他在我們文學界占的位置．實在不同尋常．同時高岑王李那些大家．都不能和他相提並論．後來這種表情法．雖然好的作品不少．都是受他影響．恕我不徵引了．

別的我雖然打定主意不徵引．獨有元微之悼亡的七律三首．我不能不徵引．因爲他是這一類的表情法．卻是杜工部以外的一種創作。

『謝公最小偏憐女自嫁黔婁百事乖。顧我無衣搜藎篋。泥他沽酒拔金釵。野蔬充膳甘長藿。落葉添薪仰古槐今日俸錢過十萬。與君營奠復營齋』

『昔日戲言身後事今朝都到眼前來。衣裳已施行看盡。鍼線猶存未忍開。尚想舊情憐婢僕。也曾因夢送錢財誠知此恨人人有。貧賤夫妻百事哀』

『閒坐悲君亦自悲百年多是幾多時。鄧攸無子尋知命。潘岳悼亡猶費辭。同穴窅冥何所望。他生緣會更難期惟將終夜常開眼。報答平生未展眉』

這三首詩所表的情感之濃摯。古人後人都有的。但他用白話體來做律詩。在極局促的格律底下。赤裸裸把一團眞情捧出。恐怕連杜老也要讓他出一頭地哩。

五

迴盪的表情法。用來塡詞。當然是最相宜。但向來詞學批評家。還是推尊蘊藉。對於熱烈盤礴這一派。總認爲別調。我對於這兩派。也不能偏有抑揚（其實亦不能嚴格的分別）但把迴腸盪氣的名作。背幾闋來當代表。

初期的大詞家當然推李後主。他是一位「文學的亡國之君」有極悲痛的情感。卻不敢公然暴露。自然要用一種蟠鬱頓挫的方式表他。所以最好。他代表的作品是。

（1）

『春花秋月何時了。往事知多少。小樓昨夜又東風。故國不堪回首月明中。　雕闌玉砌應猶在。只是朱顏改。問君能有幾多愁。恰似一江春水向東流。』（虞美人）

（2）

『簾外雨潺潺。春意闌珊。羅衾不耐五更寒。夢裏不知身是客。一晌貪歡。　獨自莫憑闌。無限江山。別時容易見時難。流水落花春去也。天上人間。』（浪淘沙）

這兩首詞音節上雖然仍帶含蓄。也算得把滿腔愁怨盡情發洩了。所以宋太祖看見。竟自賜他牽機藥。要他的命。

宋徽宗的身世。和李後主一樣。他有一首燕山亭。寫得亦是這一類情感。但用的是吞咽式。覺得分外淒切。今錄他下半闋。

『憑寄離恨重重。這雙燕何曾會人言語。天遙地遠。萬水千山。知他故宮何處。怎不思量。除夢裏有時曾去。無據。和夢也新來不做。』

詞中用迴盪的表情法。用得最好的。當然要推辛稼軒。稼軒的性格和履歷。前頭已經說過。他是個愛國軍人。滿腔義憤。都拿詞來發洩。所以那一種元氣淋漓。前前後後的詞家。都趕不上他。最有名的幾首是。

（1）

『更能消幾番風雨。匆匆春又歸去。惜春長怕花開早。何況落紅無數。春且住。見說道天涯芳草無歸路。怨春不語。算只有殷勤畫檐蛛網。盡日惹飛絮。　長門事準擬佳期又誤。蛾眉曾有人妒。千金縱買相如賦。脈

脈此情誰訴。君莫舞。君不見玉環飛燕皆塵土。閑愁最苦。休去倚危闌。斜陽正在煙柳斷腸處。』（摸魚兒）

（2）

『野塘花落。又匆匆過了。清明時節。劃地東風欺客夢。一枕雲屏寒怯。曲岸持觴。垂楊繫馬。此地曾經別。樓空人去。舊遊飛燕能說。　聞道綺陌東頭。行人長見。簾底纖纖月。舊恨春江流不盡。新恨雲山千疊。料得明朝。尊前重見。鏡裏花難折。也應驚問。近來多少華髮。』（念奴嬌）

（3）

『綠樹聽啼鴂。更那堪杜鵑聲住。鷓鴣聲切。啼到春歸無啼處。苦恨芳菲都歇。算來抵人間離別。馬上琵琶關塞黑。更長門翠輦辭金闕。看燕燕。送歸妾。　將軍百戰身名裂。向河梁回頭萬里。故人長絕。易水蕭蕭西風冷。滿座衣冠似雪。正壯士悲歌未徹。啼鳥還知如許恨。料不啼清淚長啼血。誰伴我。醉明月。』（賀新郎）

凡文學家多半寄物託興。我們讀好的作品。原不必逐首逐句比附他的身世和事實。但稼軒這幾首有點不同。他與時事有關。是很看得出來。大概都是恢復中原的希望已經斷絕。發出來的感慨。摸魚兒裏頭「長門」「蛾眉」等句的確是對於宋高宗不肯奉迎二帝。下誅心之論。所以鶴林玉露批評他說。『「斜楊烟柳」之句。在漢唐時定當賈禍。』又說。『高宗看見這詞。很不高興。但終不肯加罪。可謂盛德。』詩人最喜歡講怨而不怒。像稼軒這詞算是怨而怒了。念奴嬌那首題目是書東流邨壁。正是徽欽北行經過的地方。所以把他的「舊恨新恨」一齊招惹出來。賀新郎那首是和他兄弟話別之作。自然把他胸中壘塊盡情傾吐。所以這三首都是有「本事」藏在裏頭。不能把他當一般傷春傷別之作。

前兩首都是千迴百折，一層深似一層，屬於我所說的螺旋式。後一首卻是堆壘式，你看他一起手硬磞磞的舉了三個鳥名，中間錯錯落落引了許多離別的故事，全是語無倫次的樣子，卻是在極倔強裏頭顯出極嫵媚。三百篇楚辭以後，敢用此法的，我就只見這一首。

這一派的詞，除稼軒外，還有蘇東坡姜白石，都是大家。蘇辛同派，向來詞家都已公認。我覺得白石也是這一路。他的好處，不在微詞，而在壯采。但蘇姜所處的地位，與辛不同，辛詞自然格外眞切，所以我拿他來做這一派的代表。

稼軒的詞風，不甚宜於吞咽式，但裏頭也有好的，如

『寶釵分，桃葉渡，煙柳暗南浦。怕上層樓，十日九風雨。斷腸點點飛紅，都無人管，倩誰勸流鶯聲住。　鬢邊覷，試把花卜歸期，才簪又重數。羅帳燈昏，哽咽夢中語：是他春帶愁來，春歸何處，卻不解帶將愁去。』（祝英臺近）

這首很有點寫出幽咽的情緒了，但仍是曼聲，不是促節。促節的聖手，要推周清眞。其次便數柳耆卿。各錄他的代表作品一首。

（1）

『柳陰直，烟裏絲絲弄碧。隋堤上，曾見幾番，拂水飄綿送行色。登臨望故國，誰識京華倦客。長亭路，年去歲來，應折柔條過千尺。　閑尋舊蹤跡，又酒趁哀絃，燈照離席，梨花榆火催寒食。愁一箭風快，半篙波暖，回頭迢遞便數驛，望人在天北。　悽惻恨堆積，漸別浦縈迴，津堠岑寂，斜陽冉冉春無極。念月榭攜手，露橋聞笛，

沈思前事．似夢裏淚暗滴．（蘭陵王）（淸眞）

（２）

『寒蟬淒切．對長亭晚．驟雨初歇．都門帳飲無緒．正留戀處．蘭舟催發．執手相看淚眼．竟無語凝咽．念去去千里煙波．暮靄沈沈楚天闊． 多情自古傷離別．更那堪冷落淸秋節．今宵酒醒何處．楊柳岸曉風殘月．此去經年．應是良辰好景虛設．便縱有千種風情．待與何人說．』（雨霖鈴）（耆卿）

這兩首算得促節的模範．讀起來一箇箇字都是往嗓子裏嚥．當時有人拿耆卿的「曉風殘月」和東坡的「大江東去」比較．估算兩家品格的高下．其實不對．我們應該問那一種情感該用那一種方式．

呑咽式用到最刻入的．莫如李淸照女士的壺中天慢和聲聲慢．今錄他一首．

『尋尋覓覓．冷冷淸淸．悽悽慘慘切切．乍暖還寒時候．最難將息．三盃兩盞淡酒．怎敵他曉來風急．雁過也．正傷心．卻是舊時相識． 滿地黃花堆積．憔悴損．如今有誰堪摘．守着窗兒．獨自怎生得黑．梧桐更兼細雨．到黃昏點點滴滴．這次第．怎一個愁字了得．』（聲聲慢）

淸照是當時金石學家趙明誠的夫人．他們夫婦學問都好．愛情濃摯．可惜明誠早死．淸照過了半世寡婦的生涯．他這詞是寫從早至晚一天的實感．那種煢獨恓惶的景況．非本人不能領略．所以一字一淚．都是咬着牙根嚥下．

還有一位不是詞家的陸放翁．卻有一首呑咽式的好詞．

『紅酥手．黃藤酒．滿城春色宮牆柳．東風惡．歡情薄．一懷愁緒．幾年離索．錯錯錯． 春如舊．人空瘦．淚痕紅

浥鮫綃透．桃花落．閒池閣．山盟雖在．錦書難託．莫莫莫．』（釵頭鳳）

讀這首詞要知道他的本事．原來放翁夫人是他母族的表妹．結婚後不曉得為什麼他老太太發起脾氣來．逼他們離婚．後來兩個人都各自改婚了．但愛情總是不斷．有一天放翁在一個地方名叫沈園碰着他故妻．情感刺激到了不得．所以塡這首詞．後來直到六七十歲．每入城一次．總到沈園落一回眼淚．晚年還有一首詩『夢斷香銷四十年．沈園花老不飛緜．此身行作稽山土．猶弔遺蹤一悵然．』這是和孔雀東南飛同性質的一齣悲劇．所以他這詞極能動人．

清朝好詞不少．內中最特別的．算顧梁汾貞觀寄吳漢槎的兩首．

『季子平安否．便歸來．生平萬事．那堪回首．行路悠悠誰慰藉．母老家貧子幼．記不起從前杯酒．魑魅搏人應見慣．料輸他覆雨翻雲手．冰與雪．周旋久．　淚痕莫滴牛衣透．數天涯依然骨肉．幾家能彀．比似紅顏多薄命．爭不如今還有．只絕塞苦寒難受．廿載包胥承一諾．盼烏頭馬角終相救．置此札．君懷袖．

『我亦飄零久．十年來．深恩負盡．死生師友．宿昔齊名非忝竊．試看杜陵消瘦．曾不減夜郎僝僽．薄命長辭知己別．問人生到此淒涼否．千萬恨．為君剖．　兄生辛未吾丁丑．共些時冰霜摧折．早衰蒲柳．詞賦從今須少作．留取心魂相守．但願得河清人壽．歸日急翻行戍稿．把虛名料理傳身後．言不盡．觀頓首．』（賀新郎）

這兩首和元微之那三首悼亡．算得過去文學界的雙絕．他是「三板一眼」唱得出來的一封信．以體裁論．已算創作．他的好處．全在句句都是實感．沒有浮光掠影的話．有點子血性的人讀了不能不感動．後來成容若用盡力量把吳漢槎救回．全是受了這兩首詞的刺激．容若贈梁汾的賀新郎末幾句『絕塞生還吳季子．算眼前

此外皆閑事知我者梁汾耳』就是這兩首詞結束的歷史所以我說情感是一種催眠術

清代大詞家固然很多但頭兩把交椅卻被前後兩位旗人——成容若文叔問佔去也算奇事容若的詞自然以含蓄蘊藉的小令爲最佳但我們要知道這個人有他特別的性格他是當時一位權相明珠的兒子是獨一無二的一位闊公子他父母又很鍾愛他就尋常人眼光看來他應該沒有什麼不滿足他不曉爲什麼總覺得他所處的環境是可憐的他的夫人早死算是他極慘痛的一件事但不能便認爲總原因說他無病呻吟的確不是他受不過環境的壓迫三十多歲便死了所以批評這個人只能用兩句舊話說『古之傷心人別有懷抱』他的文學常常表現出這種狂熱的怪性我們試背他幾首

（1）

『辛苦最憐天上月一昔如環昔昔都成玦若似月輪終皎潔不辭冰雪爲卿熱　無那塵緣容易絕燕子依然軟踏簾鉤說唱罷秋墳愁未歇春叢認取雙飛蝶』（蝶戀花）

（2）

『如今纔道當時錯心緒低迷紅淚偷垂滿眼春風百事非　情知此後來無計強說歡期一別如斯落盡梨花月又西』（采桑子）

像這類的作品眞所謂「哀樂無端」情感熱烈到十二分刻入到十二分許多人說紅樓夢的寶玉寫的就是成容若我們雖然不願意輕率附會但容若的奇情只怕有點像寶玉哩

文叔問的詞格很近稼軒白石但幽咽的作品比他們多此老怕要算塡詞界最後的一個名家了他的名作我

不大背得出只記得幾句

『……延佇銷魂處早漏洩幽盟隔簾鸚鵡殘花過影鏡中情事如許西風一夜驚庭綠問天上人間見否……』（月下笛）

題目是戊戌八月十三日宿王御史宅聞鄰笛詠的是戊戌政變時事「隔簾鸚鵡」指袁世凱洩漏我們的祕密「一夜驚庭綠」等語很表得出當時社會一般人對於這件事的情感

此外宋淸兩代這類表情法的好詞還很多我所舉的也不能都算得代表的作品不過憑我記得的背背罷了曲本裏頭用迴盪表情法用得好的很不少西廂記琵琶記裏頭就有好些可惜我背不出來我腦子裏頭印得最深的是牡丹亭的尋夢

『最撩人春色是今年少什麼高就低來粉畫垣原來春心無處不飛懸哎睡荼蘼抓住了裙衩線恰便是花似人心向好處牽』

『爲什呵玉眞重遡武陵源也則爲水點花飛在眼前是天公不費買花錢則咱人心上有啼紅怨唉孤負了春三二月天』

『……………………………………』

『偶然間心似繾梅樹邊這般花花草草由人戀生生死死隨人願便酸酸楚楚無人怨……』

『……一時間望一時間望眼連天忽忽地傷心自憐知怎生情悵然知怎生淚暗懸』

『春歸人面整相看無　言我待要折我待要折的那柳枝兒問天我如今悔我如今悔不與題箋……』

『爲我慢歸休緩留連．聽聽這不如歸春暮天．難道我再難道我再到這亭園．則掙的箇長眠和短眠……』

像這種文學．不曉得怎麼樣的沁人心脾．像我們這種半百歲數的人．自信得過不會偷閒學少年理會什麼閑愁閑恨．卻是一日念他百回也不厭．

其次便是長生殿的彈詞．他寫李龜年流落江南．帶着個琵琶賣技換飯喫．一面彈一面唱出那種今昔興亡之感．那龜年初出臺唱的是．

『不提防餘年値亂離．逼拶得歧路遭窮敗．受奔波風塵顏面黑．歎衰殘霜雪鬢鬚白．今日個流落天涯．只留得琵琶在……』

跟着唱完了十幾段．那聽的人覺得他形跡蹊蹺．苦苦盤問他是誰．他讓人瞎猜了一大堆．纔自己說明來歷道．

『俺只爲家亡國破兵戈沸．因此上孤身流落在江南地……您官人絮叨叨苦問俺爲誰．則俺老伶工名喚龜年身姓李．』

中間唱的那十幾段．段段都好．尤爲精采的是寫馬嵬坡兵變那一段．

『恰正好嘔嘔啞啞霓裳歌舞．不提防撲撲突突漁陽戰鼓．剗地裏出出律律紛紛攘攘奏邊書．急得個上上下下都無措．早則是喧喧嗾嗾驚驚遽遽倉倉卒卒挨挨拶拶出延秋西路．鑾輿後攜着個嬌嬌滴滴貴妃同去．又只見密密匝匝的兵．惡惡狠狠的話．鬧鬧吵吵轟轟剨剨四下喳呼．生逼散恩恩愛愛疼疼熱熱帝王夫婦．霎時間畫就這一幅慘慘悽悽絕代佳人絕命圖．』

這種文學．不是曲本不能有他的刺激性．比杜工部的哀江頭白香山的長恨歌．只怕還要强幾倍哩．那整齣的結構像神龍夭矯非全讀看不出來。

凡長篇的寫情韻文煞尾總須用些重筆像特別拿電氣來震盪幾下纔收束得住。如離騷講了許多漫遊寬解的話。最後幾句是。

『陟升皇之赫戲兮。忽臨睨乎舊鄉。僕夫悲余馬懷兮。蜷局顧而不行。』

招魂說了一大堆及時行樂的話。最後幾句是

『臯蘭被徑兮斯路漸。湛湛江水兮上有楓。目極千里兮傷春心。魂兮歸來哀江南。』

都是用這種方法把全篇增幾倍精采。曲本裏頭得這訣竅的要算桃花扇最後餘韵那齣的哀江南。

『山松野草帶花挑。猛擡頭秣陵重到。殘軍留廢壘。瘦馬臥空壕。村郭蕭條。城對着夕陽道。　1

『野火頻燒。護墓長楸多半焦。田羊羣跑。守陵阿監幾時逃。鴿翎蝠糞滿堂拋。枯枝敗葉當階罩。誰祭掃。牧兒打碎龍碑帽。　2

『橫白玉八根柱倒。墮紅泥半堵牆高。碎琉璃瓦片多。爛翡翠窗櫺少。舞丹墀燕雀常朝。直入宮門一路蒿。住幾個乞兒餓殍。　3

『問秦淮舊日窗寮。破紙迎風。壞檻當潮。目斷魂銷。當年粉黛。何處笙簫。罷燈船端陽不鬧。收酒旗重九無聊。白鳥飄飄。綠水滔滔。嫩黃花有些蝶飛。瘦紅葉無個人瞧。　4

『你記得跨青溪半里橋。舊長板沒一條。秋水長天人過少。冷清清的落照。賸一樹柳彎腰。　5

『行到那舊院門。何用輕敲。也不怕小犬哰哰。無非是斷井頹巢。不過些磚苔砌草。手種的花條柳梢。儘意

兒採樵。這黑灰是誰家的廚竈。 6

『俺曾見金陵玉樹鶯啼曉。秦淮水榭花開早。誰知道容易冰消。眼看他起朱樓。眼看他宴賓客。眼看他樓塌了。這青苔碧瓦堆。俺曾睡風流覺。將五十年興亡看飽。那烏衣巷不姓王。莫愁湖鬼夜哭。鳳皇臺棲梟鳥。殘山夢最眞。舊境丟難掉。不信這輿圖換稿。擲一套哀江南。放悲聲唱到老。』 7

桃花扇是明末南京的歷史劇。借秦淮河裏頭幾個人物寫興亡之感。末後這一齣餘韻。把幾位遺老。扮作漁翁樵夫。發他們的感慨。哀江南這一首。是那樵夫唱的。是全劇的收場。所以把全劇關係地點。逐一描寫他的現狀。作個總結。第一段寫南京城。第二段寫孝陵。第三段寫皇宮。都是亡國後公共的悲感。第四段寫秦淮。第五段寫河上的長橋。第六段寫河那邊的舊院（當時冶遊勝處）。都是劇中人物根觸舊遊的特別悲感。第七段是把各種情感歸攏起來。帶血帶淚。盡情傾吐。眞所謂「悲歌當哭」了。有了這齣。能把劇中情節。件件都再現一番。令他印象更深。

這種表情法。是文學上最通用的。我們中國人也用得很精熟。能夠盡態極妍。我們從三百篇起到曲本止。把那代表的名作比較比較。也看得出進化的線路。

六

我講完了迴盪寫情法。要附帶論着一件事。

我們的詩教。本來以溫柔敦厚爲主。完全表示諸夏民族特性。三百篇就是唯一的模範。楚辭是南方新加入之一種民族的作品。他們已經同化於諸夏。用諸夏的文化工具來寫情感。攙入他們固有思想中那種半神祕的色彩。於是我們文學界添出一個新境界。漢人本來不長於文學。所以承襲了三百篇楚辭這兩份大遺產。沒有什麼變化擴大。到了「五胡亂華」時候。西北方有好幾個民族加進來。漸漸成了中華民族的新分子。他們民族的特性。自然也有一部分溶化在諸夏民族性的裏頭。不知不覺間便令我們的文學頓增活氣。這是文學史上很重要的關鍵。不可不知。

這種新民族特性。恰恰和我們的溫柔敦厚相反。他們的好處。全在伉爽眞率。三百篇裏頭。只有秦風的小戎駟驖無衣諸篇。很有點伉爽眞率氣象。這就是西戎系的秦國民族性和諸夏不同處。可惜春秋以後。秦國的文學作品沒有一篇流傳。燕趙古稱多慷慨悲歌之士。文學總應該有異采。可惜除了易水歌之外。也看不着第二首。到五胡南北朝時候。西北蠻族。紛紛侵入內中。以鮮卑人爲最强盛。鮮卑人在諸蠻族中文化。像是最高。後來同化於我們也最速。他們像很愛文學和音樂。唐代流傳的「馬上樂」。什有九都出鮮卑。他們初初學會中國話。用中國文字表他情感。完全現出異樣的色彩。試寫他幾首。

「上馬不捉鞭。反折楊柳枝。蹀座吹長笛。愁殺行客兒。」

「腹中愁不樂。願作郎馬鞭。出入擐郎臂。蹀座郎膝邊。」

「放馬兩泉澤。忘不着連羈。擔鞍逐馬走。何得見馬騎。」

「遙看孟津河。楊柳鬱婆娑。我是虜家兒。不解漢兒歌。」

「健兒須快馬。快馬須健兒。䟦跋黃塵下。然後別雄雌。」

右折楊柳歌

『男兒欲作健．結伴不須多．鷂子經天飛．羣雀兩向波．』

『放馬大澤中．草好馬着膘．牌子鐵裲襠．鉅鉾鸐尾條．』

『前行看後行．齊着鐵裲襠．前頭看後頭．各着鐵鉅鉾．』

『男兒可憐蟲．出門懷死憂．尸喪狹谷中．白骨無人收．』

右企喩歌

『新買五尺刀．懸着中梁柱．一日三摩挲．劇於十五女．』

『客行依主人．願得主人强．猛虎依深山．願得松柏長．』

右琅琊王歌

『慕容攀牆視．吳軍無邊岸．我身分自當．枉殺牆外漢．』

『慕容愁憒憒．燒香作佛會．願作牆裏燕．高飛出牆外．』

右慕容垂歌

『可憐白鼻騧．相將入酒家．無錢但共飲．畫地作交賒．』

『何處碟觴來．兩頰色如火．自有桃花容．莫言人勸我．』

右高陽樂人歌

『李波小妹字雍容．褰帬逐馬如轉蓬．左射右射必疊雙．女子尙如此．男子安可逢．』

右李波小妹歌

讀這幾首可以大略看出他們「虜家兒」是怎麽個氣象了。他們生活是異常簡單。思想是異常簡單。心直口直。有一句說一句。他們的情感。是「沒遮攔」的。你說他好也能。說他壞也罷。總是把眞面孔搬出來。別的且不管他。專就男女兩性關係而論也看出許多和從前文學態度不同的表現。試舉他幾首

「青青黃黃。雀石頽唐。槌殺野牛。押殺野羊。

「驅羊入谷。自羊在前。老女不嫁。蹋地喚天。

「側側力力。念郎無極。枕郎左臂。隨郎轉側。

「摩捋郎鬚。看郎顏色。郎不念女。各自努力。」

右地驅歌

「燒火燒野田。野鴨飛上天。童男娶寡婦。壯女笑殺人。」

右紫騮馬歌

「誰家女子能行步。反着裌禪後裙露。天生男女共一處。願得兩個成翁嫗。

「華陰山頭百丈井。下有流水徹骨冷。可憐女子能照影。不見其餘見斜領。

「黃桑柘屐蒲子履。中央有絲兩頭繫。小時憐母大憐壻。何不早嫁論家計。」

右捉搦歌

像這種毫不隱瞞毫不扭捏的表情。在三百篇和漢魏人五言詩裏頭。絕對的找不出來。這些都是北朝文學。試

拿來和並時的南朝文學比較。像那有名的子夜、團扇、懊儂、青溪、碧玉、桃葉各歌曲。雖然各有各的妙處。但前者以眞率勝。後者以柔婉勝。雙方的分野顯然可見。

經南北朝幾百年民族的化學作用。到唐朝算是告一段落。唐朝的文學。用溫柔敦厚的底子。加入許多慷慨悲歌的新成分。不知不覺便產生出一種異彩來。盛唐各大家爲什麼能在文學史上占很重的位置呢。他們的價值在能洗卻南朝的鉛華靡曼。參以伉爽眞率。卻又不是北朝粗獷一路。拿歐洲來比方。好像古代希臘羅馬文明。攙入些森林裏頭日耳曼蠻人色彩。便開闢一個新天地。試舉幾位代表作家的作品。如李太白的

『金尊清酒斗十千。玉盤珍羞直萬錢。停杯投筯不能食。拔劍四顧心茫然。欲渡黃河冰塞川。將登太行雪滿天。閑來垂釣碧溪上。忽復乘舟夢日邊。行路難。行路難。多歧路。今安在。長風破浪會有時。直掛雲帆濟滄海。』（行路難）

杜工部的

『朝進東門營。暮上河陽橋。落日照大旗。馬鳴風蕭蕭。平沙列萬幕。部伍各見招。中天懸明月。令嚴夜寂寥。悲笳數聲動。壯士慘不驕。借問大將誰。恐是霍嫖姚』（後出塞）

『挽弓當挽強。用箭當用長。射人先射馬。擒賊先擒王。殺人亦有限。立國自有疆。苟能制侵陵。豈在多殺傷。』（前出塞）

高適的

『漢家煙塵在東北。漢將辭家破殘賊。男兒本自重橫行。天子非常賜顏色。……山川蕭條極邊土。胡騎憑

陵雜風雨戰士軍前半死生美人帳下猶歌舞大漠窮秋塞草衰孤城落日鬭兵稀身當恩遇常輕敵力盡關山未解圍鐵衣遠戍辛勤久玉筯應啼別離後少婦城南欲斷腸征人薊北空回首邊庭飄颻那可度絕域蒼茫更何有殺氣三時作陣雲寒聲一夜傳刁斗……』（燕歌行）

這類作品不獨三百篇楚辭所無即漢魏晉宋也未曾有從前雖然有些摹寫俠客的詩但豪邁氣概總不能寫得盡致內中鮑明遠最喜作豪語但總有點不自然所以這種文學可以說是經過一番民族化合以後到唐朝纔會發生那時的音樂和美術都很受民族化合的影響文學自然也逃不出這個公例

寫關塞景況寓悲壯情感是唐以後新增的詩料（前此雖有但不多且不好）詞曲以緣情綺靡爲主用這種資料卻不多范文正有一首最好

『塞外秋來風景異衡陽雁去無留意四面邊聲連角起千嶂裏長煙落日孤城閉　濁酒一杯家萬里燕然未勒歸無計羌管悠悠霜滿地人不寐將軍白髮征夫淚』（漁家傲）

詞裏頭的蘇辛派自然都帶幾分這種色彩內中最粗豪的如稼軒的

『醉裏挑燈看劍醒來吹角連營八百里分麾下炙五十絃翻塞外聲沙場秋點兵　馬作的盧飛快弓如霹靂弦驚了卻君王天下事贏得生前身後名可憐白髮生』（破陣子）

名家的詞最粗獷的莫過劉後村幾乎全部集都是這一類的話他最著名的一首是

『何處相逢登寶釵樓訪銅雀臺喚廚人斫就東溟鯨膾圉人呈罷西極龍媒天下英雄使君與操餘子何堪共酒杯車千乘載燕南代北劍客奇才　酒酣鼻息如雷誰信被晨雞催喚回歎年光過盡功名未立書

生老矣。氣運方來。使李將軍。遇高皇帝。萬戶侯何足道哉。推衣起。但淒涼感舊。慷慨生哀。』（沁園春）這一派詞我本來不大喜歡因為他有爛名士愛說大話的習氣但他確帶點北朝氣味在文學史上應備一格的。

曲本裏頭有一首雜劇。像是明末清初的作品。演的是「魯智深醉打山門」。那魯智深拜別他的師父時唱道。

『漫灑英雄淚相離處士家。謝您慈悲剃度在蓮臺下。沒緣法轉眼分離乍。赤條條來去無牽掛。那裏討煙蓑雨笠捲單行。一任俺芒鞋破鉢隨緣化。』

也是刻意從粗獷一面做因為替粗獷的人表情。不如此便失真了。

七

這回講的。是含蓄蘊藉的表情法。這種表情法。向來批評家認為文學正宗。或者可以說是中華民族特性的最真表現。這種表情法和前兩種不同。前兩種是熱的。這種是溫的。前兩種是有光芒的火燄。這種是拿灰蓋着的爐炭。這種表情法也可以分三類。第一類是。情感正在很強的時候他卻用很有節制的樣子去表現他不是用電氣來震。卻是用溫泉來浸。令人在極平淡之中。慢慢的領略出極淵永的情趣。這類作品。自然以三百篇為絕唱如。

『瞻彼日月。悠悠我思。道之云遠。曷云能來。』如。

如．

『昔我往矣．楊柳依依．今我來思．雨雪霏霏．行路遲遲．載渴載飢．』

『君子于役．不知其期．曷至哉．雞栖于塒．日之夕矣．牛羊下來．君子于役．如之何勿思．』

拿這類詩和前頭幾回所引的相比較．前頭的像外國人喫咖啡．燉到極濃．還攙上白糖牛奶．這類詩像用虎跑泉泡出的雨前龍井．望過去連顏色也沒有．但喫下去幾點鐘．還有餘香留在舌上．他是把情感收斂到十足．微微發放點出來．藏着不發放的還有許多．但發放出來的．確是全部的靈影．所以神妙．

漢魏五言詩．以這一類爲正聲．如李陵的

『攜手上河梁．游子暮何之．徘徊蹊路側．悢悢不能辭．行人難久留．各言長相思．安知非日月．弦望自有時．努力崇明德．皓首以爲期．』

那神味和『瞻彼日月』一章完全相同．眞算得『含毫邈然．』又如古詩十九首裏頭的

『迢迢牽牛星．皎皎河漢女．纖纖擢素手．札札弄機杼．終日不成章．泣涕零如雨．河漢清且淺．相去復幾許．盈盈一水間．脈脈不得語．』

『涉江采芙蓉．蘭澤多芳草．采之欲遺誰．所思在遠道．還顧望舊鄉．長路漫浩浩．同心而離居．憂傷以終老．』

這類詩都是用淡筆寫濃情．算得漢人詩格的代表．後來如曹子建的

『高臺多悲風．朝日照北林．之子在萬里．江湖迥且深．……』

阮嗣宗的。

『嘉時在今辰。零雨灑塵埃。臨路望所思。日夕復不來。……』

陶淵明的

『……情通萬里外。形跡滯江山。君其愛體素。來會在何年。』

謝玄暉的。

『大江流日夜。客心悲未央。徒念關山近。終知返路長。……』

都是這一派。漢魏六朝詩這一類的好作品很多。

這一派。到初唐時變了樣子。他們把這類詩改做「長言永歎」的形式。很有些長篇。但着墨雖多。依然是以淡寫濃。我譬喻他好像一棹極講究的素菜全席。有張若虛一首可算代表作品。

『春江潮水連海平。海上明月共潮生。灩灩隨波千萬里。何處春江無月明。江流宛轉繞芳甸。月照花林皆如霰。空裏流霜不覺飛。汀上白沙看不見。江天一色無纖塵。皎皎空中孤月輪。江畔何時初見月。江月何年初照人。人生代代無窮已。江月年年望相似。不知江月待何人。但見長江送流水。白雲一片去悠悠。青楓江上不勝愁。誰家今夜扁舟子。何處相思明月樓。可憐樓上月徘徊。應照離人粧鏡臺。玉戶簾中捲不去。擣衣砧上拂還來。此時相望不相聞。願逐月華流照君。鴻雁長飛光不度。魚龍潛躍水成紋。昨夜閑潭夢落花。可憐春半不還家。江水流天去欲盡。江潭落月復西斜。斜月沈沈藏海霧。碣石瀟湘無限路。不知乘月幾人歸。落月搖情滿江樹。』（春江花月夜）

這首詩讀起來令人飄飄有出塵之想。『江畔何人初見月。江月何年初照人。』『誰家今夜扁舟子。何處相思明月樓。』這類話。眞是詩家最空靈的境界。全首讀來固然迴腸盪氣。但那音節既不是哀絲豪竹一路。也不是急管促板一路。專用和平中聲。出以搖曳。確是三百篇正脈。

初唐佳作。都是這一路。雖然悲慨的情感。總用極平和的音節表他。如李嶠的

『……自從天子去秦關。玉輦金輿不復還。珠簾羽帳長寂寞。鼎湖龍髯安可攀。千齡人事一朝空。四海爲家此路窮。雄豪意氣今何在。壇場宮館盡蒿蓬。道旁故老長嘆息。世事迴環不可測。昔時靑樓對歌舞。今日黃埃聚荆棘。山川滿目淚沾衣。富貴榮華能幾時。不見只今汾水上。惟有年年秋雁飛。』（汾陰行）

相傳唐明皇幸蜀時候。聽人背這首詩。泣數下。行歎道。『李嶠眞才子。』這種詩的品格高下。別一問題。但確是初唐代表。確是中國詩界傳統的正聲。後來白香山從這裏一轉手。吳梅村再從這裏一轉手。但可惜越轉越卑弱。

盛唐以後。這一派自然也不斷。好的作品自然也不少。但在古體裏頭。已經不很通用。因爲五古很難出漢魏範圍。七古很難出初唐範圍。倒是近體很從這方面開拓境界。因爲近體篇幅短。非用含蓄之筆。取絃外之音。便站不住。內中五律七絕爲尤甚。唐人著名的七絕和孟王韋柳的五律。都是這一派。杜工部詩雖以熱烈見長。他的五律如『涼風起天末』『今夜鄜州月』『幽意忽不愜』等篇。也都是這一派。

王漁洋專提倡神韻。他所標擧的話。是『不着一字。盡得風流。』『羚羊掛角。無跡可尋。』雖然太偏了些。但總不能不認爲詩中高調。我想。他這種主張是對的。但這類詩做得好不好。全問意境如何。我們若依然僅有三百

篇漢魏初唐人的意境。任憑你運筆怎樣靈妙。也不能出他們的範圍。只有變成打油派。令人討厭。我們生當今日新意境是比較容易取得的。那麼這一派詩。我們還是要儘力的提倡。

第二類的蘊藉表情法。不直寫自己的情感。乃用環境或別人的情感烘託出來。用別人情感烘託的。例如詩經。

『陟彼岡兮。瞻望兄兮。兄曰「嗟予弟。行役夙夜必偕。上愼旃哉。猶來無死。……」』（陟岵）

這篇詩三章。第一章父。第二章母。第三章兄。不說他怎樣的想念爹媽哥哥。卻說爹媽哥哥怎樣的想念他。寫相互間的情感。自然加一層濃厚。

用環境烘託的。例如詩經。

『我徂東山。慆慆不歸。我來自東。零雨其濛。鸛鳴于垤。婦歎于室。灑掃穹窒。我征聿至。有敦瓜苦。烝在栗薪。自我不見。于今三年。』（東山）

且不說回家會着家人的情況。但對一件極瑣碎的事物——柴堆上頭一棚瓜說『偺們違教三年了。』言外的感慨。不知有多少。

古樂府孔雀東南飛。最得此中三昧。蘭芝和焦仲卿言別。該篇中最悲慘的一段。他卻悲呀淚呀……不見一個字。但說。

『妾有繡腰襦。葳蕤自生光。紅羅複斗帳。四角垂香囊。箱奩六七十。綠碧青絲繩。物物各自異。種種在其中。人賤物亦鄙。不足迎新人。留待作遺施。於今無會因。……』（古詩爲焦仲卿妻作）

專從紀念物上頭講。用物來做人的象徵。不說悲。不說淚。倒比說出來的還深刻幾倍。到別小姑時。卻把悲情盡地發洩了。

『卻與小姑別，淚落連珠子。「新婦初來時，小姑始扶牀，今日被驅遣，小姑如我長。勤心養公姥，好自相扶將。初七及下九，嬉戲莫相忘。」……』（同上）

蘭芝的眼淚不向丈夫落，卻向小姑落，和小姑說話，不說現時的悽慘，只敍過去的情愛，沒有怨恨話，只有寬慰和勸勉的話。只這一段，便能把蘭芝極高尚的人格，極濃厚的愛情，全盤湧現出來。

後來用這類表情法，也是杜工部最好。如他的羌村三首：

『崢嶸赤雲西，日脚下平地。柴門鳥雀噪，歸客千里至。妻孥怪我在，驚定還拭淚。世亂遭飄蕩，生還偶然遂。鄰人滿牆頭，感歎亦歔欷。夜闌更秉燭，相對如夢寐。

『晚歲迫偷生，還家少歡趣。嬌兒不離膝，畏我復卻去。憶昔好追涼，故繞池邊樹。蕭蕭北風勁，撫事煎百慮。賴知禾黍收，已覺糟牀注。如今足斟酌，且用慰遲暮。

『羣雞正亂叫，客至雞鬬爭。驅雞上樹木，始聞叩柴荆。父老四五人，問我久遠行。手中各有攜，傾榼濁復清。苦辭「酒味薄，黍地無人耕。兵革旣未息，兒童盡東征。」請爲父老歌，艱難媿深情。歌罷仰天歎，四座淚縱橫。』

這三首實寫自己情感的地方很少（第二首有少歡趣，煎百慮等語。在三首中這首卻是次一等）只是說日怎麼樣，雲怎麼樣，鳥怎麼樣，雞怎麼樣，老妻怎麼樣，兒子怎麼樣，鄰居怎麼樣，合起來他所謂『死去憑誰報，歸來始自憐』的情感都表現出了。還有北征裏頭的一段，也是這種筆法。

「……況我墮胡塵及歸盡華髮經年至茆屋妻子衣百結……平生所嬌兒顏色白勝雪見耶背面啼垢膩脚不襪牀前兩小女補綻纔過膝海圖坼波濤舊繡移曲折天吳及紫鳳顛倒在裋褐……那無囊中帛救汝寒凜慄粉黛亦解苞衾裯稍羅列瘦妻面復光癡女頭自櫛學母無不為曉妝隨手抹移時施朱鉛狼籍畫眉闊……問事競挽鬚誰能卽嗔喝……」

這種詩所用表情技術可以說和陟岵同一樣不寫自己情感專寫別人情感寫別人情感專從極瑣末的實境表出這一點又是和東山同樣這一類詩我想給他一個名字叫做「半寫實派」他所寫的事實是用來做烘出自己情感的手段所以不算純寫實他所寫的事實全用客觀的態度觀察出來專從斷片的表出全相正是寫實派所用技術所以可算得半寫實。

第三類蘊藉表情法索性把情感完全藏起不露專寫眼前實景（或是虛構之景）把情感從實景上浮現出來這種寫法三百篇中很少勉強舉箇例如

「春日載陽有鳴倉庚女執懿筐遵彼微行爰求柔桑春日遲遲采蘩祁祁女心傷悲殆及公子同歸」（七月）

這是專從節物上寫那種和樂融洩的景象作者的情緒自然跟着表現出來。

但這首還有人在裏頭帶着寫別人的情感不能純粹屬於此類此類的眞正代表可以舉出幾首其一曹孟德的。

「東臨碣石以觀滄海水何澹澹山島竦峙樹木叢生百草豐茂秋風蕭瑟洪波湧起日月之行若出其中

星漢粲爛。若出其裏。』（觀滄海）

這首詩僅僅寫映在他眼中的海景他自己對着這景有什麼棖觸。一個字未嘗道及。但我們讀起來。覺得他那寬闊的胸襟。豪邁的氣概。一齊流露。

北齊有一位名將斛律光。是不識字的。有一天皇帝在殿上要各人做詩。他衝口做了一首。便成千古絕唱。那詩是。

『敕勒川。陰山下。天似穹廬。籠蓋四野。天蒼蒼。野茫茫。風吹草低見牛羊。』（敕勒歌）

這詩是獨自一個人騎匹馬在萬里平沙中所看見的宇宙他並沒說出有什麼感想。我們讀過去。覺得有一箇粗豪沈鬱的人格活跳出來。

阮嗣宗詠懷裏頭有一首。

『獨坐空堂上。誰可與歡者。出門臨永路。不見行車馬。登高望九州。悠悠分曠野。孤鳥西北飛。離獸東南下。日暮思親友。晤言用自寫。』

這首詩一起一結雖然也輕輕的點出他的情感。但主要處全在中間幾句。從環境上寫出那種百無聊賴哀樂萬端的情緒。把那位哭窮途的先生全副面孔活現出來。

杜工部用這種表情法也用得最好。試舉他兩首。

『竹涼侵臥內。野月滿庭隅。重露成涓滴。稀星乍有無。暗飛螢自照。水宿鳥相呼。萬事干戈裏。空悲淸夜徂。』（倦夜）

這首詩題目是「倦夜。」看他前面僅僅三十個字。從初夜到中夜到後夜。初時看見月看見露。月落了看見星。看見螢。天差不多亮了。聽見水鳥。寫的全是自然界很微細的現象。卻是通宵睡不着很疲倦的人纔能看出。那「倦」的情緒。自在言外。末兩句一點便彀。又

『風急天高猿嘯哀。渚淸沙白鳥飛迴。無邊落木蕭蕭下。不盡長江滾滾來。……』（登高）

這首是工部最有名的七律。小孩子都讀過的。假令我們當作沒有讀過。掩住下半首。閉眼想一想情形。誰也該想得到是在長江上游——四川湖北交界地方。秋天一個獨客登高時候所見的景物。底下『萬里悲秋常作客百年多病獨登臺』那兩句。不過章法結構上順手一點。其實不用下半首。已經能把全部情緒表出。須知這類詩和單純寫景詩不同。寫景詩以客觀的景爲重心。他的能事在體物入微。雖然景由人寫。景中離不了情。到底是以景爲主。這類詩以主觀的情爲重心。客觀的景。不過借來做工具。試把工部的『竹涼侵臥內』和王右丞的。

『萬壑樹參天。千山響杜鵑。山中一夜雨。樹杪百重泉。……』

比較。便見得王作是純客觀的。杜作是主觀氣分甚重。

第四類的蘊藉表情法。雖然把情感本身照原樣寫出。卻把所感的對象隱藏過去。另外拿一種事物來做象徵。這類方法三百篇裏頭很少。——前所舉鴟鴞篇可以歸入這類。『山有榛隰有苓』『誰能亨魚溉之釜鬵』等篇。也帶點這種氣味。但屬少數。且不純粹。——因爲三百篇的原則多半是借一件事物起興。跟着便拍歸本旨。像那種打燈謎似的象徵法。那時代的詩人不大用他。但作詩的人雖然如此。後來讀詩的人卻不同了。試打

開左傳一看，當時凡有宴會都要賦詩，賦詩的人在三百篇裏頭隨意挑選一篇借來表示自己當時所感，同一篇詩，某甲借來表這種感想，某乙也可以借來表那種感想，拿我們今日眼光看去，很有些莫名其妙，所以我說，三百篇的作家沒有象徵派，然而三百篇久已作象徵的應用。

純象徵派之成立，起自楚辭，篇中許多美人芳草，純屬代數上的符號，他意思別有所指，如離騷中

『覽相觀於四極兮，周流乎天余乃下，望瑤臺之偃蹇兮，見有娀之佚女，吾令鴆爲媒兮，鴆告余以不好，雄鳩之鳴逝兮，余猶惡其佻巧，心猶豫而狐疑兮，欲自適而不可，鳳皇旣受詒兮，恐高辛之先我，欲遠集而無所止兮，聊浮遊以逍遙，及少康之未家兮，留有虞之二姚，理弱而媒拙兮，恐導言之不固，世溷濁而嫉賢兮，好蔽美而稱惡……』

又，

『時繽紛其變易兮，又何可以淹留，蘭芷變而不芳兮，荃蕙化而爲茅，何昔日之芳草兮，今直爲此蕭艾也，……余以蘭爲可恃兮，羌無實而容長，委厥美以從俗兮，苟得列乎衆芳，椒專佞以慢慆兮，榝又充夫佩幃，旣干進而務入兮，又何芳之能祗，固時俗之從流兮，又孰能無變化，覽椒蘭其若茲兮，又況揭車與江離……』

這類話若不是當作代數符號看，那麽屈原到處調情，到處拈酸喫醋，豈不成了瘋子，蕙會變茅，蘭會變艾，天下那有這情理，太史公說得好，『其志潔，故其稱物芳』，他懷抱着一種極高尙純潔的美感，於無可比擬中借這種名詞來比擬，他既有極穠溫的情感本質，用他極微妙的技能，借極美麗的事物做魂影，所以着墨不多，便爾

沁人心脾。如。

『惜吾不及見古人兮吾誰與玩此芳草。』（思美人）

如。

『沅有茝兮澧有蘭。思公子兮未敢言。』（湘夫人）

如。

『夫人自有兮美子。蓀何爲兮愁苦。』（少司命）

如。

『心不同兮媒勞。恩不甚兮輕絕。』（湘君）

這都是帶一種神祕性的微妙細樂。經千百年後按奏。都能使人心絃震盪。自楚辭開宗後。漢魏五言詩。多含有這種色彩。如『庭中有奇樹』『迢迢牽牛星』等篇。乃至張平子的四愁。都是寄興深微一路。足稱楚辭嗣音。

中晚唐時。詩的國土。被盛唐大家占領殆盡。溫飛卿李義山李長吉諸人。便想專從這裏頭闢新蹊徑。飛卿太靡弱。長吉太纖仄。且不必論。義山確不失爲一大家。這一派後來衍爲西崑體。專務撏撦詞藻。受人詬病。近來提倡白話詩的人。不消說是極端反對他了。平心而論。這派固然不能算詩的正宗。但就「唯美的」眼光看來。自有他的價值。如義山集中近體的錦瑟。碧城。聖女祠等篇。古體的燕臺。河內等篇。我敢說他能和中國文字同其運命。就中如碧城三首的第一首。

『碧城十二曲闌干，犀辟塵埃玉辟寒。閬苑有書多附鶴，女牀無樹不棲鸞。星沈海底當窗見，雨過河源隔座看。若使曉珠明又定，一生長對水晶盤。』

這些詩他講的什麽事，我理會不着，拆開一句一句的叫我解釋，我連文義也解不出來。但我覺得他美，讀起來令我精神上得一種新鮮的愉快。須知美是多方面的，美是含有神祕性的。我們若還承認美的價值，對於這種文學，是不容輕輕抹煞啊。

八

現在要附一段專論女性文學和女性情感。

三百篇中——尤其國風——女子作品實在不少。如綠衣、燕燕、谷風、泉水、柏舟、載馳、氓、竹竿、伯兮、君子于役、狡童、褰裳、雞鳴，或傳說上確有作者主名，或從文義推測得出。我們因此可想見那時候女子的教育程度和文學興味，比後來高些。或者是男女社交不如後世之閉絕，所以他們的情感有發舒之餘地，而且能傳誦出來。內中有好幾篇最能發揮女性優美特色。如

『黽勉同心，不宜有怒。采葑采菲，無以下體。德音莫違，及爾同死。』（谷風）

如，

『匪我愆期，子無良媒。將子毋怒，秋以爲期。』（氓）

這兩首都是棄婦所作，追述從前愛情，有不堪回首之想。一種溫厚肫篤之情，在幾句話上全盤托出。又如，

『君子于役苟無飢渴』（君子于役）傷離念遠四個字抵得千百句話又如

『汎彼柏舟在彼中河髧彼兩髦實惟我儀之死矢靡他母也天只不諒人只』（柏舟）

這首相傳是衞共姜所作父母逼他離婚他不肯那堅強的意志和專一肫篤的愛情都表現出來卻是怨而不怒純是女子身分又如

『載馳載驅歸唁衞侯驅馬悠悠言至于漕大夫跋涉我心則憂

既不我嘉不能旋反視爾不臧我思不遠既不我嘉不能旋濟視爾不臧我思不閟

陟彼阿丘言采其蝱女子善懷亦各有行許人尤之衆穉且狂

我行其野芃芃其麥控于大邦誰因誰極大夫君子無我有尤百爾所思不如我所之』（載馳）

這首是許穆夫人所作他是衞國女兒衞國亡了他要回去省視他兄弟許國人不許他因作此詩一派纏綿悱惻把女性優美完全表出

女子很少專門文學家不惟中國外國亦然想是成年以後受生理上限制所致漢魏以來女性作品如秦嘉妻徐淑如班婕妤各有一兩首都很平平蔡文姬的胡笳十八拍似是唐人所譜悲憤兩首大概是眞他遭亂被掠入匈奴是人生極不幸的遭際他自己說

『薄志節兮念死難雖苟活兮無形顏』

可憐他情愛的神聖早已爲境遇所犧牲了所賸只有母子情愛到底也保不住他詩說

『……己得自解免當復棄兒子……兒前抱我頸問「母欲何之人言母當去豈復有還時阿母常仁惻今何更不慈我今未成人奈何不顧思」見此崩五內恍惚生狂癡號泣手撫摩當發復回疑……』

我們讀這詩除了同情之外別無可說他的情愛到處被蹂躪他所寫全是變態但從變態中還見出愛芽的實在。

竇滔妻蘇蕙的回文錦眞假不敢斷定大約眞的分數多這個作品技術的緻巧不惟空前或者竟可說是絕後但太彫繫違反自然了他說『非我佳人（指竇滔）莫之能解』只能算是他兩口子猜謎不能算文學正宗。若說這作品在我們文學史上有價值只算他能够代表女性細緻頭腦的部分罷了。

蘇伯玉妻盤中詩。

『山樹高鳥鳴悲泉水深鯉魚肥空倉雀常苦飢吏人婦會夫稀出門望見白衣謂當是而更非還入門中心悲……』

這首不敢斷定必爲女性作品但情緒寫得很好。

古樂府中有幾首不得作者主名不知爲男爲女假定若出女子便算得漢魏閒女性文學中翹楚了如

『上山採蘼蕪下山逢故夫長跪問故夫「新人復何如」「新人雖然好未若故人姝顏色類相似手爪不相如」新人從門入故人從閤去新人工織縑故人工織素織縑日一匹織素五丈餘將縑來比素新人不如故』

又如。

『……夫壻從南來。斜倚西北眄。語卿「且勿眄。水清石自見。」石見何纍纍。遠行不如歸。』

這類詩很表示女性的眞摯和純潔。我們若認他是女性作品。價値當不在谷風氓之下。

唐宋以後。閨秀詩雖然很多。有無別人捉刀。已經待考。就令說是眞。夠得上成家的可以說沒有。詞裏頭算有幾位。宋朱淑眞的斷腸詞。李易安的漱玉詞。淸顧太清的東海漁歌。可以說不愧作者之林。內中惟易安傑出。可與男子爭席。其餘也不過爾爾。可憐我們文學史上極貧弱的女界文學。我實在不能多舉幾位來撐門面。

男子作品中寫女性情感——專指作者替女性描寫情感。不是指作者對於女性相互間情感——以楚辭爲嚆矢。前段所講「美人芳草」。就是這一類。如

『君不行兮夷猶。蹇誰留兮中洲。美要眇兮宜脩。沛吾乘兮桂舟。令沅湘兮無波。使江水兮安流。望夫君兮未來。吹參差兮誰思。……』（湘君）

『帝子降兮北渚。目眇眇兮愁予。嫋嫋兮秋風。洞庭波兮木葉下。……沅有茝兮澧有蘭。思公子兮未敢言。荒忽兮遠望。觀流水兮潺湲。……』（湘夫人）

『入不言兮出不辭。乘回風兮載雲旗。悲莫悲兮生別離。樂莫樂兮新相知。荷衣兮蕙帶。儵而來兮忽而逝。夕宿兮帝郊。君誰須兮雲之際。與汝遊兮九河。衝風至兮水揚波。與汝沐兮咸池。晞汝髮兮陽之阿。……』（少司命）

這幾首都是描寫極美麗極高潔的女神。我們讀起來。和看見希臘名彫溫尼士女神像同一美感。可謂極技術之能事。這種文學優美處。不在字句豔麗。而在字句以外的神味。後來摹仿的很多。到底趕不上。李義山的重過

聖女祠。

『白石巖扉碧蘚滋。上淸淪謫得歸遲。一春夢雨常飄瓦。盡日靈風不滿旗。……』

全從以上幾首脫胎。飄逸華貴誠然可喜但女神的情感便不容易着一字了。

漢魏古詩寫兩性間相互情愛者很多專描女性者頗少今不細論六朝時南北人性格很有些不同在他們描寫女性上也可以看出北朝寫女性之美專喜歡寫英爽的姿態如

『……好婦出迎客顏色正敷愉伸腰再拜跪問客平安無請客北堂上坐客靑氍毹淸白各異樽酒上正華疏酌酒持與客客言主人持卻略再拜跪然後持一杯談笑未及竟左顧敕中廚促令辦粗飯愼莫使稽留廢禮送客出盈盈府中趨送客亦不遠足不過門樞……』（隴西行）

讀起來髣髴入到歐洲交際社會一位貴婦人極和靄極能幹的美態活現目前又如

『……朝辭爺娘去宿暮黃河邊不聞爺娘喚女聲但聞黃河流水鳴濺濺旦辭黃河去暮至黑山頭不聞爺娘喚女聲但聞燕山胡騎聲啾啾……可汗問所欲木蘭不用尙書郞願借明駝千里足送兒還故鄉……』（木蘭詞）

這首寫女子從軍雖然是一種異態但決非南朝人意想中所能構造最妙者是剛健之中處處含婀娜確是女性最優美之點。

南朝人便不同了。他們理想中女性之美。可以拿梁元帝的西洲曲做代表。

『憶梅下西洲。折梅寄江北。單衫杏子紅。雙鬢鴉雛色。西洲在何處。兩槳橋頭渡。日暮伯勞飛。風吹烏桕樹。

樹下郎門前門中露翠鈿開門郎不至出門採紅蓮採蓮南塘秋蓮花過人頭低頭弄蓮子蓮子淸如水置蓮懷袖中蓮心徹底紅憶郎郎不至仰首視飛鴻飛鴻滿汀洲望郎上靑樓樓高望不見盡日闌干頭闌干十二曲垂手明如玉卷簾天自高海水搖空綠海水夢悠悠君愁我亦愁南風知我意吹夢到西洲』

這首詩寫懷春女兒天眞爛漫的情感總算很好所寫的人格亦並不低下但總是南派綺靡的情緒和北派截然兩樣後來作家大概脫不了這窠臼

唐詩寫女性最好的莫過於杜工部的佳人

『絕代有佳人幽居在空谷自言良家子零落依草木……在山泉水淸出山泉水濁侍婢賣珠回牽蘿補茅屋摘花不插鬢采柏動盈掬天寒翠袖薄日暮倚脩竹』

工部理想的佳人品格是名貴極了性質是高抗極了體態是幽豔極了情緒是濃至極了有人說這首詩便是他自己寫照或者不錯總之描寫女性之美我說這首詩千古絕唱

太白長干曲摹仿西洲很像寫小家兒女的情愛也還逼眞但價值不過爾爾

李義山寫女性的詩幾居全集三分之一但義山是品性墮落的詩人他理想中美人不過倡妓完全把女子當男子玩弄品可以說是侮辱女子人格義山天才確高愛美心也很強倘使他的技術用到正途或者可以做寫女性情感的聖手看他悼亡諸作可知可惜他本性和環境都太壞僅成就得這種結果不惟在文學界沒有好影響而且留下許多遺毒眞是我們文學史上一件不幸了

詞裏頭寫女性最好的我推蘇東坡的洞僊歌

『冰肌玉骨自清涼無汗水殿風來暗香滿繡簾開一點明月窺人人未寢欹枕釵橫鬢亂起來攜素手庭戶無聲時見疏星度河漢試問夜如何夜已三更金波淡玉繩低轉但屈指西風幾時回又不道流年暗中偷換』

好處在情緒的幽豔品格的清貴和工部佳人不相上下稼軒的

『驀然回首那人卻在燈火闌珊處』（青玉案）

白石的

『想珮環夜月歸來化作此花幽獨』（疏影）

都能寫出品格柳屯田寫女性詞最多可惜毛病和義山一樣藻豔更在義山下曲本每部總有女性在裏頭但寫得好的很少因爲他們所構曲中情節本少好的描寫曲中人物自然不會好例如西廂記一派結局是調情猥褻如何能描出清貴的人格又如琵琶記一派主意在勸懲並不注重女性的眞美所以曲本寫女性雖多竟找不出能令我心折的作品內中惟湯玉茗是最浪漫式的人牡丹亭驚夢裏頭確有些新境界如

『可知我常一生兒愛好是天然恰三春好處無人見……』

『愛好是天然』這句話眞所謂爲愛美而愛美從前沒有人能道破寫女性高貴此爲極品了底下跟着衍這段意思也有許多名句如

『朝飛暮卷雲霞翠軒雨絲風片烟波畫船錦屏人忒看得韶光賤』

如。

如．『則爲俺生小嬋娟．揀名門一例一例裏神仙眷．甚良緣把青春抛得遠．俺的睡情誰見．……』

『則爲你如花美眷．似水流年．是答兒閑尋徧．在幽閨自憐．』

這些詞句把情緒寫得像酒一般濃．卻不失閨秀身分．在豔詞中算是最上乘了．

這段末後還有幾句話要講講．近代文學家寫女性．大半以「多愁多病」爲美人模範．古代卻不然．詩經所讚美的是『碩人其頎．』是『顏如舜華．』楚辭所讚美的是『美人旣醉朱顏酡．娭光眇視目層波．』漢賦所讚美的是『精耀華燭俯仰如神．』是『翩若驚鴻．矯若游龍．』凡這類形容詞．都是以容態之豔麗和體格之俊健合構而成．從未見以帶着病的懨弱狀態爲美的．以病態爲美．起於南朝．適足以證明文學界的病態．唐宋以後的作家．都汲其流．說到美人便離不了病．眞是文學界一件恥辱．我盼望往後文學家描寫女性．最要緊先把美人的健康恢復纔好．

九

歐洲近代文壇．浪漫派和寫實派迭相雄長．我國古代將這兩派劃然分出門庭的可以說沒有．但各大家作品中．路數不同．很有些分帶兩派傾向的．今先說浪漫的作品．

三百篇可以說代表諸夏民族平實的性質．凡涉及空想的一切沒有．我們文學含有浪漫性的自楚辭始．春秋戰國時候的中原人都來說『楚人好巫鬼。』大抵他們腦海中。含有點野蠻人神祕意識。後來漸漸同化於諸夏。用諸夏公用的文化工具表現他們的感想。帶着便把這種神祕意識放進去。添出我們藝術上的新成分。這種意識。或者從遠古傳來。乃至和我們民族發源地有什麼關係也未可知。試看楚辭裏頭講崑崙的最多——大約不下十數處。像是對於崑崙有一種渴仰構戚他們心中極樂國土。這種思想淵源和中亞細亞地方有無關係。今尚爲歷史上未決問題。他們這種超現實的人生觀。用美的形式發攄出來。遂爲我們文學界開一新天地。楚辭的最大價值在此。

楚辭浪漫的精神表現得最顯者。莫如遠遊篇。他起首那段有幾句。

『惟天地之無窮兮。哀人生之長勤。往者余弗及兮。來者吾不聞。』（遠遊）

屈原本身有兩種矛盾性。他頭腦很冷。常常探索玄理想像『天地之無窮』。他心腸又很熱。常常悲憫爲懷。看不過『民生之多艱』（離騷語）他結果鬧到自殺。都因爲這兩種矛盾性交戰。苦痛忍受不住了。他作品中把這兩種矛盾性充分發揮。有一半哭訴人生寃苦。有一半是尋求他理想的天國。遠遊篇就是屬於後一類。他說。

『載營魄而登霞兮。掩浮雲而上征。命天閽其開關兮。排閶闔而望予。召豐隆使先導兮。問太微之所居。集重陽入帝宮兮。造旬始而觀清都。朝發軔於太儀兮。夕始臨乎於微閭。屯余車之萬乘兮。紛溶與而並馳。駕八龍之婉婉兮。載雲旗之逶蛇。建雄虹之采旄兮。五色雜而炫耀。服偃蹇以低昂兮。驂連蜷以驕鶩。騎膠葛以雜亂兮。斑漫衍而方行。撰余轡而正策兮。吾將過乎句芒。歷太皓以右轉兮。前飛廉以啓路。陽杲杲其未

光兮淩天地以徑度。……』（同上）

如此之類有好幾段完全是幻構的境界最末一段道。

『經營四方兮周流六漠。上至列缺兮降望大壑。下峥嶸而無地兮上寥廓而無天。視儵忽而無見兮。聽惝怳而無聞。超無爲以至淸兮。與泰初而爲鄰。』（同上）

這類文學純是求眞美於現實界以外以爲人類五官所能接觸的境界都是汙濁。要撥開他別尋心靈淨土。離騷涉江中一部分也是這樣。

招魂——據太史公說也是屈原所作。其想像力之偉大複雜實可驚。前半說上下四方到處痛苦恐怖的事物。都出乎人類意境以外後半說浮世的快樂也全用幻構的筆法寫得淋漓盡致。末後一段說這些快樂到頭還是悲哀。以『魂兮歸來哀江南。』一句結出作者情感根苗這篇名作的結構和思想。都有點和噶特的浮士達相彷彿。

楚辭中純浪漫的作品。當以九歌的山鬼爲代表。今錄其全文。

『若有人兮山之阿。被薜荔兮帶女蘿。既含涕兮又宜笑。子慕余兮善窈窕。

乘赤豹兮從文貍。辛夷車兮結桂旗。被石蘭兮帶杜衡。折芳馨兮遺所思。

余處幽篁兮終不見天。路險艱兮獨後來。

表獨立兮山之上。雲容容兮而在下。杳冥冥兮羌晝晦。東風飄兮神靈雨。

留靈脩兮憺忘歸。歲既晏兮孰華予。

采三秀兮於山間。石磊磊兮葛蔓蔓。怨公子兮悵忘歸。君思我兮不得閒。山中人兮芳杜若。飲石泉兮蔭松柏。君思我兮然疑作。

雷塡塡兮雨冥冥。猨啾啾兮又夜鳴。風颯颯兮木蕭蕭。思公子兮徒離憂。』（山鬼）

這篇和遠遊離騷招魂等篇作法不同。那幾篇都寫作者自身和所構幻境的關係。這篇完全另寫一第三者作影子。我們若把這篇當畫材。將那山鬼的環境面影性格畫來。便活現出屈原的環境面影性格。這種純粹浪漫的作法。在我們文學界裏頭。當以此篇爲嚆矢。

陶淵明的桃花源詩序。正是浪漫派小說的鼻祖。那首詩自然也是浪漫派絕好韻文。裏頭說的。

『……相命肆農耕。日入隨所憩。桑竹垂餘蔭。菽稷隨時藝。春蠶收長絲。秋熟靡王稅。荒路曖交通。雞犬互鳴吠。……童孺縱行歌。斑白歡游詣。草榮識節和。木衰知風厲。雖無紀曆誌。四時自成歲。怡然有餘樂。于何勞智慧。……』

這是淵明理想中絕對自由絕對平等無政府的互助的社會狀況。最主要的精神是「超現實」但他和楚辭不同處。在不帶神祕性。

神仙的幻想。在我們文學界中很占勢力。這種幻想。自然是導源於楚辭。但後人沒有屈原那種劇烈的矛盾性。從形式上模倣蹈襲。往往討厭。如曹子建也有一首遠遊篇。讀去便味如嚼蠟。嵇中散的游仙詩。也看不出什麼異彩。到郭景純十幾首游仙。便瑰麗多了。其中如。

『翡翠戲蘭苕。容色更相鮮。綠蘿結高林。蒙蘢蓋一山。中有冥寂士。靜嘯撫淸絃。放情凌霄外。嚼蕊挹飛泉。

……』

雖然純從山鬼篇脫胎。卻把幽憤境界變爲飄逸。又如

『雜縣寓魯門。風暖將爲災。吞舟涌海底。高浪駕蓬萊。神仙排雲出。但見金銀臺。陵陽挹丹溜。容成揮玉杯。姮娥揚妙音。洪崖頷其頤。升降隨長煙。飄颻戲九垓。奇齡邁五龍。千歲方嬰孩。燕昭無雲氣。漢武非仙才。』

這類詩像是佛教入中國後參些印度人梵天的幻想。但每首總愛把作者的宇宙觀人生觀直白點出。未免有些詞費。

浪漫派文學。總是想像力愈豐富愈奇詭便愈見精采。這一點。盛唐大家李太白。確有他的特長。如他的公無渡河全從古樂府箜篌引敷演出來。箜篌引十六個字千古絕唱。如何可擬作。他這首的前半『黃河西來決崑崙。……其害乃去茫然風沙。』已經把這條黃河寫得像有神祕性。到下半首依傳說略敘事實後更虛構可怖的幻象。說

『被髮之叟狂而癡。淸晨徑流欲奚爲。旁人不惜妻止之。公無渡河苦渡之。虎可搏。河難憑。公果溺死流海湄。有長鯨白齒若雪山。公乎公乎挂骨於其間。箜篌所謠竟不還。』

這詩把原來的箜篌引。賦與一種浪漫性。便成創作。又如飛龍引的。

『……載玉女。過紫皇。紫皇乃賜白兔所擣之藥。方後天而老彫三光。下視瑤池見王母。蛾眉蕭颯如秋霜。』

如蜀道難的。

『……蠶叢及魚鳧開國何茫然。爾來四萬八千歲。不與秦塞通人煙。西當太白有鳥道。可以橫絕峨眉顚。地崩山摧壯士死。然後天梯石棧相鉤連。……』

太白集中像這類的很多。都可以證明他想像力之偉大。能構造出別人所構不出的境界。他還有兩首詞。把他的美感表得十分圓滿。詞調是桂殿秋。文如下。

『仙女下。董雙成。漢殿夜涼吹玉笙。曲終卻從仙官去。萬戶千門惟月明。』

『河漢女。玉鍊顏。雲軿往往在人間。九霄有路去無跡。嫋嫋香風生珮環。』

後來這類作品。我最愛者爲王介甫的巫山高二首。

『巫山高。十二峯。上有往來飄忽之猨猱。下有出沒瀺灂之蛟龍。中有倚薄縹緲之神宮。神人處子冰雪容。吸風飲露虛無中。千歲寂寞無人逢。邂逅乃與襄王通。丹崖碧嶂深重重。白月如日明房櫳。象牀玉几來自從。錦屛翠幔金芙蓉。陽臺美人多楚語。只有纖腰能楚舞。爭吹鳳管鳴鼉鼓。那知襄王夢時事。但見朝朝暮暮長雲雨。』

『巫山高。偃薄江水之滔滔。水於天下實至險。山亦起伏爲波濤。其巔冥冥不可見。崖岸斗絕悲猨猱。赤楓青櫟生滿谷。山鬼白日樵人遭。窈窕陽臺彼神女。朝朝暮暮能雲雨。以雲爲衣月爲褚。乘光服暗無留阻。崑崙曾城道可取。方丈蓬萊多伴侶。塊獨守此嗟何求。況乃低徊夢中語。』

這類詩詞。從唯美的見地看去。很有價値。他們並無何種寄託。只是要表那一片空靈純潔的美感。太白介甫一流人。胸次高曠。所以能有這類作品。像杜工部。雖然是情聖。他卻不會作此等語。

蘇東坡也是胸次高曠的人．但他的文學不含神祕性．純浪漫的作品較少．他貶謫瓊州的時候．坐在山轎子上打盹．正在遇雨．夢中得了十個字的名句『千山動鱗甲萬壑酣笙鐘』醒來續成一首詩道

『四洲環一島．百洞蟠其中．我行西北隅．如度月半弓．登高望中原．但見積水空．此身將安歸．四顧眞途窮．眇觀大瀛海．坐詠談天翁．茫茫太倉閒．稊米誰雌雄．幽懷忽破散．詠嘯來天風．千山動鱗甲．萬壑酣笙鐘．焉知非羣仙．鈞天宴未終．喜我歸有期．舉酒屬青童．急雨豈無意．催詩走羣龍．夢中忽變色．笑電亦改容．應怪東坡老．顏衰語徒工．久矣此妙聲．不聞蓬萊宮．』

他作詩時候所處的境界．恰好是最浪漫的．他便將那一刹那間的實感寫出來．不覺便成浪漫派中上乘作品．浪漫派特色．在用想像力構造境界．想像力用在醇化的美感方面．固然最好．但何能個個人都如此．所以多數走入奇譎一路．楚辭的招魂已開其端緒．太白作品也半屬此類．中唐以後．這類作風益盛．韓昌黎的陸渾山火和皇甫湜．孟東野失子．二鳥詩等篇．都帶這種色彩．我們可以給他一個綽號．叫做「神話文學」．神話文學的代表作品．應推盧玉川．他有名的月蝕詩．二千多字．完全像希臘神話一般．內中一段

『……傳聞古老說．蝕月蝦蟆精．徑圓千里入汝腹．汝此癡骸阿誰生．……憶昔堯為天．十日燒九州．金鑠水銀流．玉燭丹砂焦．六合烘為窯．堯心增百憂．帝見堯心憂．勃然發怒決洪流．立擬沃殺九日妖．天高日走沃不及．但見萬國赤子鱡鱡生魚頭．此時九御導九日．爭持節幡麾幢旒．駕車六九五十四頭蛟螭虯．掣電九火輈．汝若蝕開齱齵輪．御轡執索相爬鉤．推蕩轟訇入汝喉．紅鱗焰鳥燒口快．翎鬣倒側聲醆鄒．撐腸柱肚礧塊如山丘．自可飽死更不偷．不獨塡飢坑．亦解堯心憂．……』

又如與馬異結交詩中一段.

『伏羲畫八卦鑿破天心胸.女媧本是伏羲婦.恐天怒.擣鍊五色石.引日月之鍼五星之縷把天補.補了三日不肯歸壻家.走向日中放老鴉.月裏栽桂養蝦蟆.天公發怒化龍蛇.此龍此蛇得死病.神農合藥救死命.天怪神農黨龍蛇.罰神農爲牛頭.令載元氣車.不知藥中有毒藥.藥殺元氣天不覺.……』

這種詩取採資料都是最荒唐怪誕的神話.還添上本人新構的幻想.變本加厲.這種詩好和歹且不管他.但我們不能不承認作者膽量大.替詩界作一種解放.又不能不承認是詩界一種新國土.將來很有繼續開闢的餘地.

玉川最喜歡把人類意識賦與人類以外諸物.觀放魚歌.『鸂鶒鴒鷗鳧.喜觀爭叫呼.小蝦亦相慶.繞岸搖其鬚.』便是.他還有二十首小詩.設爲石、竹、井、馬蘭、蛺蝶、蝦蟆.相互談話.內中石說道.『我在天地間.自是一片物.可得杠壓我.使我頭不出.』他所假設一場談話.雖然沒有甚麼深奧哲理.但也算詩界一種創作.比陶淵明的形影神問答進一步.

同時李長吉也算浪漫派的別動隊.他的詩字字句句都經過千錘百鍊.但他的特別技能不僅在字句的錘鍊.實在想像力的錘鍊.他的代表作品.如金銅仙人辭漢歌.

『茂陵劉郎秋風客.夜聞馬嘶曉無跡.畫欄桂樹懸秋香.三十六宮土花碧.魏官牽車指千里.東關酸風射眸子.空將漢月出宮門.憶君淸淚如鉛水.衰蘭送客咸陽道.天若有情天亦老.攜盤獨出月荒涼.渭城已遠波聲小.』

此外如『崑山玉碎鳳皇叫，芙蓉泣露香蘭笑，』如『女媧鍊石補天處，石破天驚逗秋雨，』如『洞庭雨脚來吹笙，酒酣喝月使倒行，』如『銀浦流雲學水聲，』如『呼龍耕煙種瑤草，』如『南風吹山作平地，帝遣天吳移海水，』此等語句，不知者以爲是賣弄詞藻，其實每一句都有他特別的意境，大抵長吉腦裏頭幻象很多，每一個幻象，他自己立限只許用十來個字把他寫出，前人評他做詩是『嘔心，』眞不錯，這種詩自然不該學，但我們不能不承認他在文學史上的價值。

十

現在要講寫實派，寫實派作法，作者把自己情感收起，純用客觀態度描寫別人情感，作法要領，是要將客觀事實照原樣極忠實的寫出來，還要寫得詳盡，因爲如此，所以所寫的多是三幾個尋常人的尋常行事，或是社會上衆人共見的現象，截頭截尾單把一部分狀態委細曲折傳出，簡單說，是專替人類作斷片的寫照。這種作品，在三百篇裏頭，不能說沒有，如衞風的碩人，鄭風的大叔于田，褰裳，豳風的七月，都有點這種意思，但三百篇以溫柔敦厚爲主，不肯作露骨的刻畫，自然不能當這派作品的模範，楚辭純屬浪漫的作風，和這派正極端反對，當然沒有可徵引了。

漢人樂府中有一首孤兒行，可以說是純寫實派第一首詩，全錄如下。

『孤兒生，孤兒遇生，命當獨苦，

父母在時，乘堅車，駕駟馬，父母已去，兄嫂令我行賈，南到九江，東到齊與魯。臘月來歸，不敢自言苦。
頭多蟣蝨，面目多塵土。
大兄言辦飯，大嫂言視馬。上高堂，行趣殿下堂。孤兒淚下如雨。
使我朝行汲，暮得水來歸。手爲錯，足下無扉。
愴愴履霜，中多蒺藜。拔斷蒺藜腸肉中，愴欲悲。淚下渫渫，清涕纍纍。
冬無複襦，夏無單衣。居生不樂，不如早去，下從地下黃泉。
春氣動，草萌芽。三月蠶桑，六月收瓜。將是瓜車，來還到家。
瓜車反覆，助我者少，啗瓜者多。願還我蔕，兄與嫂嚴，獨且急歸，當與校計。
亂曰：里中一何譊譊，願欲寄尺書，將與地下父母，兄嫂難與久居。』

這首詩只是寫尋常百姓家一個可憐的孩子，將他日常經歷直敍，並不下一字批評，讀起來能令人同情心到沸度，可以說是寫實派正格。

孔雀東南飛，是最有結構的寫實詩，他寫十幾個人問答語，各人神情畢肖，眞是聖手。內中『妾有繡絲襦……』『着我繡裌裙……』『青雀白鵠舫……』三段鋪敍實物，尤見章法，可惜所鋪敍過於富麗，稍失寫實家本色。又篇末松梧交枝，鴛鴦對鳴等語，已經攙入象徵法。雖然如此，這詩總算寫實妙品。

魏晉寫實的五言，以左太沖嬌女詩爲第一。
『吾家有嬌女，皎皎頗白皙。小字爲紈素，口齒自清歷。鬢髮覆廣額，雙耳似連璧。明朝弄梳臺，黛眉類掃跡。

濃朱衍丹脣．黃吻爛漫赤．嬌語若連瑣．忿速乃明㦃．握筆利彤管．篆刻未期益．執書愛綈素．誦習矜所獲．其姊字惠芳．面目燦如畫．輕粧喜樓邊．臨鏡忘紡績．舉觶擬京兆．立的成復易．玩弄眉頰間．劇兼機杼役．從容好趙舞．延袖像飛翮．上下弦柱際．文史輒卷襞．顧盼屏風畫．如見已指擿．丹青日塵闇．明義爲隱賾．馳騖翔園林．果不皆生摘．紅葩綴紫蔕．萍實驟抵擲．貪華風雨中．倏忽數百適．務躡霜雪戲．重綦常累積．幷心注肴饌．端坐理盤槅．翰墨戢閑案．相與數離逖．動爲鑪鉦屈．屣履任之適．止爲茶菽據．吹吁對鼎鑠．脂膩漫白袖．烟重染阿錫．衣被皆重池．難與次水碧．任其孺子意．羞受長者責．瞥聞當与杖．掩淚俱向壁．』

這首詩活畫出兩位天眞爛漫性情活潑嬌小玲瓏又愛美又不懂事的女孩子．尤當注意者．太沖對於這兩位女孩子．取什麼態度．有何等情感．詩中一個字沒有露出他的目的全在那映到他眼裏的小女孩子情感．他用極冷靜的態度忠實觀察他忠實描寫他所以入妙．後來模仿這首詩的不少．但都趕不上他．如李義山的驕兒詩．卽是其中之一．首依着驕兒詩看來．義山那位袞師少爺頑劣得可厭．是不管他——也許是義山照樣寫實．那麼少爺雖不好．詩還是好．但那詩中說旁人對於他兒子怎樣批評．又說他自己對於兒子怎樣希望．還把自己和兒子比較．發一段牢騷．這是何苦呢．我們拿這兩首詩比一比．便可以悟出寫實派作法的要訣．

前回曾舉出杜工部半寫實派的幾首詩．其實工部純寫實派的作品也很不少．而且很好．如

『獻凱日繼踵．兩蕃靜無虞．漁陽游俠地．擊鼓吹笙竽．雲帆轉遼海．粳稻來東吳．越裳與楚練．照耀輿臺軀．主將位益崇．氣驕淩上都．邊人不敢議．議者死路衢．』（後出塞）

這首詩是安祿山還未造反時作的．所指就是安祿山那一班軍閥．僅僅六十個字．把他們豪奢驕蹇情形都寫

完了。他卻並沒有一個字批評。只是用巧妙技術把實況描出。令讀者自然會發厭恨憂危種種情感。這是寫實文學最大作用。又如。

『三月三日天氣新。長安水邊多麗人。態濃意遠淑且真。肌理細膩骨肉勻。繡羅衣裳照暮春。蹙金孔雀銀麒麟。頭上何所有。翠爲㔩葉垂鬢脣。背後何所見。珠壓腰衱穩稱身。就中雲幕椒房親。賜名大國虢與秦。紫駝之峯出翠釜。水精之盤行素鱗。犀筯厭飫久未下。鸞刀縷切空紛綸。黃門飛鞚不動塵。御廚絡繹送八珍。簫鼓哀吟感鬼神。賓從雜遝實要津。後來鞍馬何逡巡。當軒下馬入錦茵。楊花雪落覆白蘋。青鳥飛去銜紅巾。炙手可熱勢絕倫。愼莫近前丞相嗔。』

又如。

『步屧隨春風。村村自花柳。田翁逼社日。邀我嘗春酒。酒酣誇新尹。畜眼未見有。回頭指大男。「渠是弓弩手。名在飛騎籍。長番歲時久。前日放營農。辛苦救衰朽。差科死則已。誓不舉家走。今年大作社。拾遺能住否。」叫婦開大缾。盆中爲吾取。感此氣揚揚。須知風化首。語多雖雜亂。說尹終在口。朝來偶然出。自卯將及酉。久客惜人情。如何拒鄰叟。高聲索果栗。欲起時被肘。指揮過無禮。未覺村野醜。月出遮我留。仍嗔問升斗。』

這首和前兩首不同。前兩首是一般寫實家通行作法。專寫社會黑闇方面。這首卻是寫社會光明方面。讀起來令人感覺鄉村生活之優美。那「田父」一種眞率氣象。以及他對於社交之親切。對於國家義務之認眞。都一一流露。

寫實家所標旗幟。說是專用冷酷客觀。不攙雜一絲一毫自己情感。這不過技術上的手段罷了。其實凡寫實派大作家都是極熱腸的．因爲社會的偏枯缺憾．無時不有．無地不有．只要你忠實觀察．自然會引起你無窮悲憫．但倘若沒有熱腸．那麼他的冷眼也決看不到這種地方．便不成爲寫實家了．杜工部這類寫實文學開派以後．繼起的便是白香山．香山自己說．

「惟歌生民病．……甘受時人嗤．」

他自己編定詩集．用詩的性質分類．第一類便是「諷喩」．諷喩類主要作品是十首秦中吟和五十首新樂府．這六十首詩．可以說完成寫實派壁壘．替我們文學史吐出光燄萬丈．但他的作風．與純寫實派有點不同．每篇之末．總愛下主觀的批評．不過批評是「微而婉」罷了．裏頭純客觀的只有幾首．如

「帝城春欲暮．喧喧車馬度．共道牡丹時．相隨買花去．貴賤無常價．酬直看花數．灼灼百朵紅．戔戔五束素．上張幄幕庇．旁織巴籬護．水灑復泥封．移來色如故．家家習爲俗．人人迷不悟．有一田舍翁．偶來買花處．低頭獨長歎．此歎無人喩．一叢深色花．十戶中人賦．」（秦中吟買花）

如．

「賣炭翁．伐薪燒炭南山中．滿面塵灰煙火色．兩鬢蒼蒼十指黑．賣炭得錢何所營．身上衣裳口中食．可憐身上衣正單．心憂炭賤願天寒．夜來城上一尺雪．曉駕炭車輾冰轍．牛困人飢日已高．市南門外泥中歇．翩翩兩騎來是誰．黃衣使者白衫兒．手把文書口稱勅．迴車叱牛牽向北．一車炭重千餘斤．官使驅將惜不得．半匹紅紗一丈綾．繫向牛頭充炭直．」（新樂府賣炭翁）

像這類不將批評主意明點出來的．約居全部十分之一．其餘都把自對於這件事情的意見說出．他的新樂府

自序說。

『……首句標其目。卒章顯其志。三百篇之意也。其辭質而徑。欲見之者易喻也。其言直而切。欲聞之者深誡也。其事覈而實。使采之者傳信也。……』

他並不是爲詩而作詩。他替那些窮苦的人們提起公訴。他向那些作惡的人們宣說福音。所以他不採那種藏鋒含蓄的態度。將主觀的話也寫出來。但是以作風論。我們還認他是寫實派。因爲他對於客觀寫得極忠實極詳盡。

寫實派固然注重在寫人事的實況。但也要寫環境的實況。因爲環境能把人事烘託出來。寫環境實況的模範作品。如鮑明遠蕪城賦中一段。

『澤葵依井。荒葛冒塗。壇羅虺蜮。階鬥麏鼯。木魅山鬼。野鼠城狐。風嘷雨嘯。昏見晨趨。飢鷹厲吻。寒鴟嚇雛。伏虣藏虎。乳血餐膚。崩榛塞路。崢嶸古馗。白楊早落。塞草前衰。稜稜霜氣。蔌蔌風威。孤蓬自振。驚沙坐飛。灌莽杳而無際。叢薄紛其相依。通池既已夷。峻隅又已頹。直視千里外。唯見起黃埃。凝思寂聽。心傷已摧。』

所寫全是客觀現象。然而讀起來自然會令情感湧出。妙處全在鋪敍得淋漓透徹。學寫實派的不可不知。

飲冰室文集之三十八

孟祿講演集序

孟祿博士之討論教育問題。余幸列末座聞緒論。余生平所受激刺。此次當爲最劇要者之一。博士以極短之時日觀察中國教育現狀。能洞悉其癥結。以「毫不客氣」的態度。對於吾儕爲盡量之忠告。使聞者發深省。其示吾儕以應循之塗轍。又極平實極緻密。如持規矩以衡天下之方員。可以接責效實。無所僥倖。無所逃避。其課吾儕之責任及餽吾儕以希望。如昏夜陰雨中在吾當前視線所及之極際。示現一極莊嚴極絢爛之靈光予吾儕以至可歆而非努力孟晉則末由致。孔子曰『知恥近乎勇』吾聞博士之敎。使吾恥。使吾勇博士所以餉吾儕者。至豐且切。然先民不云乎。『苟非其人道不虛行。』博士所陳諸義中之根本義。則在敎育職業之確立與從事敎育職業之人之徹底的自覺。吾儕既確信敎育爲國家所懸命。則知能敎育者與被敎育者之聯絡關係。實全民族榮悴之所由決定。今日立身敎育界而確認識其自身之價值及責任者。究有幾人有此認識而心力學力俱足以副之者。更有幾人。言念及此。不寒而慄。吾以爲欲實行博士所詔導。其先決之條件有二。

一　不欲從事敎育職業者。希望其自行退出敎育界。

二　欲從事敎育職業者。希望其勿怠於自己敎育。

吾於博士所論欲引申闡發者頗多屬講課匆冗而討論集出版期迫僅能以極簡之語表所感最深切之一端其餘願俟諸異日十一、三、二十一、梁啓超。

哀告議員

國會恢復後議員第一件責任是什麼制憲第二件呢制憲第三件呢還是制憲

中華民國成立十一個年頭還沒有憲法算得天下古今未有的奇事算得中華民國莫大的恥辱十一年來的擾亂雖然別的原因很多沒有憲法總是原因中之主要原因這個主要原因不消滅擾亂便永遠不會消滅

國民感受沒有憲法的苦痛到極點了並不是不想別的法子來產生憲法無奈約法上規定制憲權在國會用別的方法產生出來的憲法不算帳所以議員先生們不給我們憲法我們簡直沒有路走

十一年沒有憲法的罪惡自然許多人該分擔責任——我便是裏頭一個人我正在徹底懺悔——不能專責議員但議員倘若還有一兩分良心恐怕斷不能把這責任全卸給別人說自己沒有干係

我所知道的德國現行新憲法連起草帶公布頭尾八十三日製成俄國呢我記不淸楚大約也不過費三個月

你說我們的問題多嗎難道人家的問題又會少爲什麼人家制得出我們制不出

非法解散把先生們的事業中斷這是別人該負的責任但我要問未解散以前經過幾個八十三日了就這一點論先生們倘若還有一兩分良心應該自己知道自己的責任

過去的帳都不必算了．我們小百姓只有希望先生們從八月一日起八十三日之後有一部憲法賞給我們．

從前憲法躭閣的原因．在那裏呢依我看別的原因雖然亦有．最大的就是因爲先生們拿制憲當作副業．每星期開回把憲法會議．每回開三幾點鐘．其餘的光陰都消耗在人的問題上了．

這回是不是依然那樣子呢．俗語說得好『事不過三』論理先生們總該有覺悟了．先生們若容許我上條陳．我便說．

這回國會應把所有別的問題都擱下．等到憲法制成之後再說．

憲法未制成以前．萬不可有人的名字——什麼總統副總統國務員——列入議案．

我想．八十三日制成憲法．並非沒有可能性．除了地方制度一章外都通過二讀會了．這一章．各派意見並沒有距離．就使把他全部修正令他越發和現在聯省自治的精神相應．也沒什麼難事．從八月一日起埋著頭日日開審議會．一兩個月內什麼問題不解決呢．孟子說「是不爲也非不能也」倘若今年雙十節前後還沒有憲法．我們小百姓只有認定先生們討厭憲法．不願意賞給我們．

先生們從前抱屈了．所以我們小百姓雖然受了十一年沒有憲法的苦痛．還十分原諒先生們．今年得不著一部憲法來做雙十節禮物．却絕對的不能原諒先生們了．

先生們何至如此呢．這都是我們小百姓過慮先生們啊—我們替你老人家磕第一個響頭．求賞憲法．磕第二個響頭．求賞憲法．磕第三個……第一百個響頭．求賞憲法……求賞憲法．

我對於女子高等教育希望特別注重的幾種學科

四月一日北京女子高等師範學校講

中國女子不能和男子有受同等教育的機會是我們最痛心的一件事但據目前趨勢而論這種缺憾或者漸漸可以彌補了當這過渡時代爲女學前途開拓的方便起見應該注意到女子高等教育的學科問題

我是不承認男女天賦本能有等差的那麽男子所能學的學科女子自然都也能學何必提出幾門來特別注重呢不錯原則是如此所以高等學校以上男女同學我是根本贊成凡男子所學的各種學科女子都有機會自由選擇着學我也認爲必要但我覺得有一個問題應該十分注意什麽問題呢是教育和職業的關係教育是教人生活的生活是要靠職業的受完了某種程度的教育立刻可以得着程度相當的職業而且得着之後能彀勝任愉快這種教育纔算有效用從前把女子當作男子附屬品當然不發生職業問題往後却不同了女子是要以一個人的資格經營他自主的生活各人都要預備一套看家本領來做職業的基礎往後女子和男子在職業上爲不斷的激烈競爭怕是萬萬無可逃避的所以提倡女子教育總要找出幾種學問可以作爲女子高等職業之基本者格外施以訓練令將來男女競爭時女子有優勝的把握

男女的聰明才力不能認他有差等却不能不認他各有特長據多數學者所說女子的創造力不如男子男子的整理力不如女子這個原則我是承認的諸君別要誤會以爲說女子創造力比較差便是看輕了女子須知社會是要不斷的創造不斷的整理這兩種事業正如車的兩輪鳥的雙翼缺一不可斷不能說整理的功勞比創造的功勞有優劣之分教育的目的總要使受教育的人各盡其性發揮各人最優長的本能替社會做最有效率的事業就一個人而論無論爲男爲女都各有各的特長那是不消說得就男女兩性而論男性有男性的

特長。女性有女性的特長。教育家也不能輕輕看過。

女子將來基本的高等職業。應該利用他們整理力的特長去找出來。據我所見。有四種職業現在人才甚缺乏。前途開拓的餘地甚多。而確與女子特長相適應者。試舉如下。

第一、史學　據許多大學的統計。男女同班上課的史學班。總是女子成績比男子優些。問他理由。大概因爲史學含有整理舊案的性質太多。很麻煩的。男子不大有耐心去做。以中國國內這幾年的學風而論。各種學問都漸漸有專門家出來了。但史學方面仍舊很缺乏。外國留學生學歷史的。也聽不出有幾個。這也是男子不大喜歡史學的一種證據。史學爲很重要的一門學科。是人人共知的。內中尤以中小學敎育的需要爲尤甚。又以本國歷史的需要爲尤甚。倘若中小學裏頭沒有好好的國史敎育。國民性簡直不能養成。現在我們敎育界情形。說起來可憐。最感缺乏的就是國史敎習。我想這種責任。是要希望女子來擔負了。將來學校一日一日推廣。史學敎習的需要自然一日一日加增。女子高等敎育若能注重這一門。將來這種職業可以立於無競爭的地位。就令有競爭。男子怕也爭不過女子。中國歷史和其他一切文獻。好像原料極豐富的礦山。從前都是土法開採。今日若能用科學方法重新整理。便像機器採掘一樣。定能闢出種種新境界。而且對於全人類文化有很大的貢獻。諸君別要笑我『三句話離不了本行。』我自己素來嗜好史學。固然有些話像特別替他鼓吹。但以實際論這門學問的確是需要甚切。而專門人才最缺乏。我想將來這一片學界新殖民地。是要靠女子當哥侖布哩。

第二、會計學。　現代世界經濟大勢所趨。非用新式經營。一定站不住。這是稍有常識的人所能判斷。即以行政方面論。除非中國政治長此終古。倘使將來有革新之一日。一定要走法治那一條路。那麼這兩方面事務人才。

非經過一番新教育的訓練不可。現在中國這種人才也太缺乏了。近年來歐洲各公司各銀行乃至各官廳的職員大半採用女子。而且女子的成績平均在男子以上。內中會計一業尤見特長。將來中國有從事新建設的一日我覺得爲分勞互助起見。應該把這部分職業全部分或大部分讓給女子。這種希望將來能否實現。就要看目前女子教育方面的預備如何。

第三、圖書館管理學　近年來到處提倡自動的教育。算是我們教育前途最可慶幸的一種現象。自動研究離得了圖書館嗎。所以將來中國教育若長此終古。那便無話可說。如其不然。圖書館便要日日加增。或各學校中的設備。或都市公開用。那麼管理問題立刻就要發生了。管理圖書館是一種特別技能。非經過專門研究不可。現在歐美的大學多有這門專科。中國提倡這門學問。自然是目前切要之圖。我極盼望女子教育方面率先養成這種人才。因爲女子的精細和誠懇。都是管理圖書館最好的素地。女子在館管理。能令館中秩序格外整肅。能令閱覽者得精神上無形之涵養。所以我盼望這種職業全部分大部分由女子擔任。喜歡研究學問的人。自己選擇職業。我想比這個再好沒有了。古人說『擁書百城南面王』。在一個大圖書館裏頭一面替社會服務。一面能讀生平未見的書。日日和中外古今的大著作家做朋友。人生的樂事還有比他再大的嗎。我盼望多數女子從這方面圖自已的立身。並盼望主持女子教育的人。從這方面極力預備。女子對於這門學科。只要有相當的素養。這門職業。我信得過男子一定競爭不過女子。

第四、新聞學　報館事業。在現時的中國。可謂極幼稚。但將來的發達。是不可限量的，然而組織和編輯兩方面。都要經一番革命。專就編輯方面論。男子特長固然甚多。女子却也很不少。頭一件女子觀察社會事物有些地方比男子精細。第二件、女子無論對於何等事項。比較的不含黨派的色彩。持論易得公平。第三件、女子充當訪員。社會對於他們總該有相當的敬禮。在交際上先自占了便宜。用訪問方法去搜集資料。所得能彀格外豐富。所以女界裏頭若能養成多數新聞編輯家。將來和男子競爭這門職業。一定立於優勝的地位。而且於社會極有益。

我所舉這四門學科。性質好像不倫不類。但我的立論。是根據女子整理力特強這個前提。演繹出來。我以爲凡屬於發揮整理力的學科。都可以爲女子專業。這四件不過舉例罷了。至於各人個性不同。有許多發揮創造力的學科。女子也能成就。這是不消說的。這些都可以在男女同學的大學裏頭。聽女子自由選擇。但現在既然有專門替女子預備高等教育的機關。就不能不從普通男女兩性的特長上注意。認定幾門可以爲女子基本職業的學科。所以我提出這意見。供海內教育家參考。

美術與科學

四月十五日在北京美術學校講演

稍爲讀過西洋史的人。都知道現代西洋文化。是從文藝復興時代演進而來。現代文化根柢在那裏。不用我說。大家當然都知道是科學。然而文藝復興主要的任務和最大的貢獻。却是在美術。從表面看來。美術是情感的產物。科學是理性的產物。兩件事很像不相容。爲什麽這位暖和和的阿特先生會養出一位冷冰冰的賽因士兒子。其間因果關係。研究起來很有興味。

美術所以能產生科學全從『眞美合一』的觀念發生出來他們覺得眞卽是美又覺得眞纔是美所以求美先從求眞入手文藝復興的太祖高皇帝雷安那德達溫奇——就是畫最有名的耶穌晚餐圖那個人諒來諸君都知道了達溫奇有幾件故事很有趣而且有價値當時意大利某村鄉新發見得希臘人彫刻的一尊溫尼士女神裸體像舉國若狂的心醉其美不久被基督教徒說是魔鬼把他塗了臉鑿了眼睛斷了手脚丟在海裏去了達溫奇和他幾位同志悄悄的到處發掘又掘着第二尊有一晚他們關起大門在那裏賞玩他們的新發見品被基督教徒偵探着一大羣人聲勢洶洶的破門而入入進去看見達溫奇幹什麼呢他拿一根軟條的尺子在那裏量那石像的尺寸部位一雙眼對着那石像出神簡直像沒有看見衆人一般把衆人倒楞了當時在場的人有一位古典派美術家老輩梅爾拉不以達溫奇的舉動爲然告訴他道『美不是從計算產生出來的呀』達溫奇要理不理的許久才答道『不錯但我非知道我所要知的事情不肯干休』有一回傍晚時候天氣十分慘淡有一位年高望重的天主教神父當衆講演說『世界末日快到了基督立刻來審判我們了趕緊懺悔啊趕緊歸依啊』說得肉飛神動滿場聽衆受了激刺哭咧叫咧打噤咧磕頭咧鬧得一團糟達溫奇有位高足弟子也在場也被羣衆情感的浪捲去覺得自己跟着這位魔鬼先生學眞是罪人也叫起『耶穌救命』來猛回頭看見他先生却也在那邊在那邊幹什麼呢左手拿塊畫板右手拿管筆一雙眼釘在那位老而且醜的神父臉上正在畫他呢這兩件故事諸君聽着好頑麼諸君啊不要單作好頑看待須知這便是美術和科學交通的一條祕密隧道諸君以爲達溫奇光是一位美術家嗎不不他還是一位大科學家近代的生物學是他『篳路藍縷』的開闢出來倘若生物學家有道統圖要推他當先聖周公達爾文不過先師孔子罷了他又會

造飛機。又會造鐵甲車船。現有他自己給米蘭公爵的書信爲證。諸君啊。你想當美術家嗎。你想知道驚天動地的美術品怎樣出來嗎。請看達溫奇。

我說了半天。還沒有說到美術科學相溝通的本題。現在請亮開來說罷。密斯忒阿特密斯忒賽因士。他們哥兒倆有一位共同的娘娘。什麼名字叫做密斯士奈渣。翻成中國話叫做『自然夫人』。問美術的關鍵在那裏。限我只准拿一句話回答。我便毫不躊躇的答道『觀察自然』。問科學的關鍵在那裏。限我只准拿一句話回答我也毫不躊躇的答道。『觀察自然』。向來我們人類雖然和『自然』耳鬢廝磨。但總是『魚相忘於江湖』的樣子。一直到文藝復興以後。纔算把這位積年老夥計認識了。認識過後。便一口咬住不肯放鬆。硬要在他身上還出我們下半世的榮華快樂。哈哈。果然他老人家葫蘆裏法寶。被我們搜出來了。一件是美術。一件是科學認識自然。不是容易的事。第一件要你肯觀察。第二件還要你會觀察。粗心固然觀察不出。不能說子細便觀察得出。笨伯固然觀察不出。弄聰明有時越發觀察不出。觀察的條件。頭一樁是要對於所觀察的對象有十二分興味。用全副精神注在他上頭。像莊子講的承蜩丈人『雖天地之大。萬物之多。而惟吾蜩翼之知』。第二樁要取純客觀的態度。不許有絲毫主觀的僻見攙在裏頭。若有一點。所觀察的便會走了樣子了。達溫奇還有一幅名畫。叫做莫那利沙。莫那利沙就是達溫奇愛戀的美人。相傳畫那一點微笑。畫了四年。他自己說。雖然戀愛極熱。始終却是拿極冷酷的客觀態度去畫他。要而言之。熱心和冷腦相結合。是創造第一流藝術品的主要條件。換個方面看來。豈不又是科學成立的主要條件嗎。

眞正的藝術作品。最要緊的是描寫出事物的特性。然而特性各各不同。非經一番分析的觀察工夫。不可莫泊三的先生教他作文。叫他看十個車夫。做十篇文來寫他。每篇限一百字。晚餐圖裏頭的基督。何以確是基督。不是基督的門徒。十二門徒中何以彼得確是彼得。不是約翰。約翰確是約翰。不是猶大。猶大確是猶大。不是非賣主的餘人。這種本領。全在同中觀異。從尋常人不會注意的地方。找出各人情感的特色。這種分析精神不又是科學成立的主要成分嗎。

美術家的觀察不但以周徧精密的能事。最重要的是深刻。蘇東坡述文與可論畫竹的方法。說道。『畫竹必先得成竹於胸中。執筆熟視。乃見其所欲畫者。急起從之。振筆直遂。以追其所見。如兔起鶻落。少縱則逝矣』這幾句話。實能說出美術的祕鑰。美術家彫畫一種事物。總要在未動工以前。先把那件事物的整個實在完全攝取。一攫攫住他的生命。霎時間和我的生命併合為一。這種境界。很含有神祕性。雖然可以說是在理性範圍以外。然而非用銳入的觀察法一直透入深處。也斷斷不能得這種境界。這種銳入觀察法。也是促進科學的一種助力。

美術的任務。自然是在表情。但表情技能的應用。須有規律的組織。令各部分互相照應。相傳五代時蜀主孟昶。藏一幅吳道子畫鍾馗。左手捉一個鬼。用右手第二指挖那鬼的眼睛。孟昶拿來給當時大畫家黃筌看。說道若用拇指。似更有力。請黃筌改正他。黃筌把畫帶回家去。廢寢忘餐的看了幾日。到底另畫一本進呈。孟昶問他為什麼不改。黃筌答道。『道子所畫。一身氣力色貌。都在第二指。不在拇指。若把他改便不成一件東西了。我這別本。一身氣力却都在拇指』吳黃兩幅畫。可惜現在都失傳。不能拿來比勘。但黃筌這番話。真是精到之極。我們看歐洲的名畫名彫。也常常領略得一二。試想畫一個人。何以能全身氣力都趕到一個指頭上。何以內行的人。

一看便看得出來。那別部分的配置照應。當然有很嚴正的理法藏在裏頭。非有極明晰極緻密的科學頭腦。恐怕畫也畫不成。看也看不到。這又是美術和科學不能分離的證據。

現在國內有志學問的人。都知道科學之重要。不能不說是學界極好的新氣象。但還有一種誤解。應該匡正。一般人總以爲研究科學。必要先有一個極大的化驗室。各種儀器具備。纔能着手。化驗室儀器爲研究科學最利便的工具。自無待言。但以爲這種設備沒有完成以前。就絕對的不能研究科學。那可大錯了。須知儀器是科學的產物。科學不是儀器的產物。若說沒有儀器便沒有科學。試想歐洲沒有儀器以前。科學怎麼會跳出來。卽如達溫奇的時代。可有什麼儀器呀。何以他能成爲科學家不祧之祖。須知科學最大能事。不外善用你的五官和腦筋。五官腦筋。便是最複雜最靈妙的儀器。老實說一句。科學根本精神。全在養成觀察力。養成觀察力的法門。雖然很多。我想沒有比美術再直捷了。因爲美術家所以成功。全在觀察『自然之美』。怎樣纔能看得出自然之美。最要緊是觀察『自然之眞』。能觀察自然之眞。不惟美術出來。連科學也出來了。所以美術可以算得科學的金鑰匙。

我對於美術科學都是門外漢。論理很不該饒舌。但我從歷史上看來。覺得這兩樁事確有『相得益彰』的作用。貴校是唯一的國立美術學校。他的任務。不但在養成校內一時的美術人才。還要把美育的基礎。築造得鞏固。把美育的效率。發揮得加大。校中職教員學生諸君。旣負此絕大責任。那麼目前的修養。和將來的傳述。都要從遠者大者着想。我希望諸君常常提起精神。把自己的觀察力。養得十分緻密。十分猛利。十分深刻。並把自己體驗得來的觀察方法。傳與其人。令一般人都能領會。都能應用。孟子說『能與人規矩。不能使人巧』。遵用好的方法。能否便成一位大藝術家。這是屬於『巧』的方面。要看各人的天才。就美術教育的任務說。最要緊是給被教育的人一個『規矩』。像中國舊話說的『可以意會不可以言傳』。那麽任憑各人亂碰上去也罷了。何必立這學校。若是拿幾幅標本畫臨摹臨摹。便算畢業。那麽一個畫匠優爲之。又何必藉國家之力呢。我想國立美術學校的精神。旨趣。當然不是如此。是要替美術界開闢出一條可以人人共由之路。而且令美術和別的學問可以相溝通相濬發。我希望中國將來有『科學化的美術』。有『美術化的科學』。我這種希望的實現。就靠貴校諸君。

趣味教育與教育趣味

四月十日在直隸教育聯合研究會講演

一

假如有人問我。『你信仰的甚麽主義。』我便答道。『我信仰的是趣味主義。』有人問我。『你的人生觀拿什麽做根柢。』我便答道。『拿趣味做根柢。』我生平對於自己所做的事。總是做得津津有味。而且興會淋漓。什麽悲觀咧厭世咧這種字面。我所用的字典裏頭。可以說完全沒有。我所做的事。常常失敗——嚴格的可以說沒有一件不失敗——然而我總是一面失敗一面做。因爲我不但在成功裏頭感覺趣味。就在失敗裏頭也感覺趣味。我每天除了睡覺外。沒有一分鐘一秒鐘不是積極的活動。然而我絕不覺得疲倦。而且很少生病。因爲我每天的活動有趣得很。精神上的快樂。補得過物質上的消耗而有餘。

趣味的反面是乾癟是蕭索晉朝有位殷仲文晚年常鬱鬱不樂指着院子裏頭的大槐樹嘆氣說道『此樹婆娑生意盡矣』一棵新栽的樹欣欣向榮何等可愛到老了之後表面上雖然很婆娑骨子裏生意已盡算是這一期的生活完結了殷仲文這兩句話是用很好的文學技能表出那種頹唐落寞的情緒我以爲這種情緒是再壞沒有的了無論一個人或一個社會倘若被這種情緒侵入瀰漫這個人或這個社會算是完了再不會有長進何止沒長進什麼壞事都要從此產育出來總而言之趣味是活動的源泉趣味乾竭活動便跟着停止好像機器房裏沒有燃料發不出蒸汽來任憑你多大的機器總要停擺停擺過後機器還要生鏽產生許多毒害的物質哩人類若到把趣味喪失掉的時候老實說便是生活得不耐煩那人雖然勉強留在世間也不過行尸走肉倘若全個社會如此那社會便是癆病的社會早已被醫生宣告死刑

二

「趣味教育」這個名詞並不是我所創造近代歐美教育界早已通行了但他們還是拿趣味當手段我想進一步拿趣味當目的請簡單說一說我的意見

第一　趣味是生活的原動力趣味喪掉生活便成了無意義這是不錯但趣味的性質不見得都是好的譬如好嫖好賭何嘗不是趣味但從教育的眼光看來這種趣味的性質當然是不好所謂好不好並不必拿嚴酷的道德論做標準既已主張趣味便要求趣味的貫徹倘若以有趣始以沒趣終那麼趣味主義的精神算完全崩落了世說新語記一段故事『祖約性好錢阮孚性好屐世未判其得失有詣約見正料量財物客至屏當不盡

餘兩小籠。以著背後傾身障之。意未能平。詣孚。正見自蠟屐。因嘆曰。「未知一生當着幾緉屐。」意甚閑暢。於是優劣始分。』這段話很可以作爲選擇趣味的標準。凡一種趣味事項。倘或是要瞞人的。或是拿別人的苦痛換自己的快樂。或是快樂和煩惱相間相續的。這等統名爲下等趣味。嚴格說起來。他就根本不能做趣味的主體。因爲認這類事當趣味的人。常常遇着敗興。而且結果必至於俗語說的『沒興一齊來』而後已。所以我們講趣味主義的人。絕不承認此等爲趣味。人生在幼年青年期。趣味是最濃的。成天價亂碰亂迸。若不引他到高等趣味的路上。他們便非流入下等趣味不可。沒有受過教育的人。固然容易如此。教育教得不如法。學生在學校裏頭找不出趣味。然而他們的趣味是壓不住的。自然會從校課以外乃至校課反對的方向去找他的下等趣味。結果他們的趣味是不能貫徹的。整個變成沒趣的人生完事。我們主張趣味教育的人。是要趁兒童或青年趣味正濃而方向未決定的時候。給他們一種可以終身受用的趣味。這種教育辦得圓滿。能彀令全社會整個永久是有趣的。

第二　既然如此。那麼教育的方法。自然也跟着解決了。教育家無論多大能力。總不能把某種學問教通了學生。只能令受教的學生。當着某種學問的趣味。或者學生對於某種學問原有趣味。教育家把他加深加厚。所以教育事業。從積極方面說。全在喚起趣味。從消極方面說。要十分注意不可以摧殘趣味。摧殘趣味有幾條路頭。一件是注射式的教育。教師把課本裏頭東西叫學生強記。好像嚼飯給小孩子喫。那飯已經是一點兒滋味沒有了。還要叫他照樣的嚼幾口。仍舊吐出來看。那麼假令我是個小孩子。當然會認喫飯是一件苦不可言的事了。這種教育法。從前教八股完全是如此。現在學校裏形式雖變。精神却還是大同小異。這樣教下去。只怕永遠教不出人才來。第二件是課目太多。爲培養常識起見。學堂課目固然不能太少。爲恢復疲勞起見。每日的課目固然不能不參錯掉換。但這種理論只能爲程度的適用。若用得過分。毛病便會發生。趣味的性質。是越引越深。想引得深。總要時間和精力比較的集中纔可。若在一個時期內同時做十來種的功課。走馬看花。應接不暇。初時或者惹起多方面的趣味。結果任何方面的趣味都不能養成。那麼教育效率可以等於零。爲什麼呢。因爲受教育受了好些時。件件都是在大門口一望便了。完全和自己的生活不發生關係。這教育不是白費嗎。第三件是拿教育的事項當手段。從前我們學八股。大家有句通行話。說他是敲門磚。門敲開了。自然把磚也拋却。再不會有人和那塊磚頭發生起戀愛來。我們若是拿學問當作敲門磚看待。斷乎不能有深入而且持久的趣味。我們爲什麼學數學。因爲數學有趣。所以學數學。爲什麼學歷史。因爲歷史有趣。所以學歷史。爲什麼學畫畫學打毬。因爲畫畫有趣。打毬有趣。所以學畫畫學打毬。人生的狀態。本來是如此。教育的最大效能。也只是如此。各人選擇他趣味最濃的事項做職業。自然一切勞作。都是目的不是手段。越勞作越發有趣。反過來。若是學法政用來作做官的手段。官做不成怎麼樣呢。學經濟用來做發財的手段。財發不成怎麼樣呢。結果必至於把趣味完全送掉。所以教育家最要緊教學生知道是爲學問而學問。爲活動而活動。所有學問。所有活動。都是目的不是手段。學生能領會得這個見解。他的趣味。自然終身不衰了。

三

以上所說。是我主張趣味教育的要旨。既然如此。那麼在教育界立身的人。應該以教育爲唯一的趣味。更不消說了。一個人若是在教育上不感覺有趣味。我勸他立刻改行。何必在此受苦。既已打算拿教育做職業。便要認眞享樂。不幸負了這裏頭的妙味。

孟子說。『君子有三樂。而王天下不與存焉』。那第三種就是『得天下英才而教育之』。他的意思是說教育家比皇帝還要快樂。他這話絕不是替教育家吹空氣。實際情形確是如此。我常想我們對於自然界的趣味莫過於種花。自然界的美。像山水風月等等。雖然能移我情。但我和他沒有特殊密切的關係。他的美妙處。我有時便領略不出。我自己手種的花。他的生命和我的生命簡直併合爲一。所以我對着他有說不出來的無上妙味。凡人工所做的事。那失敗和成功的程度都不能預料。獨有種花。你只要用一分心力。自然有一分效果還你。而且效果是日日不同。一日比一日進步。教育事業正和種花一樣。教育者與被教育者的生命是併合爲一的。教育者所用的心力。眞是俗語說的『一分錢一分貨』。絲毫不會枉費。所以我們要選擇趣味最眞而最長的職業。再沒有別樣比得上教育。

現在的中國。政治方面。經濟方面。沒有那件說起來不令人頭痛。但回到我們教育的本行。便有一條光明大路。擺在我們前面。從前國家託命。靠一個皇帝。皇帝不行。就望太子。所以許多政論家——像賈長沙一流都最注重太子的教育。如今國家託命是在人民。現在的人民不行。就望將來的人民。現在學校裏的兒童青年個個都是「太子」。教育家便是「太子太傅」。據我看我們這一代的太子。眞是「富於春秋。典學光明」。這些當太傅的。只要「鞠躬盡瘁」。好生把他培養出來。不愁不眼見中興大業。所以別方面的趣味。或者難得保持。因爲到處挂着「此路不通」的牌子。容易把人的興頭打斷。教育家却全然不受這種限制。

教育家還有一種特別便宜的事因爲「教學相長」的關係教人和自己研究學問是分離不開的自己對於自己所好的學問能有機會終身研究是人生最快樂的事這種快樂也是絕對自由一點不受惡社會的限制做別的職業的人雖然未嘗不可以研究學問但學問總成了副業了從事教育職業的人一面教育一面學問兩件事完全打成一片所以別的職業是一重趣味教育家是兩重趣味

孔子屢屢說『學而不厭誨人不倦』他的門生讚美他說『正唯弟子不能及也』一個人誰也不學誰也不誨人所難者確在不厭不倦問他爲什麼能不厭不倦呢只是領略得個中趣味當然不能自已你想一面學一面誨人人也教得進步了自己所好的學問也進步了天下還有比他再快活的事嗎人生在世數十年終不能一刻不活動別的活動都不免常常陷在煩惱裏頭獨有好學和好誨人眞是可以無入而不自得若眞能在這裏得了趣味還會厭嗎還會倦嗎孔子又說『知之者不如好之者好之者不如樂之者』諸君都是在教育界立身的人我希望更從教育的可好可樂之點切實體驗那麼不惟諸君本身得無限受用我們全教育界也增加許多活氣了

評非宗教同盟

四月十六日爲哲學社公開講演

一

一月以來因基督教同盟在北京開會的反動引起非宗教同盟的運動我認爲是一種好氣象爲甚麼說他好

呢。凡向來不成問題的事情。忽然成了問題。是國民思想活躍的表徵。所以好。一個問題到跟前。便有一部分人打着鮮明旗幟潑剌剌的運動。是國民氣力昂進的表徵。所以好。要而言之。凡一切有主張的公開運動。無論他所主張和我相同或相反。我總認他的本質是好。

凡從事於公開運動的人。有一個原則必要遵守。那原則是『一面堅持自己的主張。不肯拋棄。一面容許旁面或對面有別的主張。不肯壓迫。』爲什麼必須如此。因爲凡一個問題。總有多方面。又正惟有多方面纔成問題。我從這方面看。有這樣的主張。你從那方面看。有那樣的主張。於是乎問題成立。若只許有甲方面的主張。不許有乙丙丁等方面的主張。那麼結果還是『不成問題』四個大字完事。德謨克拉西精神。存在與不存在。所爭就在這一點。我想非宗教運動從怎麼起呢。爲的是現在所謂『教會的宗教』只許有片面的主張。在他主張範圍內。總是擺出那副『不成問題』的面孔來。所以要『非』他。那麼。主張非宗教的人。自然和他相反。必定要連那『非非宗教』乃至『非非非宗教』的各種主張。都一視同仁的拿研究問題的態度歡迎他。那精神纔算貫徹。我承認國中加入非宗教運動的人。都應該有這種精神。在這個前提底下。很願意提出我的主張。對他們作一回『問題的』討論。

二

對於『非宗教』的問題表示贊否以前。有一個最要緊的先決問題。『宗教是什麼。』這個問題。古今學者所下的定義。不知多少。我不是宗教學專門家。沒有批評他們的學力。更不敢說我所下的定義一定對。依我所見到的．只能說．

『宗教是各個人信仰的對象』

這句話很籠統．要稍爲下一番解釋．

(一)對象　對象有種種色色．或人．或非人．或超人．或主義．或事情．只要爲某人信仰所寄．便是某人的信仰對象．

(二)信仰　信仰有兩種特徵．第一、信仰是情感的產物．不是理性的產物．第二、信仰是目的．不是手段．只有爲信仰犧牲別的．斷不肯爲別的犧牲信仰．

(三)各個人　信仰是一個一個人不同的．雖夫婦父子之間．也不能相喻．因爲不能相喻．所以不能相強．

照這樣解釋．我所認的宗教範圍．大略可見了．總而言之．從最下等的崇拜無生物崇拜動物起．直登最高等的如一神論無神論．都是宗教．他們信仰的對象．或屬『非人』如蛇如火如生殖器等等．或屬『超人』如上帝天堂淨土等等．或屬『人』如呂祖關公摩訶末耶穌基督釋迦牟尼等．不惟如此．凡對於一種主義有絕對信仰．那主義便成了這個人的宗教．例如現在歐洲信奉馬克思主義的人．我們可以叫他做『馬克思教徒』．前清末年信奉排滿主義的人．我們可以叫他做『排滿教徒』．因爲他們的對於這個主義的精神作用和一般教徒對於所信的教無二無別．不惟如此．凡對於一件事情有絕對信仰．那事情便成了這個人的宗教．例如趙氏遺孤可以說是程嬰杵臼的信仰對象．睢陽城可以說是張巡許遠的信仰對象．因爲他們對於這件事情的精神作用．和一般教徒對於所信的教無二無別．不惟如此．任憑一個人都可以做別人的信仰對象．例如海島五百人拿田橫做他們的信仰對象，朱祖文顏佩韋等拿周順昌做他們的信仰對象，乃至老親是孝子的信仰對象，弱子是慈母的信仰對象，情郎是淑女的信仰對象，因爲他們對於這個人的精神作用，和一般敎徒對於所信的敎無二無別。

說到這裏，還是把信仰的特徵，鄭重聲明一下。我剛纔說過，『信仰是目的，不是手段。』倘若有人利用一種信仰的招牌來達他別種目的，我們不能承認這個人有信仰。例如羅馬城外土窟裏頭許多被煙薰死的基督敎徒，我們認他對於基督敎有信仰，彼得寺裏頭許多窮侈極麗的敎皇墳，那墳中人我們絕對的不承認他對於基督敎有信仰，因爲他們完全是靠基督的肉做麵包，靠基督的血做紅酒，和這個同類的，像滿街的和尚，我們不承認他對於佛敎有信仰，喫孔敎會飯的人，我們不承認他對於孔子有信仰，天天上呂祖濟公乩壇求什麼妻財子祿的人，我們姑且不必問他們的信仰對象爲高爲下，根本就不能承認他們是有信仰，亦如靠幾句剩餘價值論當口頭禪出鋒頭的人，我們不能認他對於馬克思有信仰，蕩婦和狎客山盟海誓，我們不能認他們相互間有信仰。我所謂宗敎，是要把一類『非信仰的』淘汰去了，赤裸裸的來研究信仰的本質。

三

我在這種宗敎定義底下，要試一試研究宗敎這樣東西到底是好是壞，非宗敎的生活，到底可能不可能。

宗敎這樣東西，完全是情感的，情感這樣東西，含有祕密性，想要用理性來解剖他，是不可能的，凡有信仰的人，對於他所信仰的事，總含有幾分獃氣，自己已經是不知其然而然，旁人越發莫名其妙，你要把他的信仰對象，和他條分縷晰的說『這裏不對那裏不對』除非他已經把他信仰拋棄不然任憑你說到脣焦舌敝也是無用因爲只有情感能變易情感理性絕對的不能變易情感俗語說的『情人眼裏出西施』譬如有個男子愛戀一個醜女子你和他用理性來解剖說『如何如何纔算得美人的標準你所愛戀的人如何如何的不對』這種話說一萬徧也無用因爲他和你不同一個世界你拿萬人一律的眼睛歸納得一個客觀上萬人一律的美人標準他的眼睛却是排行在第一萬零一你歸納出來的標準他完全不適用凡帶有宗教性的人帶有宗教性的事多半如此從科學的眼光看來這些人很是可憐客觀的事理明明是如此爲什麼經過你的主觀就會變了樣你這個人不是發狂一定是有病不惟可憐而且危險而且有害分明用數學算得出用幾何畫得出用玻璃瓶化驗得出的事理你却不懂你却憑你那盲目的情感橫衝直撞倘若個個人都如此這世界如何是了從這方面看來可以說宗教是一件極幼稚極野蠻極不合理極妨害進步極破壞規律的東西我們應該極力撲滅他

從別方面看來却完全不是恁麼一回事宇宙間是否有絕對的眞理我們越發研究越發懷疑即如方纔所說萬人一律的美人標準偏有第一萬零一個人不肯承認何以見得那一萬個人一定是這一個人一定非你說人類要做合理的生活我就要先問你什麼才算合理『理』是那一門的學者所能包辦你說憑效率來判斷我就先要問量效率的尺在那裏從什麼地方產出老實說人生不是這樣呆板的人生不過無量數的個人各各從其所好行其所安在那裏動所好所安就是各個人從感情發出來的信仰各人的所好所安誰合理誰不合理那樣有效率那樣沒有效率絕不是拿算學的式物理學的眼光所能判斷周順昌算得一個多大人物朱

祖文拿他一期的生活都送給他值得嗎。依我個人看。很值得。而且很是明朝人的光彩。屈原這個人眞獃極了。楚懷王不信你的話。有什麼要緊。就氣成那個樣子。自己去尋死。須知世界上不是這種獃子。再不會創造出離騷九歌九章這等好文學來。保羅倒釘十字架。有什麼益處。還不是替後來的基督教徒做幌子。令他們多賣幾張贖罪券。但倘若沒有保羅這一班人。一部西洋中世史可都冷落了。盧騷的民約論。馬克思的價值論。後人批評指摘出他們的缺點。不知多少。倘若歐洲人個個都有這種圓滿細密的批評頭腦。那麼人權宣言。勞農政府。永世不會出現了。孔子說顏回。『一簞食一瓢飲在陋巷。人不堪其憂。回也不改其樂。』從一般不堪其憂的『人』看來。這還有什麼可樂。何不和那『富於周公』的季氏。主張物質上享用均等。然而非這樣便不成其爲顏回了。須知理性是一件事。情感又是一件事。理性只能叫人知道某件事該做某件事該怎樣做法。却不能叫人去做事。能叫人去做事的。只有情感。我們既承認世界事要人去做。就不能不對於情感這樣東西十分尊重。既已尊重情感嗎。老實不客氣。情感結晶便是宗教化。一個人做按步就班的事。或是一件事已經做下去的時候。其間固然容得許多理性作用。若是發心着手做一件頂天立地的大事業。那時候。情感便是威德巍巍的一位皇帝。理性完全立在臣僕的地位。情感燒到白熱度。事業纔會做出來。那時候若用邏輯方法。多歸納幾下。多演繹幾下。那麼。只好不做罷了。人類所以進化。就只靠這種白熱度情感發生出來的事業。這種白熱度情感。吾無以名之。名之曰宗教。

有人說。『宗教的起源。因爲人類承認自己脆弱。因爲恐怖時候用來做倚靠。絕望時候用來做安慰。』我想。下等宗教或者是如此。高等宗教決不是如此。受用宗教的人或者是如此。宗教的本質決不是如此。這類完全是從消極方面看宗教，宗教的作用，却完全是積極的不是消極的，說到這裏，可以提出我對於『非宗教』贊否的結論了，我對於那些靠基督肉當麪包靠基督血當紅酒的人，對於那些靠釋迦牟尼化緣的人，對於那些吃孔教會飯的人，對於那些膜拜呂祖濟顚的人，都深惡痛絕，從這方面看來，也可以說我是個非宗教者，雖然，我本來不承認那些鬼頭鬼腦的行動是宗教行動，我只認他們是宗教的蟊賊，我在我所下的宗教定義之下，認宗教是神聖，認宗教爲人類社會有益且必要的物事，所以我自己徹頭徹尾承認自己是個非非宗教者。

四

我是個非非宗教者，然而對於非宗教的運動，却表十分敬意，爲什麼呢，因爲非宗教運動，便是宗教，我剛纔說信仰對象的時候，認主義爲信仰對象之一種，『非宗教』是個主義，在這個主義旗幟底下開始運動，是表明他們對於這個主義信仰到白熱度，他那精神作用，和我所謂宗教無二無別，我既已認宗教是神聖，所以對於這種『非宗教的宗教』，當然也認他是神聖。

然則這回我們國裏頭的非宗教大同盟怎麼樣呢，我對於這件事，現時還不敢下判斷，但我可以先懸一個判斷的標準，他果然是個『非宗教的宗教』，我便敬重他，他若不是個『非宗教的宗教』，我便不敬重他，兩種的分別在那裏呢，假如他們並不是拿非宗教主義做目的，乃是拿來做達別的目的的一種手段，就不是『非宗教的宗教』，假如他們並未嘗對於這主義有什麼熱烈的信仰，不過趁熱鬧隨聲附和一回，越發不是『非宗教的宗教。』我希望這回主持非宗教運動的人。不是如此。

有幾句枝葉的話。我還要說說。我覺得這回各處非宗教同盟團體發出來的電報。那態度有點不對。爲的是客氣太勝。把懇切嚴正的精神倒反掩沒了。我以爲許多『滅此朝食』『剗除惡魔』一類話。無益於事實。徒暴露國民虛憍的弱點。失天下人的同情。至於對於那些主張信教自由的人加以嚴酷的責備。越發可以不必了。

我希望非宗教運動諸君。對於這兩點有一番切實的反省。

我轉個方面向基督敎徒說幾句話。我希望他們因這次運動喚起一種反省。他們在中國辦敎育事業。我是很感激的。但要尊重各個人的信仰神聖。切不可拿信不信基督敎來做善惡的標準。他們若打算替人類社會敎育一部分人。我認他們爲神聖的宗敎運動。若打算替自己所屬的敎會造就些徒子徒孫。我說他先自汚衊了宗敎兩個字。

我最後還對於非宗敎同盟會中人有一種積極的要求。而且這種要求。是我們都該分擔責任的。現在瀰漫國中的下等宗敎——就是我方纔說的拿信仰做手段的邪敎。什麼同善社咧悟善社咧五敎道院咧……實在猖獗得很。他的勢力比基督敎不知大幾十培。他的毒害。是經過各個家庭。侵蝕到全國兒童的神聖情感。我們全國多數人在這種信仰狀態底下。實在沒有顏面和基督敎徒爭是非。我希望持非宗敎主義的人。急其所急。先從這方面下一番討伐的苦功。庶幾不至貽基督敎徒以口實啊。

要而言之。信仰是神聖。信仰在一個人爲一個人的元氣。在一個社會爲一個社會的元氣。中國人現在最大的病根。就是沒有信仰。因爲沒有信仰——或者假借信仰來做手段。所以復辟派首領打復辟派的首領。洪憲派首領革命派首領匪首領可以聚攏在一起幹事所以和尚廟裏頭會供關帝供財神呂祖濟公的乩壇日日有釋迦牟尼耶穌基督來降乩說法像這樣的國民說可以在世界上站得住我實在不能不懷疑我說現在想給我們國民一種防腐劑最要緊是確立信仰信仰怎麼樣才能確立呢我再覆述前頭一句話『只有情感能變易情感理性絕對的不能變易情感』

中國地理沿革圖序

讀史不明地理則空間觀念不確定譬諸築室而拔其礎也鄭夾漈病之故以圖譜廁二十略之一刻意締搆惜未覩其成清儒治樸學頗肆力及此若德清胡氏之於禹貢番禺陳氏之於西域皆以圖附考斐然可觀然所治者廑部分而已晚清宜都楊氏始有歷代地理沿革圖之作上下古今斷代設治洵吾學界一盛業也惜純用舊法山脈河流不便追尋又割棄裝訂極難檢閱其位置考證錯舛之處亦復不少夫作始本難而技術復爲時代所限不足爲昔人病也獨惜楊氏以後迄無繼起斯眞士大夫之羞也已藤縣蘇子以其極縝密之學力極穠郁之興味極忠實强毅之責任心竭十年之力累易其稿製成斯圖夾漈宜都有知可以瞑矣抑吾更欲有所要於蘇子者圖與表之相依若輔車也淸代官私著述之地理沿革表雖數家然各有闕失俱不便檢閱以蘇子之學力儻能踵斯圖之後更用今代體例著一極浩博極翔實之地理辭典則所以餉遺吾儕者云胡可量蘇子如有志也則吾更願有所貢於蘇子吾恨迄今未識蘇子吾樂贊此序以友蘇子

民國十一年四月二十日梁啓超

中學國史教本改造案並目錄

國史爲中學主要科目。然現行之教科書及教授法。實不能與教育目的相應。今舉其缺點之最著者如下。

一　現行教科書全屬政治史性質。其實政治史不能賅歷史之全部。

二　舊式的政治史專注重朝代興亡及戰爭。並政治趨勢之變遷亦不能說明。

三　關於社會及文化事項。雖於每朝代之後間有敍述。然太簡略。且不聯貫。

因此缺點。其所生惡影響如下。

一　學生受國史教育完了之後。於先民之作業全不能得明確的印象。則對於祖國不能發生深厚的情愛。

二　所教授之史蹟與現代生活隔離太遠。致學生將學問與生活打成兩橛。

三　以數千年絕少變化之政治現象。其中且充滿以機詐黑闇。學生學之。徒增長保守性。或其他惡德。與民治主義之教育適相背馳。

四　坐此諸因。令學生對於國史一科。不惟不能發生興味。而且有厭惡之傾嚮。

今爲矯正固有缺點。順應時代新要求起見。提出本案。其主要之點有二。

第一　以文化史代政治史。

第二　以縱斷史代橫斷史。

歷史本爲整個的。強分時代。——如西洋舊史之分上古中世近世等。已屬無理。若如中國舊史以一姓興亡斷代爲書則無理更甚。今將全史縱斷爲六部。1年代。2地理。3民族。4政治。5社會及經濟。6文化。雖謂爲六部專門史亦可。但於各門皆爲極簡單之敍述。且相互間有嚴密之組織。則合之成一普通史耳。

年代之部。現行教科書中所述朝代興亡事項全納其中。而所占篇幅不及全部二十分之一。吾以爲即此已足。蓋一姓之篡奪興仆。以今世史眼觀之。殆可謂全無關係。不過借作標識定時間經過之位置而已。

中國幅員如此其廣。各地開化先後不同。有相距至千數百年者。舊史純以帝王宅都之地爲中心。致各地方發展之蹟散而難稽。欲使學生了解整個的中國。非以分區敍述爲基礎不可。今列地理一部。占全篇幅百分之十五。專從歷史上記述各地開展之次第。此案采行之後。本國地理教科書可以節省一大部分。亦令學生對於極乾燥之地理一門加增趣味。

民族之部。專記述中華民族之成立及擴大。其異族之侵入及同化。實即本族擴大之一階段也。故應稍爲詳敍。而彼我交涉之蹟。亦即形成政治史中一重要部分。

政治之部。對於一時君相之功業及罪惡皆從略。專紀政制變遷之各大節目。令學生於二千年政象得抽象的概念。

社會及經濟與文化之兩部。現行教科書中大率在每朝代之後簡單略敍。視爲附庸。實則此爲歷史之主要部分。且不容以時代割裂。故各獨立爲兩部。其篇幅占全書之半。內容且如目錄所列。

全書略定爲二百課。內外將來三三制實行後。擬以前三年教授完畢。後三年即不復授此科。其更進之研究。則委諸大學之史學系。

本案若承採擇。謂宜由本社試編一教本。俟海內教育家實驗是正之。

（附）中學國史教本目錄

第三部　民族

第三十九課　現在中華民國國籍所包含之諸民族
第四十課　中華民族之成分
第四十一課　其二
第四十二課　其三
第四十三課　苗蠻族同化之次第
第四十四課　苗蠻族與南詔大理
第四十五課　氐羌族之部分同化
第四十六課　氐羌族與月氏
第四十七課　氐羌族與西夏
第四十八課　氐羌族與吐蕃＝西藏
第四十九課　土耳其族概説
第五十課　匈奴與中國關係
第五十一課　附匈奴與世界關係
第五十二課　突厥與中國關係
第五十三課　其他之土耳其族與中國關係
第五十四課　東胡族概説
第五十五課　鮮卑與中國關係
第五十六課　契丹與中國關係
第五十七課　女眞（金，清）與中國關係
第五十八課　蒙古與中國關係
第五十九課　附蒙古與世界關係
第六十課　中華民族擴大强固之原因

第四部　政治

第一九〇課　歷代教育事業
第一九一課　其二
第一九二課　現代之教育界及學術界

情聖杜甫

五月二十一日爲詩學研究會講演

一

今日承詩學研究會囑託講演。可惜我文學素養很淺薄。不能有甚麼新貢獻。只好把偺們家裏老古董搬出來和諸君摩挲一番。題目是『情聖杜甫』。在講演本題以前。有兩段話應該簡單說明。

第一　新事物固然可愛。老古董也不可輕輕抹煞。內中藝術的古董。尤爲有特殊價值。因爲藝術是情感的表現。情感是不受進化法則支配的。不能說現代人的情感一定比古人優美。所以不能說現代人的藝術一定比古人進步。

第二　用文字表出來的藝術——如詩詞歌劇小說等類。多少總含有幾分國民的性質。因爲現在人類語言未能統一。無論何國的作家。總須用本國語言文字做工具。這副工具操練得不純熟。縱然有很豐富高妙的思想。也不能成爲藝術的表現。

我根據這兩種理由。希望現代研究文學的青年。對於本國二千年來的名家作品。着實費一番工夫去賞會他。

那麼．杜工部自然是首屈一指的人物了．

二

杜工部被後人上他徽號叫做『詩聖』．詩怎麼樣纔算『聖』．標準很難確定．我們也不必輕輕附和．我以爲工部最少可以當得起情聖的徽號．因爲他的情感的內容是極豐富的．極眞實的．極深刻的．他表情的方法又極熟練．能鞭辟到最深處．能將他全部完全反映．不走樣子．能像電氣一般一振一盪的打到別人的心絃上．中國文學界寫情聖手．沒有人比得上他．所以我叫他做情聖．

我們研究杜工部．先要把他所生的時代和他一生經歷略敍梗概．看出他整個的人格．兩晉六朝幾百年間．可以說是中國民族混成時代．中原被異族侵入．攙雜許多新民族的血．江南則因中原舊家次第遷渡．把原住民的文化提高了．當時文藝上南北派的痕跡顯然．北派直率悲壯．南派整齊柔婉．在古樂府裏頭．最可以看出這分野．唐朝民族化合作用．經過完成了．政治上統一．影響及於文藝．自然會把兩派特性合冶一爐．形成大民族的新美．初唐是黎明時代．盛唐正是成熟時代．內中玄宗開元間四十年太平．正孕育出中國藝術史上黃金時代．到天寶之亂．黃金忽變爲黑灰．時事變遷之劇．未有其比．當時蘊蓄深厚的文學界．受了這種激刺．益發波瀾壯闊．杜工部正是這個時代的驕兒．他是河南人．生當玄宗開元之初．早年漫遊四方．大河以北都有他足跡．同時大文學家李太白高達夫都是他的摯友．中年值安祿山之亂．從賊中逃出．跑到甘肅的靈武謁見肅宗．補了個『拾遺』的官．不久告假回家．又碰着飢荒．在陝西的同谷縣幾乎餓死．後來流落到四川．依一位故人嚴武．

嚴武死後四川又亂他避難到湖南在路上死了他有兩位兄弟一位妹子都因亂離難得見面他和他的夫人也常常隔離他一個小兒子因飢荒餓死兩個大兒子晚年跟着他在四川他一生簡單的經歷大略如此

他是一位極熱腸的人又是一位極有脾氣的人從小便心高氣傲不肯趨承人他的詩道

『以茲悟生理獨恥事干謁』（奉先詠懷）

又說

『白鷗沒浩蕩萬里誰能馴』（贈韋左丞）

可以見他的氣概嚴武做四川節度他當無家可歸的時候去投奔他然而一點不肯趨承將就相傳有好幾回沖撞嚴武幾乎嚴武容他不下哩他集中有一首詩可以當他人格的象徵

『絕代有佳人幽居在空谷自言良家子零落依草木……在山泉水淸出山泉水濁侍婢賣珠回牽蘿補茆屋摘花不插鬢采柏動盈掬天寒翠袖薄日暮倚修竹』（佳人）

這位佳人身分是非常名貴的境遇是非常可憐的情緒是非常溫厚的性格是非常高抗的這便是他本人自己的寫照

三

他是個富於同情心的人他有兩句詩

『窮年憂黎元歎息腸內熱』（奉先詠懷）

這不是瞎吹的話。在他的作品中到處可以證明。這首詩底下便有兩段說。

『彤庭所分帛本自寒女出。鞭撻其夫家聚斂貢城闕。』（同上）

又說。

『況聞內金盤盡在衞霍室。中堂舞神仙煙霧散玉質。煖客貂鼠裘悲管逐清瑟。勸客駝蹄羹霜橙壓香橘。朱門酒肉臭路有凍死骨。……』（同上）

這種詩幾乎純是現代社會黨的口吻。他做這詩的時候。正是唐朝黃金時代。全國人正在被鏡裏霧裏的太平景象醉倒了。這種景象映到他的眼中。却有無限悲哀。

他的眼光。常常注視到社會最下層。這一層的可憐人那些狀況。別人看不出。他都看出。他們的情緒。別人傳不出。他都傳出。他著名的作品三吏三別。便是那時代社會狀況最眞實的影戲片。垂老別的

『老妻臥路啼。歲暮衣裳單。孰知是死別。且復傷其寒。此去必不歸。還聞勸加餐。』

新安吏的

『肥男有母送。瘦男獨伶俜。白水暮東流。青山猶哭聲。莫自使眼枯。收汝淚縱橫。眼枯卽見骨。天地終無情。』

石壕吏的。

『三男鄴城戍。一男附書至。二男新戰死。存者且偸生。死者長已矣。』

這些詩是要作者的精神和那所寫之人的精神併合爲一。纔能做出。他所寫的是否他親聞親見的事實。抑或

他腦中創造的影像。且不管他。總之他做這首垂老別時。他已經化身做那位六七十歲拖去當兵的老頭子。做這首石壕吏時他已經化身做那位兒女死絕衣食不給的老太婆。所以他說的話完全和他們自己說一樣。
他還有戲呈吳郎一首七律。那上半首是。
『堂前撲棗任西鄰。無食無兒一婦人。不爲家貧寧有此。只緣恐懼轉須親。……』
這首詩。以詩論並沒什麼好處。但敍當時一件瑣碎實事。——一位很可憐的鄰舍婦人偷他的棗子喫。因那人的惶恐。把作者的同情心引起了。這也是他注意下層社會的證據。
有一首縛雞行。表出他對於生物的汎愛。而且很含些哲理。
『小奴縛雞向市賣。雞被縛急相喧爭。家人厭雞食蟲蟻。未知雞賣還遭烹。蟲雞於人何厚薄。吾叱奴人解其縛。雞蟲得失無時了。注目寒江倚山閣。』
有一首茅屋爲秋風所破歌。結尾幾句說道。
『……安得廣廈千萬間。大庇天下寒士俱歡顏。風雨不動安如山。嗚呼。何時眼前突兀見此屋。吾廬獨破被凍死亦足。』
有人批評他是名士說大話。但據我看來。此老確有這種胸襟。因爲他對於下層社會的痛苦看得眞切。所以常把他們的痛苦當作自己的痛苦。

四

他對於一般人如此多情。對於自己有關係的人更不待說了。我們試看他對朋友。那位因陷賊貶做台州司戶的鄭虔。他有詩送他道。

『……便與先生應永訣。九重泉路盡交期。』

又有詩懷他道。

『天台隔三江。風浪無晨暮。鄭公縱得歸。老病不識路。……』（有懷台州鄭十八司戶）

那位因附永王璘造反長流夜郎的李白。他有詩夢他道。

『死別已吞聲。生別常惻惻。江南瘴癘地。逐客無消息。故人入我夢。明我長相憶。恐非平生魂。路遠不可測。魂來楓林青。魂返關塞黑。君今在羅網。何以有羽翼。落月滿屋梁。猶疑照顏色。水深波浪闊。毋使蛟龍得。』

（夢李白二首之一）

這些詩不是尋常應酬話。他實在拿鄭李等人當一個朋友。對於他們的境遇。所感痛苦和自己親受一樣。所以做出來的詩句句都帶血帶淚。

他集中想念他兄弟和妹子的詩。前後有二十來首。處處至性流露。最沈痛的如同谷七歌中。

『有弟有弟在遠方。三人各瘦何人強。生別展轉不相見。胡塵暗天道路長。前飛駕鵝後鶖鶬。安得送我置汝旁。嗚呼三歌兮歌三發。汝歸何處收兄骨。』

『有妹有妹在鍾離。良人早沒諸孤癡。長淮浪高蛟龍怒。十年不見來何時。扁舟欲往箭滿眼。杳杳南國多旌旗。嗚呼四歌兮歌四奏。林猨爲我啼清晝。』

他自己直系的小家庭，光景是很困苦的，愛情却是很穠摯的，他早年有一首思家詩

『今夜鄜州月，閨中只獨看，遙憐小兒女，未解憶長安，香霧雲鬟溼，清輝玉臂寒，何時倚虛幌，雙照淚痕乾。』（月夜）

這種緣情旖旎之作，在集中很少見，但這一首已可證明工部是一位溫柔細膩的人，他到中年以後，遭值多難，家屬離合，經過不少的酸苦，亂前他回家一次，小的兒子餓死了，他的詩道

『……老妻寄異縣，十口隔風雪，誰能久不顧，庶往共飢渴，入門聞號咷，幼子餓已卒，吾寧舍一哀，里巷亦嗚咽，所媿爲人父，無食致夭折……』（奉先詠懷）

亂後和家族隔絕，有一首詩，

『去年潼關破，妻子隔絕久，……自寄一封書，今已十月後，反畏消息來，寸心亦何有，……』（述懷）

其後從賊中逃歸，得和家族團聚，他有好幾首詩，寫那時候的光景，羌村三首中的第一首，

『崢嶸赤雲西，日脚下平地，柴門鳥雀噪，歸客千里至，妻孥怪我在，驚定還拭淚，世亂遭飄蕩，生還偶然遂，鄰人滿牆頭，感歎亦欷歔，夜闌更秉燭，相對如夢寐。』

北征裏頭的一段，

『況我墮胡塵，及歸盡華髮，經年至茅屋，妻子衣百結，慟哭松聲迴，悲泉共鳴咽，平生所嬌兒，顏色白勝雪，見耶背面啼，垢膩脚不襪，牀前兩小女，補綻纔過膝，海圖坼波濤，舊繡移曲折，天吳及紫鳳，顛倒在裋褐，老夫情懷惡，嘔咽臥數日，那無囊中帛，救汝寒凛慄，粉黛亦解苞，衾裯稍羅列，瘦妻面復光，癡女頭自櫛，學母

無不爲曉妝隨手抹移時施朱鉛狼藉畫眉闊生還對童穉似欲忘飢渴問事競挽鬚誰能卽嗔喝翻思在賊愁甘受雜亂聒』

其後挈眷避亂路上很苦他有詩追敍那時情況道

『憶昔避賊初北走經險艱夜深彭衙道月照白水山盡室久徒步逢人多厚顏……癡女飢齩我啼畏虎狼聞懷中掩其口反側聲愈嗔小兒強解事故索苦李餐一旬半雷雨泥濘相牽攀……』（彭衙行）

他合家避亂到同谷縣山中又遇着飢荒靠草根木皮活命在他困苦的全生涯中當以這時候爲最甚他的詩說

『長鑱長鑱白木柄我生託子以爲命黃獨無苗山雪盛短衣數挽不掩脛此時與子空歸來男呻女吟四壁靜……』（同谷七歌之二）

以上所舉各詩寫他自己家庭狀況我替他起個名字叫做『半寫實派』他處處把自己主觀的情感暴露原不算寫實派的作法但如羌村北征等篇多用第三者客觀的資格描寫所觀察得來的環境和別人情感從極瑣碎的斷片詳密刻畫確是近世寫實派用的方法所以可叫做半寫實這種作法在中國文學界上雖不敢說是杜工部首創却可以說是杜工部用得最多而最妙從前古樂府裏頭雖然有些但不如工部之描寫入微這類詩的好處在眞事愈寫得詳眞情愈發得透我們熟讀他可以理會得『眞卽是美』的道理

五

杜工部的『忠君愛國』。前人恭維他的很多。不用我再添話。他集中對於時事痛哭流涕的作品。差不多占四分之一。若把他分類研究起來。不惟在文學上有價值。而且在史料上有絕大價值。爲時間所限。恕我不徵引了。內中價值最大者。在能確實描寫出社會狀況。及能確實謳吟出時代心理。剛纔舉出半寫實派的幾首詩。是集中最通用的作法。此外還有許多是純寫實的。試舉他幾首。

『獻凱日繼踵。兩蕃靜無虞。漁陽豪俠地。擊鼓吹笙竽。雲帆轉遼海。粳稻來東吳。越裳與楚練。照耀輿臺軀。主將位益崇。氣驕凌上都。邊人不敢議。議者死路衢。』（後出塞五首之四）

讀這些詩。令人立刻聯想到現在軍閥的豪奢專橫——尤其逼肖奉直戰爭前張作霖的狀況。最妙處是不著一個字批評。但把客觀事實直寫。自然會令讀者嘆氣或瞪眼。又如麗人行那首七古。全首將近二百字的長篇。完全立在第三者地位觀察事實。從『三月三日天氣新。』到『青鳥飛去啣紅巾。』占全首二十六句中之二十四句。只是極力鋪敍那種豪奢熱鬧情狀。不惟字面上沒有譏刺痕跡。連骨子裏頭也沒有。直至結尾兩句。

『炙手可熱勢絕倫。愼莫近前丞相嗔。』

算是把主意一逗。但依然不著議論。完全讓讀者自去批評。這種可以說諷刺文學中之最高技術。因爲人類對於某種社會現象之批評。自有共同心理。作家只要把那現象寫得眞切。自然會使讀者心理起反應。若把讀者心中要說的話。作者先替他傾吐無餘。那便索然寡味了。杜工部這類詩。比白香山新樂府高一籌。所爭就在此。石壕吏垂老別諸篇。所用技術。都是此類。

工部的寫實詩。什有九屬於諷刺類。不獨工部爲然。近代歐洲寫實文學。那一家不是專寫社會黑闇方面呢。但杜集中用寫實法寫社會優美方面的亦不是沒有。如遭田父泥飲那篇。

『步屧隨春風。村村自花柳。田翁逼社日。邀我嘗春酒。酒酣誇新尹。畜眼未見有。回頭指大男。「渠是弓弩手。名在飛騎籍。長番歲時久。前日放營農。辛苦救衰朽。差科死則已。誓不舉家走。今年大作社。拾遺能住否。」叫婦開大缾。盆中爲吾取。……高聲索果栗。欲起時被肘。指揮過無禮。未覺村野醜。月出遮我留。仍嗔問升斗。』

這首詩把鄉下老百姓極粹美的眞性情。一齊活現。你看他父子夫婦間何等親熱。對於國家的義務心何等鄭重。對於社交何等爽快。何等懇切。我們若把這首詩當個畫題。可以把篇中各人的心理從面孔上傳出。便成了一幅絕好的風俗畫。我們須知道杜集中關於時事的詩。以這類爲最上乘。

六

工部寫情。能將許多性質不同的情緒。歸攏在一篇中。而得調和之美。例如北征篇。大體算是憂時之作。然而『青雲動高興。幽事亦可悅』以下一段。純是玩賞天然之美。『夜深經戰場。寒月照白骨』以下一段。憑弔往事。『況我墮胡塵』以下一大段。純寫家庭實況。忽然而悲。忽然而喜。『至尊尚蒙塵』以下一段。正面感慨時事。一面盼望內亂速平。一面又憂慮到憑藉回鶻外力的危險。『憶昨狼狽初』以下到篇末。把過去的事實。一齊湧到心上。像這許多雜亂情緒。迸在一篇。調和得恰可。非有絕大力量不能。

工部寫情。往往愈拶愈緊。愈轉愈深。像哀王孫那篇。幾乎一句一意。試將現行新符號去點讀他。差不多每句都須用「。」符或「；」符。他的情感。像一堆亂石。突兀在胸中。斷斷續續的吐出。從無條理中見條理。眞極文章之能事。

工部寫情。有時又淋漓盡致。一口氣說出。如八股家評語所謂「大開大合」。這種類不以曲折見長。然亦能極其美。集中模範的作品。如憶昔行第二首。從『憶昔開元全盛日』起。到『叔孫禮樂蕭何律』止。極力追述從前太平景象。從社會道德上讚美。令意義格外深厚。自『豈聞一縑直萬錢』到『復恐初從亂離說』。翻過來說現在亂離景象。兩兩比對。令讀者膽戰肉躍。

工部還有一種特別技能。幾乎可以說別人學不到。他最能用極簡的語句。包括無限情緒。寫得極深刻。如喜達行在所三首中第三首的頭兩句。

『死去憑誰報。歸來始自憐。』

僅僅十個字。把十個月內虎口餘生的甜酸苦辣都寫出來。這是何等魄力。又如前文所引述懷篇的

『反畏消息來。』

五個字。寫亂離中擔心家中情狀。眞是驚心動魄。又如垂老別裏頭。

『勢異鄴城下。縱死時猶寬。』

死是早已安排定了。只好拿期限長些作安慰。（原文是寫老妻送行時語）這是何等沈痛。又如前文所引的。

『鄭公縱得歸。老病不識路。』

明明知道他絕對不得歸了。讓一步雖得歸。已經萬事不堪回首。此外如

『帶甲滿天地．胡爲君遠行．』
『萬方同一概．吾道竟何之．』（秦州雜詩）
『國破山河在．城春草木深．』
『親朋無一字．老病有孤舟．』（登岳陽樓）
『古往今來皆涕淚．斷腸分手各風煙．』（公安送韋二少府）
之類．都是用極少的字表極複雜極深刻的情緒．他是用洗鍊工夫用得極到家．所以說『語不驚人死不休．』此其所以爲文學家的文學．
悲哀愁悶的情感易寫．歡喜的情感難寫．古今作家中．能將喜情寫得逼眞的．除却杜集聞官軍收河南河北外．怕沒有第二首．那詩道．
『劍外忽聞收薊北．初聞涕淚滿衣裳．却看妻子愁何在．漫卷詩書喜欲狂．白日放歌須縱酒．青春作伴好還鄉．卽從巴峽穿巫峽．便下襄陽向洛陽．』
那種手舞足蹈情形．從心坎上奔迸而出．我說他和古樂府的公無渡河是同一樣筆法．彼是寫忽然劇變的悲情．此是寫忽然劇變的喜情．都是用快光鏡照相照得的。

七

工部流連風景的詩比較少．但每有所作．一定於所詠的景物觀察入微．便把那景物做象徵．從裏頭印出情緒如．

『竹涼侵臥內野月滿庭隅．重露成涓滴．稀星乍有無．暗飛螢自照．水宿鳥相呼．萬事干戈裏．空悲清夜徂．』（倦夜）

題目是「倦夜．」景物從初夜寫到中夜後夜．是獨自一個人有心事睡不着疲倦無聊中所看出的光景．所寫環境．句句和心理反應．又如

『風急天高猿嘯哀．渚清沙白鳥飛回．無邊落木蕭蕭下．不盡長江滾滾來．……』（登高）

雖然只是寫景．却有一位老病獨客秋天登高的人在裏頭．便不讀下文『萬里悲秋常作客百年多病獨登臺』兩句．已經如見其人了．又如．

『細草微風岸．危檣獨夜舟．星垂平野闊．月湧大江流．……』（旅夜書懷）

從寂寞的環境上領略出很空闊很自由的趣味．末兩句說『飄飄何所似．天地一沙鷗．』把情緒一點便醒．所以工部的寫景．時多半是把景做表情的工具．像王孟韋柳的寫景．固然也離不了情．但不如杜之情的分量多．

八

詩是歌的笑的好呀．還是哭的叫的好．換一句話說．詩的任務在讚美自然之美呀．抑在呼訴人生之苦．再換一句話說．我們應該為做詩而做詩呀．抑或應該為人生問題中某項目的而做詩．這兩種主張．各有極強的理由．

我們不能作極端的左右袒。也不願作極端的左右袒。依我所見。人生目的不是單調的。美也不是單調的。為愛美而愛美。也可以說為的是人生目的。因為愛美本來是人生目的的一部分。訴人生苦痛。寫人生黑闇。也不能不說是美。因為美的作用。不外令自己或別人起快感。痛楚的刺激。也是快感之一。例如膚癢的人。用手抓到出血。越抓越暢快。像情感恁麼熱烈的杜工部。他的作品。自然是刺激性極強。近於哭叫人生目的那一路。主張人生藝術觀的人。固然要讀他。但還要知道他的哭聲。是三板一眼的哭出來。節節含着真美。主張唯美藝術觀的人。也非讀他不可。我很慚愧。我的藝術素養淺薄。這篇講演。不能充分發揮「情聖」作品的價值。但我希望這位情聖的精神。和我們的語言文字同其壽命。尤盼望這種精神有一部分注入現代青年文學家的腦裏頭。

評胡適之中國哲學史大綱

在北京大學爲哲學社講演

一

近年有兩部名著。一部是胡適之先生的中國哲學史大綱。一部是梁漱冥先生的東西文化及其哲學。哲學家裏頭。能彀有這樣的產品。真算得國民一種榮譽。兩位先生的精神。可謂根本不同。差不多成了兩極端。然而我對於他們。各有各的佩服。他們都也曾要求我對於他們的大著切實批評。我讀這兩部書的時候。也隨時起了許多感想。但苦於沒有時候把他聚攏寫出來。這回乘哲學社講演之便。我很願意將我所見提出來和諸君討論。並求兩先生指教。

今日先批評胡先生的哲學史大綱。但批評之前有三件事應該聲明。

第一、批評和介紹不同。介紹只要把這書的要點和好處提絜出來便够了。批評不單是如此。是要對於原書別有貢獻。胡先生這部書，治哲學的人大概都讀過，都認識他的價值，用不着我添些恭維話來介紹。所以我只是把我認爲欠缺或不對的地方，老實說出。

第二、我所批評的，不敢說都對。假令都對，然而原書的價值，並不因此而減損。因爲這書自有他的立脚點。他的立脚點很站得住。這書處處表現出著作人的個性。他那銳敏的觀察力，緻密的組織力，大膽的創造力，都是『不廢江河萬古流』的。

第三、我所講的，有時溢出批評範圍以外。因爲我有些感想，沒有工夫把他寫出來。趁這機會簡單發表一發表。

又原書還有許多小節，和我意見不相同的。因時間限制，只好省略了。

二

凡學問上一種研究對象，往往容得許多方面的觀察。而且非從各方面觀察，不能得其全相。有價值的著作，總是有他自己特別的觀察點。批評的人，儘可以自己另外拿出一個觀察點來，或者指駁那對手的觀察點不對。然而總要看定了人家的觀察點所在。而且絕對的承認他相當之價值。胡先生觀察中國古代哲學，全從『知識論』方面下手。觀察得異常精密。我對於本書這方面，認爲是空前創作。其間想替他修正之處很有限。而且非批評的焦點。我所要商量的，是論中國古代哲學，是否應以此爲唯一之觀察點。這觀察點我雖然認爲有益且必要。但以宗派不同之各家都。專從這方面論他的長短。恐怕有偏宕狹隘的毛病。胡先生專從時代的蛻變。理會出學術的系統。這是本書中一種大特色。我們既承認他的方法不錯。那麼。對於各時代眞切的背景。和各種思想的來龍去脈應該格外愼密審查。我對於本書這方面覺得還有好些疏略或錯誤之處。應該修正。

胡先生是最尊『實驗主義』的人。這部書專從這方面提倡。我很認爲救時良藥。但因此總不免懷着一點成見像是戴一種著色眼鏡似的所以強古人以就我的毛病。有時免不掉本書極力提倡『物觀的史學』。原是好極了。我也看得出胡先生很從這方面努力做去。可惜仍不能盡脫却主觀的臭味。我也知道這件事很難(我自己便做不到)但對於『學問成家數』的胡先生。我們總要求他百尺竿頭再進一步。

這是我對於這書的總批評。以下分段別論。

三

這書第一個缺點。是把思想的來源抹殺得太過了。著者倡『諸子不出王官』之論。(原書附錄)原是很有價值的創說像劉歆班固那種無條理的九流分類。每流硬派一個官爲他所自出自然是不對。但古代學問爲一種世襲智識階級所專有。是歷史上當然的事實。既經歷許多年有許多聰明才智之士在裏頭自然會隨時產生新理解。後來諸子學說。受他們影響的一定不少。胡先生曾說。『大凡一種學說決不是劈空從天上掉下來的』。(三五葉)這話很對。可惜我們讀了胡先生的原著。不免覺得老子孔子是『從天上掉下來』。了胡先生的哲學勃興原因就只爲當時長期戰爭．人民痛苦．這種論斷法．可謂很淺薄而且無稽次段更加詳辯依我看來．夏商周三代——最少宗周一代——總不能說他一點文化沒有．詩書易禮四部經．大部分是孔子以前的作品．那裏頭所含的思想．自然是給後來哲學家不少的貢獻．乃至各書所引夏志商志周志以及周任史佚……等先民之言論．許多已爲後來哲學問題引起端緒．大抵人類進化到某水平線以上．自然會想到『宇宙是什麼』『人生所爲何來』『政治應該怎麼樣』……種種問題．自然會有他的推論．有他的主張．這便是哲學根核．例如人類該怎樣的利用自然．適應自然．這是我們中國人幾千年最刻意研究的問題．這問題決非起於老子孔子．像詩經說的『天生蒸民，有物有則，民之秉彛，好是懿德』『唯號斯言，有倫有脊』書經說的『天敍有典天秩有禮』『洪範九疇，彛倫攸敍』易經爻辭說的『君子終日乾乾，夕惕若』『直方大』『觀我生進退』『不遠復，无祇悔』……等等都含有哲學上很深的意義．左傳國語裏頭所記賢士大夫的言論也很多精粹微妙之談．孔子老子自然是受了這種熏習．得許多素養．纔能發揮光大成一家之言．胡先生一概抹殺．那麼忽然產生出孔老．眞是他所說的『哲學史變成了靈異記神祕記了』．胡先生的偏處．在疑古太過．疑古原不失爲治學的一種方法．但太過也很生出毛病．諸君細讀這書．可以看出他有一種自定的規律．凡是他所懷疑的書都不徵引．（但有時亦破此例下文再論）所以不惟排斥左傳周禮．連尙書也一字不提．殊不知講古代史．若連尙書左傳都一筆勾消．簡直是把祖宗遺產蕩去一大半．我以爲總不是學者應採的態度．又如管子這部書．胡先生斷定他不是管仲所作．我是完全贊成．若說管仲這個人和後來法家思想沒有關係．我便不敢說．胡先生說『管仲是實行的政治學家．不是法理學家』（三六三葉）請問難道實行政治家就不許他發明些少法理嗎．管子書中許多奧衍的法理。我絕對承認是由後人引申放大。但這種引申放大的話。爲什麼不依託令尹子文。不依託狐偃趙衰。不依託子產。獨獨依託管仲。便可以推想管仲和這種思想淵源。一定有些瓜葛。我對於孔老以前的哲學。拿這種態度來觀察他。以爲必如此纔能理出他的來龍去脈。不知胡先生以爲何如。

四

這書第二個缺點。是寫時代的背景太不對了。胡先生對於春秋以前的書。只相信一部詩經。他自己找一個桂窘題套上自己。所以不能不拿詩經的資料作唯一的時代背景。殊不知詩經的時代在孔子老子前二三百年。（這還是照原書三六葉所推算的。其實書中所引諸詩。有許多恐怕年代更在前。）豈不是拿明末清初的社會來做現在的背景嗎。何況講古代哲學自當以戰國爲中心。戰國學術最盛時。上距孔子又二百多年了。胡先生拿采薇大東伐檀碩鼠諸詩。指爲憂時的孔墨。厭世的莊周。縱欲的楊朱。憤世的許行。……思想淵源所從出。簡直像是說辛幼安的摸魚兒姜白石的暗香疏影和胡適之的哲學史大綱有什麼聯絡關係。豈不可笑。胡先生亦自己知道有些牽強。所以只說個『懷胎時代』。（但那篇名却標的是『哲學發生時代』）但我所不解者。出胎時代的背景自然比懷胎時代尤爲緊要。爲什麼把次要的說了一大堆。那最要的倒不說了呢。懷胎一直懷了兩三百年。爲什麼老產生不下來。兩三百年後。爲什麼忽然便會產生呢。這都是史學上極要關鍵。胡先生沒有給我們一個答案。我們不能不缺望。

胡先生專宗淮南子要略說。『諸子之興。皆因救時之敝。』所以他書中第二篇。講了許多政治如何腐敗。社會如何黑闇。就是因這種時勢的反動。就把後來各派哲學產生出來。他所講的時勢狀況對不對。已經很是問題。

據我看來。內中一部分。總不免有些拿二十世紀的洋帽子。戴在二千五百年前中國詩人的頭上。讓一步說。算是那狀況都對了。恐怕胡先生的結論還不能言之成理。頭一件古代社會交通甚笨。結合甚鬆。一個地方的腐敗黑闇。不容易影響到別個地方。你看這一兩年內湖南湖北陝西等地鬼哭神號。北京南京還是絃歌不輟。上海天津一樣的金迷紙醉。現在尙且如此。何況古代。拿某處所采幾首詩代表了完全社會現象。怕有點不妥吧。第二件原書所舉詩人時代三百年。誠然是腐敗黑闇。但腐敗黑闇怕不止這個時代吧。前乎此者怎麼樣。難道胡先生眞信文武成康是黃金時代。他說的『長期戰爭喪亂流離』。並起自此時。唐虞三代的部落爭鬬。比春秋前後的慘痛。只有增加。斷無減少。後乎此者怎麼樣。史籍上很可考見。更不必多說了。然則胡先生所列舉四種現象——所謂『一、戰禍連年。百姓痛苦。二、社會階級漸漸銷滅。三、生計現象貧富不均。四、政治黑闇。百姓愁怨』（四二葉）除却第二種稍帶點那時代的特色外。其餘三種可算得幾千年來中國史通有的現象。爲什麼別的時代都不結哲學胎。單在這時代結胎呢。第三件拿政治腐敗社會黑闇。當作學問發生的主要原因。這種因果理法。我實在不懂。據我所見。凡屬波瀾壯闊的學術。倒是從政局較安寧社會較向上的時候產生出來。這種證據下文再說。第四件應時救弊。自然不失爲學說發生之一種動機。但若說舍此別無動機。那却把學術的門庭太看窄了。爲活動而活動。爲眞理而求眞理。確是人類固有的良能。哲學這件東西。格外帶有『超時間』的意味。胡先生的學風。最尊效用。所以把各家學派都看成醫病的藥。其實他們所說的。一小半固然算得藥方。一大半還是他們認作自己受用的家常茶飯。所以拿『救時之敝』四個字來概括他。我覺得不對。

依我說。研究當時社會背景。推求諸子勃興的原因。當注意下列各事。

(一)自周初封建以來，社會上智識階級積有宏富的素養，經四五百年到春秋戰國之交，有文化大發展之可能性。
(二)西周時代，凡百集中王室，春秋以後，漸爲地方的分化發展，文化變成多元的。
(三)境內之夷蠻戎狄，次第被滅或被同化，民族之外延益擴，大內容益複雜，思想當然應起一種變化。
(四)兼幷之結果，由百餘國合爲十數國，國土既大，取精用宏，容得起高等文化的發育。
(五)霸政確立之後，社會秩序比較的安寧，人民得安心從事學問，加以會盟征伐，常常都有交通，頻繁各地方人交換智識的機會漸多。
(六)從事學問，爲貴族階級所專有，因兼幷爭亂之結果，階級漸混合，例如黎侯之賦式微，欒郤胥原之降爲皁隸，平民階級中智識分子漸多，即如孔子本宋之貴族，入魯已爲平民，學問自然解放且普及。
(七)戰國時，兼幷更烈，合爲七國，而且大都會發生，有薈萃人文的淵藪，加以縱橫捭闔盛行，交通益頻數，所以前列第四五兩種原因，循加速率的法則進行。
(八)戰國時，貴族政治消滅殆盡，智識分子，全散在平民中，所以前列第六種原因，也循加速率的法則進行。
(九)因爲列國並立，競爭人才，於是處士的聲價日增，思想言論的自由也隨着發展。
(十)因爲鈔書的方法漸通行，書籍漸富，所以墨子南遊，載書甚多，蘇秦發書，陳篋數十，傳達智識的媒介工具普及，利用學術自然驟進。
以上春秋時代的背景，到戰國這種背景，越發擴大，且生變化如下。

以上十件都是環境的原因。還有兩件心理的原因是、

(十一)因社會變遷劇急。人人都起一種驚異。便把研求眞理的念頭刺激起來。各各建設新人生觀。

(十二)對於社會現狀都懷抱一種不安不滿感情。所以社會問題成了各家研究的焦點。

依我看周秦諸子的時代背景大略如此。總之春秋戰國之交。是我們民族大混合大醇化時代。是我們社會大蛻變大革新時代。在歷史上求他的比對。除非我們現在所處的時代。或者比得上。在這種時代之下。自然應該是民族的活精神盡情發露。自然應該有光怪陸離的學術思想。絕不是胡先生所說那種簡單的消極的理由所能了事。和春秋前詩人時代的社會更沒有很大的關涉。我很盼望胡先生采納我這一段的意見。

五

這部書從老子孔子講起。蔡孑民先生說他『有截斷衆流的手段。』(序文)這是我極同意的。但應否從老子起。還是問題。這却不能怪胡先生。因爲這問題是我新近纔發生的。我很疑心老子這部書的著作年代是在戰國之末。諸君請恕我枝出題外。許我趁這機會陳述鄙見。

我們考老子履歷。除了史記老莊申韓列傳外。是沒有一篇比他再可靠的了。但那篇傳實迷離惝恍。一個人的傳有三個人的化身。第一個是孔子問禮於老聃。第二個是老萊子。第三個是太史儋。又說『蓋老子百有六十餘歲。或曰二百餘歲。』又說『或曰儋卽老子。或曰非也。世莫知其然否。』這樣說來。老子這個人簡直成了『神話化』了。所以崔東壁說著書的人決不是老聃。汪容甫更咬定他是太史儋。特因舊說入人太深。很少人肯

聽信他們。我細讀那篇傳前頭一大段固然是神話。但後頭却有幾句是人話。他說『老子之子名宗。宗爲魏將。宗子注。注子宮。宮玄孫假。假仕於漢孝文帝。而假子解爲膠西王卬太傅。』這幾句話就很發生出疑問。魏列爲諸國。在孔子卒後六十七年。老子既是孔子先輩。他的世兄還捱得到做魏將。已是奇事。再查孔子世家。孔子十代孫藂。爲漢高祖將。封蓼侯。十三代孫安國當漢景武時。前輩的老子八代孫。和後輩的孔子的十三代孫同時。未免不合情理。這是第一件可疑。孔子樂道人之善。對於前輩或當時賢士大夫如子產蘧伯玉等輩都常常稱歎。像史記說的『老子猶龍』那一段話。孔子既有恁麼一位心悅誠服的老夫子。何故別的書裏頭沒有稱道一句。再者墨子孟子都是極好批評人的人。他們又都不是固陋。諒來不至於連那著『五千言』的『博大眞人』都不知道。何故始終不提一字。這是第二件可疑。就令承認有老聃這個人。孔子曾向他問過禮。那麼禮記曾子問篇記他五段的談話。比較的可信。因爲裏頭有講日食的事實却是據那談話看來。老聃是一位拘謹守禮的人。和五千言的精神。恰恰相反。這話前人已曾說過這是第三件可疑。史記這一大堆的神話。我們試把他娘家根究一根究。可以說什有八九是從莊子中天道天運外物三篇湊雜而成。那些故事。有些說是屬於老聃。有些是屬於老萊子。莊子寓言十九。本就不能拿作歷史談看待。何況連主名都不確定。這是第四件可疑。從思想系統上論。老子的話。太自由了。太激烈了。像『民多利器國家滋昏。人多伎巧奇物滋起。法令滋彰盜賊多有。』『六親不和有孝慈。國家昏亂有忠臣。』這一類的話。不大像春秋時人說的。果然有了這一派議論。不應當時的人不受他的影響。我們在左傳論語墨子等書裏頭。爲什麼找不出一點痕跡呢。這是第五件可疑。再從文字語氣上論。老子書中用『侯王』『王侯』『王公』『萬乘之君』等字樣者凡五處。用『取天下』字樣者凡三處。這種成語。像不是春秋時人所有。還有用『仁義』對舉的好幾處。這兩個字連用。是孟子的專賣品。從前像是沒有的。還有『師之所處。荆棘生焉。大兵之後。必有凶年』這一類的話。像是經過馬陵長平等戰役的人。纔有這種感覺。春秋時雖有城濮鄢陵……等等有名大戰。也不見死多少人。損害多少地方。那時的人怎會說出這種話呢。還有『偏將軍居左。上將軍居右』這種官名。都是戰國的。前人已經說過了。這是第六件可疑。這樣說來。老子這部書。或者身分很晚。到底在莊周前或在其後。還有商量餘地。果然如此。那麼胡先生所說三百年結的胎。頭一胎養成這位老子。便有點來歷不明了。胡先生對於諸子時代。考核精詳。是他的名著裏頭特色之一。不曉得為什麼像他這樣勇於疑古的急先鋒。忽然對於這位『老太爺』的年代。竟自不發生問題。胡先生聽了我這一番話。只怕要引為同調罷。

說到這裏。我還附帶着討論一個問題。列子楊朱篇。我近來越看越不相信了。列子這部書的靠不住。差不多成為學界定論。胡君和我。都是同一看法。不過因為這位大名鼎鼎的楊朱。他名下的遺產。就只留下一點。凡屬學者。都很愛護他。我自己也是好幾次『刀下留人』。雖然將全部列子『宣告死刑』。獨獨想替這一篇開一條生路。胡先生對於這件案。也是持很謹慎的態度。到底還是割捨不得。這篇東西本來有惹人戀愛的魔力。這也難怪。但我現在已經毅然決然當『劊子手』了。我看這篇書文章雖然優美。却全是漢以後人的筆法。試拿來和莊子頭七篇一比。便比出來。裏頭所講的完全是晉代清談家的『頹廢思想』。周秦諸子。無論那一派。都帶積極精神。像這種沒出息的虛無主義。斷斷不會有的。胡先生啊。我勸你也割愛罷。至於原書把楊朱這一篇插在墨子和別墨兩篇中間。編次體例上。我也有點莫名其妙。還要請教著者哩。

六

這部書講墨子荀子最好講孔子莊子最不好總說一句凡關於知識論方面到處發見石破天驚的偉論凡關於宇宙觀人生觀方面什有九很淺薄或謬誤這由於本人自有他一種學風對於他『脾胃不對』的東西當然有些格格不入我並不敢要求胡先生采用我的主張但把我所見到的貢獻些出來罷了

現在先批評胡先生所講的孔子我所看的孔子旣已和胡先生所看有不同之處那麼要先把我所看的講出來纔能批評他可惜不是短期講演所能辦到在今日這個講題裏頭尤其不能喧賓奪主我前年在淸華學校講國學小史曾有一篇論孔子的差不多有三四萬字那稿子是也曾寄給哲學社的因爲我對於這篇文章還有許多不滿意之處不願意印出如今我苦於沒有時候校改他打算就印在本社的雜誌上求海內同學的批評今日只能用極簡單的話把我的意見說說作爲批評胡君的基礎

我想我們中國哲學上最重要的問題是『怎麼樣能够令我的思想行爲和我的生命融合爲一怎麼樣能够令我的生命和宇宙融合爲一』這個問題是儒家道家所同的後來佛敎輸入我們還是拿硏究這個問題的態度去歡迎他所以演成中國色彩的佛敎這問題有靜的動的兩方面道家從靜入儒家從動入道家認宇宙有一個靜的本體說我們須用靜的工夫去契合他儒家呢與道家及其他歐洲印度諸哲有根本不同之處他是不承認宇宙有本體的孔子有一句很直捷的話說『神無方而易無體』然則這無體的『易』從那裏來呢怎樣纔能理會得他呢孔子說『生生之謂易』拿現在的話翻譯他說的是『生活就是宇宙宇宙就是生

活。』只要從生活中看出自己的生命。自然會與宇宙融合為一。易傳說的『窮理盡性以至於命。』中庸說的『能盡其性。則能盡人物之性。可以與天地參。』就是這個道理。

怎麼纔能看出自己的生命呢。這要引宋儒的話。說是從『體驗』得來。體驗是要各人自己去做。那就很難以言語形容了。但我可以說他三個關鍵。第一件。他們認自然界是和自己生命為一體。絕對可讚美的。只要領略得自然界的妙味。也便領略得生命的妙味。論語『吾與點也』那一段最能傳出這個意思。第二件。體驗不是靠冥索。要有行為。有活動。纔有體驗。因為儒家所認的宇宙。原是生生相續的動相。活動一旦休息。便不能『與天地相似』了。第三件。對於這種動相。雖然常常觀察他。却不是靠他來增加知識。因為知識的增減。和自己眞生命沒有多大關係的。

體驗出這個眞生命。叫做『自得。』中庸說。『君子無入而不自得。』孟子說。『君子深造之以自道。欲其自得之也。自得之則居之安。居之安則資之深。資之深則取之左右逢其源。』這話是已經自得的人纔能說出。有了這種自得。自然會『樂以忘憂。不知老之將至。』自然會『為之不厭。誨人不倦。』自然會『知其不可而為之。』坦蕩蕩的胸懷。活潑潑的精力。都從此出。這種理論。對不對。方法好不好。儘可以任各人主觀的批評。但從客觀上忠實研究孔子。恐怕孔子的根本精神。大略是如此。

我剛纔說過。胡先生這部書。凡關於知識論的都好。他講孔子。也是拿知識論做立腳點。殊不知知識論在孔子哲學上只占得第二位第三位。他的根本精神。絕非憑知識可以發見得出來。所以他對於孔子說了許多。無論所說對不對。自然有許多對的。依我看來。只是棄菁華而取糟粕。我對於本書這一篇總批評是如此。下文更將裏頭的節目擇幾處來討論.

論語頭一個字說的是『學』. 到底是學個甚麼. 怎麼個學法. 胡先生說.『孔子的「學」. 只是讀書. 只是文字上傳受來的學問.』(百十葉) 我讀了這段話. 對於胡先生的武斷眞不能不吃一大驚. 魯哀公問弟子孰爲好學. 孔子就只舉了一個顏回. 還說『不幸短命死矣. 今也則亡. 未聞好學者也.』他說顏回好學. 還下了一個注脚『是不遷怒不貳過.』我們在易傳論語莊子裏頭很看見幾條講顏回的. 却找不出他好讀書的痕跡. 他做的學問是『屢空』是『心齋』是『克己復禮』是『三月不違仁』是『不改其樂』是『無伐善無施勞』是『有不善未嘗不知知之未嘗復行.』都與讀書無關. 若說學只是讀書. 難道顏回死了. 那三千弟子都是束書不觀的人嗎. 孔子却怎說『未聞好學』呢. 孔子自己說『吾十有五而志於學.』難道他老先生十五歲以前. 連讀書這點志趣都沒有嗎. 這章書跟著說『三十而立』……等句. 自然是講歷年學問進步的結果. 那立. 不惑. 知天命. 耳順. 不踰矩. 種種境界. 豈是專靠讀書所能得的. 孔子的學學些什麼. 自然是學個怎樣的『能盡其性』怎樣的『能至於命.』拿現在的話說. 就是學個怎樣的纔能看出自己的眞生命. 怎樣的纔能和宇宙融合爲一. 問他怎樣學法. 只是一面活動一面體驗. 論語說的『食無求飽居無求安. 敏於事而愼於言. 就有道而正焉. 可謂好學也已矣.』此外這一類的話還甚多. 孔子屢講『學而不厭誨人不倦.』但有時亦說『爲之不厭誨人不倦.』『爲』字正是『學』字切訓. 可以說爲便是學. 學便是爲. 至於『行有餘力則以學文』『多聞多見知之次也.』這是胡先生所說讀書的孔門論學問. 把他放在第二位. 依我看顏習齋所講的學. 和原始的孔學最相近. 宋明儒的學. 大半屬於孔子所謂『思』了. 把個學字從這方面解釋. 那麼『學而不思則罔思

而不學則殆。』和『以思無益不如學也。』這兩段話都明白了。胡先生解這兩章用什麼『經驗推論』等名詞來比附原是不該。若免強用這名詞那麼孔子的『學』正是屬於經驗方面。（經驗只算孔學的半面而且還是粗跡）他的思纔是推論。胡君所攻擊純是無的放矢。

胡先生解『一以貫之』和『忠恕』引章太炎先生所說略加修正。（一〇五至一〇九葉）章先生從知識方面解這句話。原屬新奇可喜剛剛投合胡先生脾胃自然是要採用了。其實『一貫忠恕』當然不能從知識方面索解。用知識來貫孔學是貫不來的。梁漱冥先生說『胡先生沒有把孔子的一貫懂得所以他底下說了好多的「又一根本觀念」其實那裏有許多根本觀念呢。』（東西文化及其哲學一七七葉）這句話很可尋味。既然有許多根本觀念還算得『一貫』嗎。一貫既是孔學裏頭最重要的一句話這個解釋錯誤便可以引起全部的錯誤了。

胡先生又說『孔子只說這事應該如此做。不問爲什麼應該如此做。』（一一五葉）梁漱冥先生說這『不問爲甚麼』正是孔子的好處。（梁著一九三至一九九葉）我想梁先生這段話固然很有妙理。但拿來講老子可以說全對。拿來講孔子。不過得一半。胡先生的話却是完全無根。孔子講事理最愛推求所以然之故。易傳裏頭最表出這種態度。易爻辭說『潛龍勿用』。爲什麼潛龍該勿用呢。因爲『陽在下也』。說、『亢龍有悔』。爲什麼亢龍便有悔呢。因爲『盈不可久也』。若再問爲什麼盈不可久呢。這篇傳雖然沒有答。別篇傳却有了。謙彖傳說『天道虧盈而益謙……人道惡盈而好謙。』若再問爲什麼虧盈益謙呢。他跟着就答因爲『謙尊而光。卑而不可踰。』繫辭傳說『仰以觀於天文。俯以察於地理。是故知幽明之故。』又說『感而遂通天下之故。』又說『明於天之道而察於民之故。』又說『明於憂患與故。』我們可以說一部十翼。只是發明一個『故』字。就是答的胡先生所說『爲什麼』這句話。胡先生這一段是引墨子攻擊儒家的話。墨子說儒家言『樂以爲樂』。無異言『室以爲室。』這個比例本來不通。我們自然不應該說『爲喫飯而喫飯』。但儘可以說『爲美而愛美』。『爲文學而做文學』。『爲科學而做科學』。前者是和『室以爲室』同性質。後者是和『樂以爲樂』同性質。墨子只看見狹隘的實用主義。自然會起這種謬見。胡先生並非見不到此。何故附和他呢。

我對於孔子。還有好些意見和胡先生相出入。但爲講演時間所不許。只得就此而止。胡先生說孔子。有許多獨到之處。雖然他的觀察點和我不同。我還是很尊重他的意見。獨裏頭有小小一節。我要忠告他。他相信孔子殺少正卯這件事。還把那傳說三件罪名譯成今文。是『聚衆結社。鼓吹邪說。淆亂是非。』（七三葉）別人我不責備。胡先生是位極謹嚴的考證家。任憑怎麼有權威的舊說。都要查一查來歷。估一估價值。纔肯證引。爲什麼對於這樣無稽的事。忽然不懷疑了呢。這件事最初是見於荀子宥坐篇。那詳細的罪名。見於家語。家語之僞不必說。宥坐篇胡先生也明明說是『後人東拉西扯雜湊成』。（三〇六葉）爲什麼這幾句雜湊話。忽然變了可寶的史料。其實一、春秋時候很不容易殺一個大夫。二、在那種貴族政治底下。斷不是『撮徒成黨。飾邪熒衆。反是獨立』的人所能亂政。那時候亦絕對沒有這種風氣。三、諸書中記齊太公殺的華士。子產殺的鄧析。孔子殺的少正卯罪名都是一樣。天下那有這情理。四、孔子說『子爲政焉用殺』。『齊之以刑。民免而無恥』。我們若沒有證據證明孔子是言行不相符的人。就不該信他有這件事。若信。便時侮辱他的人格。我相信胡先生不是輕薄人。但時髦氣未免重些。有時投合社會淺薄心理。順嘴多說句把俏皮話。書中還有好幾處是如此。我還記得胡適文存裏頭有一篇說什麼『專打孔家店』的話。我以爲這種閑言語。以少講爲是。辨論問題。原該當仁不讓。對於對面的人格。總要表相當敬禮。若是嬉笑怒罵。便連自己言論的價值都減損了。對今人尙且該如此。何況是有恩於社會的古人呢。我想胡先生一定樂意容納我這友誼的忠告吧。

七

胡先生講的莊子。我也不甚佩服。這篇裏頭最重要的話。是說莊子發明生物進化論。二五五至二六五葉內中講『種有幾』那一段。確是一種妙解。但我以爲無論這話對不對。總不是莊子精神所在。寓言篇『萬物皆種也。以不同形相禪。』這兩句。章太炎先生拿佛家『業力流注』的意義來解釋。胡先生拿生物進化的意義來解釋。我想還是章先生說得對。章先生的名著齊物論釋。用唯識解莊子。雖然有些比附得太過。却是這個門庭裏出來的東西。胡先生拿唯物觀的眼光看莊子。只怕全不是那回事了。

莊子的學說。我今日也不能多說。但可以用齊物論裏頭兩句話總括他全書。是『天與我並生。而萬物與我爲一』他所理想的境界。和孔子也差不多。但實現這境界的方法不同。孔子是從日常活動上去體驗。莊子嫌他嚕囌了。要『外形骸』去求他。所以他說孔子是『游方之內』他自己算是『游方之外』這兩種方法。那樣對。暫且不論。但我確信這種境界。是要很費一番工夫纔能實現的。我又確信能彀實現這境界。於我們自己極有益。我還確信世界人類的進化。都要向實現這境界那條路上行。胡先生在這篇末說了有一個有趣的譬喻。『譬如我說我比你高半寸。你說你比我高半寸。你我爭論不休。莊子走過來排解道「……我剛才在那愛拂兒塔上看下來。覺得你們二位的高低實在沒有什麼分別。不如算作一樣吧。」這種學說。初聽了似乎有理。却不知世界上學識的進步只是爭這半寸社會的維新也只是爭這半寸……』這段譬喻我也承認他含有一半眞理但我還要告訴胡先生張作霖曹錕也只是爭這半寸兩兄弟因遺產拔刀相殺也只是爭這半寸一個好好的青年或因落第或因失戀弄成發狂或自殺也只是爭些無聊的半寸我希望胡先生別把應用的學問和受用的學問混爲一談那麽說話也少些流弊了

八

第七篇講的墨子第八篇講的別墨都是好極了我除了讚歎之外幾乎沒有別的說現在且把我對於這書講名學地方的感想總說幾句

我最初讀這書就起一種異感覺得他講名學的差不多占了一半我曾和朋友說若改稱中國名學史倒更名副其實後來胡先生和我說本來是由名學史的底稿改成那就毫不足怪了胡先生不認名家爲一學派說是各家有各家的名學眞是絕大的眼光評各家學術從他的名學上見出他治學的方術令我們古代哲學在認識論部門占得極重要的位置這一部分事業雖是章太炎先生引起端緒卻是胡先生纔告成功我們治國學的人都應該同聲感謝書中講的名學無處不好若要我講我微微不滿的地方第一、說孔子的春秋以正名爲唯一作用像是把春秋看窄了些第二、把墨經從墨子手上剝奪了全部送給惠施公孫龍我有點替墨子抱不平第三、未免把公孫龍擡得太高了天下篇的二十一事雖然有胡先生替他當律師說出許多微眇的道理但內中除了三五條叫我心折外其餘的我還用孔穿那句老話回答『臧三耳甚難而實非也臧兩耳甚易而實是也.』就拿『臧三耳』這句爲例.胡先生依司馬彪說.『臧的第三隻耳朶.必是他心神了.』果然如此.既已是心神.爲什麼叫他做耳朶.豈不是『異物名實互紐』嗎.詭辯家之所以爲詭辯.就在此.這種詭辯派出來.把正名主義的價值都喪失了.

胡先生講墨學固然甚好.講墨學消滅的三種原因.還不甚對.依我說.第三種『詭辯太微妙』應改爲『詭辯太詭.』更有第四種原因.發於墨學自身.就是莊子天下篇說的『其道太觳.使人憂.使人悲.其行難爲也……反天下之心.天下不堪.墨子雖能獨任.奈天下何.』我和胡先生都是極崇拜墨子的人.但這一點是不必爲墨子諱的.

九

其餘各篇.雖然還有些異同.不必多說了.惟有篇末說古代哲學中絕之原因.該有點商量.胡先生說那四種原因.一、懷疑主義的名學.二、狹義的功用主義.三、專制的一尊主義.四、方士派的迷信.我都承認.但是還有未盡.依我說.有兩個更大的原因.

第一. 凡當民族混化社會劇變時代.思想界當然像萬流競涌.怒湍奔馳.到這種局勢完全經過了.社會狀況由川湍變成大湖泊.當然是水波不興.一拭如鏡.戰國和秦漢的嬗變.正是如此.思想界發揚蹈厲了幾百年.有點疲倦了.自然移到休息時代.

第二　中國人本是大平原民族.因他的環境和遺傳.久已養成一種愛中庸厭極端的性質.春秋戰國間.因

社會劇變發生特種刺激纔演出這個例外像孔子這派的中庸態度本來是最適於這個民族的心理他本身又有很豐富的資料儘够人受用所以特種刺激過去之後自然是唯他獨尊了

我很高興這次得有批評這部名著的光榮我用十分的誠意對於胡先生致敬禮我希望胡先生和海內好學君子更有對於我這批評的批評

教育與政治

七月三日在濟南中華教育改進社年會講演

一

教育是什麼教育是教人學做人——學做現代人身子壞了人便活不成或活得無趣所以要給他種種體育沒有幾件看家本事就不能養活自己所以要給他種種智育其他一切教育事項雖然狠複雜目的總是歸到學做人這一點人不是單獨做得成總要和別的人連帶着做無論何人一面做地球上一個人一面又做某個家族裏頭的父母或兒女丈夫或妻子一面又做某省某縣某市某村的住民此外因各人的境遇或者兼做某個學校的教師或學生某個公司的東家或夥計……尤其不能免的是無論何人總要做某個國家的國民教育家教人做人不是教他學會做單獨一個人便了還要叫他學會做父母做兒女做丈夫做妻子做夥計……乃至做國民因為不會做這種種脚色想做單獨一個人決然是做不成的

各種脚色裏頭的一種脚色——國民。在從前是頂容易做的。『日出而作。日入而息。鑿井而飮。耕田而食。』只要學會做單獨一個人便算會做國民倒也一點不費事爲什麽呢因爲國家表現出來的活動是政治政治是聖君賢相包辦的。用不着國民管。倘若能永久是這麽着。我們倒不必特別學會做國民纔算會做人。如今可不行了。漫說沒有聖君賢相。便有也包辦不了政治。政治的千斤擔子已經硬壓在國民肩膀上來了。任憑你怎麽的厭惡政治。你總不能找一個沒有政治的地方去生活。不生活於良政治之下。便生活於惡政治之下。惡政治的結果怎麽樣呢。哈哈不客氣硬叫你們生活不成。怎樣纔能脫離惡政治的災難呢。天下沒有便宜事。該擔擔子的人大家都把擔子擔上。還要學會擔擔子的方法。還要學會擔擔子的能力。換句話說。一個一個人除了學會爲自己或家族經營單獨生活所必要的本領外。還要學會在一個國家內經營共同生活所必須的本領。倘若不如此。只算學會做半個人。最高也只算得古代的整個人不算得現代的整個人。教育家既然要教人學做現代的整個人。最少也須劃出一部分工夫教他們學會做政治生活。

今天講演的標題是教育與政治。諸君別要誤會了。以爲我要勸國內教育家都拋棄本業來做政治活動。以爲我要勸各位教師在學校裏日日和學生高談政治問題。以爲我希望各學校教出來的學生個個都會做大總統國務員或議員。這些事不惟做不到。而且無益。不惟在教育界無益。而且在政治界也無益。今日所最需要的。

一　如何纔能養成青年的政治意識。

二　如何纔能養成青年的政治習慣。

三　如何纔能養成青年的判斷政治能力。

三件事裏頭尤以第二件——養成習慣爲最要而最難這三件事無論將來以政治爲職業之人或是完全立身於政治以外的人都是必要的我確信這不但是政治上大問題實在是教育上大問題我確信這問題不是政治家所能解決獨有教育家纔能解決今日所講便專在這個範圍內請教諸君

二

政治不過團體生活所表現各種方式中之一種所謂學政治生活其實不外學團體生活惟其如此所以不必做實務的政治纔能學會政治生活惟其如此所以在和政治無關的學校裏頭很有餘地施行政治生活的教育

今請先說團體教育生活的性質團體生活是變遷的進化的在古代血族團體或階級團體裏頭只要倚賴服從便也生活下去他們的生活方法是不必學的自然無所用其教育無奈這類團體在現代是站不住了現代的團體不是靠一兩個人支持是要靠全部團體員支持質而言之非用德謨克拉西方式組成的團體萬萬不能生存於現代非充分了解德謨克拉西精神的人萬萬不會做現代的團體生活因此怎麼樣纔能教會多數人做團體生活便成了教育上最困難最切要的問題

中國現在有一種最狠狽的現象是事實上已經立於不能做現代團體生活的地位然而這種生活從前實在沒有做過換句話說幾千年傳下來的社會組織實在有許地方和德謨克拉西精神根本不相容在這種社會組織底下生活慣了的人一旦叫他做德謨克拉西生活好像在淡水裏生長的黃河鯉魚逼着他要游泳到鹹

水的黃海簡直不知道怎麼過法。還有一個譬喻。可以說今日的中國人。正是毛蟲變蝴蝶時代。用一番脫胎換骨工夫能彀變得成。便是極美麗極自由的一隻蝴蝶。如其不然。便把性命送掉了。我們今日個個人都要發憤學做現代的團體生活。如其不肯學或學不會。不惟團體嗶喇下去。便連個人也決定活不成。今日中國最大的危險在此。

現代團體生活和非現代團體生活——卽德謨克拉西生活和反德謨克拉西生活分別在那裏呢。依我所見。想做現代團體生活最少要具有下列五個條件。

第一　凡團體員個個都知道團體是自己的——團體的事卽是自己的事。自己對於團體該做的那一部分事誠心熱心做去。絕對不避嫌不躲懶。

第二　凡團體的事絕對公開。令個個團體員都得有與聞且監督的機會。

第三　每一件事有贊成反對兩派時。少數派經過充分的奮鬭之後仍然失敗。則絕對的服從多數。斷不肯搗亂破壞。

第四　多數派也絕對的尊重少數派地位。令他們有充分自由發表意見的餘地。絕不加以壓迫。而且絕對的甘受他們監督。

第五　個個團體員對於各件事都要經過充分的考慮之後。憑自己良心表示贊否。絕對的不盲從別人。更不受別人脅迫。

這五個條件。無論做何種團體生活都要應用。應用到最大的團體——卽國家時。便是政治生活。拿這五個條件和我前文所講三種需要比對第一項屬於政治意識第二三四項屬於政治習慣第五項屬於判斷政治能力。

三

這五個條件從今日在座諸君的眼光看來眞算得老生常談但我們須要知道這點點子常談中國人便絕對的不能辦到不惟一般人爲然卽如我們在座的人自命爲優秀分子智識階級的怕也不能實踐一件我們又要知道現代中國人爲什麽在世界舞臺上變成「落伍者」所欠就在這一點點十年來的政治乃至其他各種公共事業爲甚麽鬧得一塌糊塗病根就在欠這一點點。

如今先說第一個條件我們向來對於團體的事是不問的這原也難怪因爲我們相傳的習慣並沒有叫多數人問事一家的事只有家長該問一國的事只有皇帝該問我們若安心過這種生活也就罷了無奈環境不許我已經逼着要做人人問事的協同生活我們承認要往新生活這條路上走卻抱持着舊生活抵死不肯放無論何時總是擺出那「老不管事」的臉孔來政治上的事且慢說卽如一個公司的股東公司和他自己本身的關係不是最密切嗎試問有那個公司開股東會時候多數股東熱心來問公司的事除非是公司鬧出亂子來股東着急跳一陣卻是已經賊去關門來不及了對於財產切己關係的公司尚且如此對於國家政治更何消說人人都會罵軍閥罵官僚罵政客這種惡軍閥惡官僚惡政客何以不發生於外國而獨發生於中國他們若使在外國便一天也不能在政治上生存他們能彀在中國政治上生存唯一的保障就是靠那些老不管事

的中國百姓縱容恩典。罵卽管罵。不管還是不管。做壞事的還是天天在那裏做。倘若這種脾氣不改過來。我敢說一切團體事業永遠沒有淸明成立的一日。我並不是希望教育界的人常常放下書本束管這件西管那件。但我以爲教育家對於團體員不管團體事這個毛病要認得痛切。要研究這毛病的來源在那裏。要想出靈效的藥來對治他。令多數人在學校時代漸漸的把這壞脾氣改過來。這是目前教育家第一大責任。

第二個條件講的公開。凡一個人立在可以做壞事的地位。十個有九個定要做壞事。做壞事的人。十個有十個定要祕密。和他說『請你公開請你公開』。那是不中用的。最要緊是令他沒有祕密的餘地。令人人知道團體生活中的祕密行動便是罪惡。犯這種罪惡的便不爲社會所容。那麼這位祕密魔王自然會絕跡了。怎麼樣纔能養成這社會信條。又是教育家一個大責任。

第三第四項講的是多數派少數派相互間的道德。這是現代團體生活裏頭最主要的骨骼。也是現在中國人最難試驗及格的一個課題。中國人無論何事。不公開他便永遠不問了。一旦公開起來。不是多數派專橫便是少數派搗亂。這種實例。不消我舉例列舉。諸君但閉着眼想想歷年國會省議會以及其他公私大小團體開會時那一回不是這種狀況。若使這種狀況永遠存續下去。那麼老實不客氣。我們中國人只好永遠和會議制度和協同生活絕緣。試看歐美議會裏頭的普通現象何如。他們的少數派。常常以兩三個人對於敵派幾百人堂堂正正提出自已的主張。不屈不撓。（最顯著的例。如英國國會自十九世紀初年起提出普通選舉案。連發案帶附議不過兩人。一回失敗。次回提出原案幾乎不易一字。每提一回。必有一回極沈痛的演說。如此繼續十幾年。後來贊成這主張者年年加多。卒至成了自由黨的黨綱。變成國會的多數派）依我們中國人眼光看來絕對無通過希望的議案。何苦提出。他們的看法卻不如是。他們純以『知其不可而爲之。』的精神勤勤懇懇做下去。慢慢地喚起國民注意引起國民同情。望收結果於幾十年以後。他們先安排定了失敗纔去活動。失敗之後。立刻便服從多數。乃至僅差一票的失敗。一樣的安然服從。像我們中國人動不動相率退席或出其他卑劣手段破壞議案的舉動。從來沒有聽見過。（最顯著的例如德國革命後制定憲法獨立社會黨有許多地方根本反對原案。及至多數通過之後。他們宣言良心上雖依然反對。爲促成憲法起見事實上主張絕對服從。）他們多數派的態度又怎麼樣呢。他們雖然以幾百人的大黨對於兩三個人的小黨也絕對尊重對面的意見。小黨所提議案從沒有設法壓閣。令他提不出來。小黨人演說議案理由的時候。大黨的領袖誠心誠意的聽他。一面聽一面把要點用鉛筆擇記。等他演完後誠心誠意的起來反駁。從沒聽見過憑恃大黨威力妨害小黨發言。從沒聽見過對於小黨發言。存絲毫輕藐。依我們中國人眼光看來。絕對不會通過的議案。何苦費那麼大的勁去反駁他們的看法卻不如是。他們以後必須經過堂堂正正的大奮鬬之後所得勝利纔算眞勝利。他們的小數派安心樂意把政權交給多數派。自己卻立於監督地位。多數派也安心樂意受小數派的監督。（最顯著的例。如英國審計院長一定由政府反對黨首領做。）他們深信政策之是非得失是相對的不是絕對的。甲黨有這樣的主張。乙黨可以同時有恰恰相反的主張。彼此俱能代表一部分國利民福。甲黨得政時施行這一部分國利民福。乙黨得政時又施行那反面一部分國利民福。彼此交迭得幾次。便越發和總體的國利民福相接近。他們在光天化日之下彼此互相監督。萬不會有人能借國利民福名義鬼鬼祟祟的營私舞弊。他們所有爭鬬。都是用筆和舌做武器。最後的勝利。是專靠社會爲後援。總而言之。他們常常在兩造對壘的狀態之下。他們的對壘爭鬬有確定的公認信條．這種信條並不是一條一條的印在紙上．乃係深入人人腦中成爲習慣．有反背的自然內之受良心制裁外之受社會制裁．他們做這種爭鬬活動和別的娛樂遊戲一樣感覺無窮趣味．他們凡關於團體生活．無論大大小小．總是用這種精神做去．政治不過這種生活的放大．

以上不過就我所想得到的隨便說說．自然不足以盡現代團體生活的全部精神．但即此數端也可以大略窺見所謂德謨克拉西者並不是靠一面招牌幾行條文可以辦到．其根本實在國民性質國民習慣的深奧處．所我們若不從這方面着實下一番打樁工夫．那麼無論什麼立憲共和．什麼總統制內閣制．什麼中央集權聯省自治．什麼國家主義社會主義．任憑換上一百面招牌．結果只換得一個零號．因爲這種種制度．不過是一個「德謨克拉西娘胎」所養出來幾個兒子．娘不是這個娘．兒子從那裏產出．又不惟政治爲然．什麼地方結合職業結合慈善結合公司組織合作組織……等等．都是跟着一條線下來．德謨克拉西精神不能養成．這種種舉動都成了庸人自擾．倘若中國人永遠是這麼着．那麼從今以後只好學魯敏遜在荒島裏過獨身生活．或是賣身投靠一位主人倚賴他過奴才生活．再別要想組織或維持一個團體用團體員資格過那種正當的自由生活．果然如此．我們中國人往後還有日子好過嗎．我們既已不能坐視這種狀況．那麼怎樣的救濟方法．自然成爲教育上大問題．

四

我們種種反德謨克拉西的習慣．都是從歷史上遺傳下來．直到現在還是深根固蒂．但是若說中國人沒有德謨拉克西本能。我們總不能相信。因爲人類本能。總不甚相遠。斷沒有某種人所做的事別種人絕對的學不會。況且從前非德謨拉克西的國民現在已經漸漸脫胎換骨的眼面前就有好幾國可爲例證。我根本信中華民族是不會被淘汰的民族。所以我總以中華民族有德謨克拉西的可能性爲前提。不過這種德謨克拉西本能被傳統的社會組織壓住。變成潛伏的狀態。近十年來。這種潛伏本能。正在天天想覓個石縫迸出青年裏頭爲尤甚。可惜從前教育方針太不對了。他的精神幾乎可以說是反德謨克拉西的。這潛伏本能有點萌芽。旋被摧折。或者逼着他走到歧路去。我想只要教育界能有徹底覺悟。往這方面切實改良。則從學校裏發展這種潛伏本能是極易的事。從學校發展起來。自然便會普及全社會了。

從學校裏養成德謨克拉西的團體生活習慣——尤其政治習慣。當以英國牛津劍橋兩大學爲最好模範。這兩校的根本精神。可以說是把智識教育放在第二位。把人格教育放在第一位。所謂人格。其實只是團體生活所必要的人格。據我所觀察。這兩校最長的特色有三。

第一　他們不重在書本教育而專注意於實生活。令學生多從事實上與人接觸。所謂事實上接觸者。還不是討論某個事實問題。乃是找一件實事去做。所以他們的學校生活。可以說做事時間占去一半。讀書時間只占得一半。就這一點論。和中國過去現在的教育都很不同。中國過去的教育。只能養成書獃子或爛名士。完全迂闊於事情。或好爲乖僻脾氣與人立異。又疏懶不好問俗事。現在所謂新教育。辦了那麼多年。但這點老精神完全未改。總說學問只有讀書。讀書便是學問。結果縱然成績很好。也不過教出無數新八股家來。所以高等學校以上教育方針。非從這點特別注意不可。

第二　每學生總認定一種體育。凡體育——如賽球競渡等類。非有對手兩造不能成立。而且兩造又必須各有其曹耦。因此養成團體競爭之良好習慣。自能移其競爭原則於政黨及各種團體生活。

就這一點論。我忽然聯想起中國古代學校中最通行的習射。孔子說『君子無所爭。必也射乎……其爭也君子』。孟子說『……發而不中。不怨勝己者』。凡射必有耦。兩造各若干人對立。嚴守規則。爲正當之競爭。爭的時候一點不肯放鬆。失敗過後。卻絕不抱怨對手。這種精神用在團體競爭眞好極了。我們古代教育是否有這種意識。且不必深求。至於英國人之如此注意體育。我們確信他的目的不單在操練身體。實在從這裏頭教人學得團體生活中對抗和協同的原則。所以英國人對於政治活動感覺極濃厚的趣味。他們競爭選舉。乃至在國會議場裏奮鬬。簡直和賽球無異。這是教人學團體生活的最妙法門。我們應該採用他。

第三　他們的大學是由十幾個 College 合成的。他們的教員學生組織無數 Society。更有各校聯合的 Union Society。儼然和巴力門同一形式。他們常常把政治上實際問題爲具體的討論。分贊成反對爲極莊重的表決。

就這一點論。他們是採半游戲半實習的方法。令學生隨着趣味的發展。不知不覺便養成政治上良好習慣。

以上所說三種特色。近來各國大學亦多有仿效。內中如美國尤爲能變通增長。然而精神貫注。終以牛津劍橋兩校爲最。我們中國對於這種團體生活習慣太沒有了。應該特別助長他。所以我主張大學及高等專門。多要采用這兩校的精神。大都市如北京南京上海等處。學校漸漸多了。宜趕緊用 Union 的組織。把這種精神灌輸進去．行之數年．必有成效．

中學以下的教育．也該想方法令他和實際的團體生活日相接近．依我想．第一件．注意所謂公民教育．把課本悉心編好了．熱心令他普及．第二件．在教員監督指導之下獎勵學生自治會．這種理想．近來倡導的很多．不必我再詳細說明理由．但我希望他不終於理想．趕緊實行纔好．

五

所謂「在教員監督指導之下獎勵學生自治會」這件事．還要格外鄭重說明．

我剛纔說中學以下應該如此．這原是一個原則．因爲中學以下學生未到成熟時期．一面要獎勵他們自動的自治．一面非有前輩帶着他們上正軌道不可．高等專門以上學生．差不多要成熟了．本來純粹的讓他們自由活動最好．但因爲中國人團體生活的底子太沒有了．從前的中學又辦得不好．學生沒有經過相當之訓練．讓他們純粹自由活動．恐怕不見得便有好成績．結果甚至因噎廢食．所以高等專門以上的團體生活實地練習．應否仍參加教員的監督指導．我認爲在目前還是一個問題．

現在各學校中陸續摹仿歐美學生團體生活的確已不少．就大端論．總算好現象．但亦往往發生毛病．其原因皆由舊家庭和舊社會積習太深．把種種劣根性傳到學校．學校中非用防傳染病手段隨時隨事堵截矯正不可．我請隨便舉幾個例．

我曾聽見某小學校某級有一回選舉班長．那班裏頭十五六歲以上的很不少．結果他們舉出個九歲小孩子來鬧得那小孩子不知所措在那裏哭。又聽見某大學有一回選舉足球隊長。開票的結果。當選的乃是一位跛脚學生。這等事看着像是年輕人一時淘氣沒有多大罪過。其實是中舊社會的毒中得太厲害了。他們把極鄭重的事當作玩意兒。還加上一種尖酸刻薄的心理表現。和民國二年選舉總統時有人投小阿鳳的票正是一樣。這種把正經事不當一回事的劣根性。正是我們不會做現代團體生活的最大病原。這種腐敗空氣侵入學校裏來。往下簡直無辦法。

近幾年來各學校差不多都有學會了。據我所聞。大率每個會初成立時。全校都還熱心。漸漸下去。會務總是由幾位愛出鋒頭的人把持。甚至或者借團體名義營些私利。好學生一個一個的都灰心站開了。這種現象。各校差不多如出一轍。乃至各校各地聯合會也是這樣。這種我以爲不獨是各種學生會前途可悲觀的現象。簡直是全國民團體生活前途可悲觀的現象。我不責備那些把持的人。我要責備那些站開的人。壞人想把持公事。本來是人類普通性。所恃者有好人和他們奮鬭。令他們把持不來。好人都厭事不問。消極的歸潔其身。便是給壞人得志的機會。現在中國政治敗壞的大根原就在此。這種名士心理侵入青年腦中。國家前途便眞不可救藥了。

在合議場中多數專橫或少數搗亂。也是近來青年團體最普通的現象。例如每開會時動輒有少數人預料自己主張不能通過。則故意擾亂秩序。令會議無結果而散。這於團體競爭原則太不對了。凡有兩種意見對立時。一定有一個多數一個少數。若到了少數時便行破壞。你會破壞人家也會破壞。結果非鬧到所有議案都不成立不止。那麽便等於根本反對合議。根本不承認團體生活。

多數專橫舉動。其卑劣亦與少數搗亂正同。例如前兩年鬧罷課鬧得最兇時。幾於無論那個學校。都不叫反對派有發言之餘地。有反對的便視同叛逆。此外類似的先例還有許多。這也是中國人很壞的習性。須知天下事是非得失原是相對的。就算我所主張有八九分合理。也難保反對派主張沒有一二分合理。最少也要讓他把理由充分說明。我跟着逐條辨駁。纔能令他和中立者都心服。至於因意見不合醜詞詆衊對手的道德。尤爲不該。須知凡尊重自己人格的人。同時也要尊重別人人格。不堂堂正正辨論是非。而旁敲側擊中傷對手。最是卑劣。如此則正當的輿論永遠不會成立。逼着少數派人軟薄的便消極不管。强悍的便橫決破壞。便永遠不會上團體生活的軌道。

要而言之。兩三年來德謨克拉西的信仰漸漸注入青年腦中。確是我們教育界唯一好現象。無奈只有空空洞洞的信仰。全未理會到他眞精神何在。對於實行所必要的條件越發不注意。而過去遺傳和現在環境所造出之惡習慣勢力又異常猖獗。所以刻意想做德謨克拉西生活。結果或至適得其反。久而久之。不惟授旁人口實。連最熱心信仰的青年自己也疑惑懈怠起來。據我看來。這種反動已見端了。再往下去。恐怕連這點萌芽都摧殘淨盡。這不但學界的大不幸。眞是中國前途大不幸了。

然而種種毛病。不能專責備學生。我剛說過。習慣是由過去遺傳和現在環境造成。全國青年本來長育於這種惡習慣之下。而當教育之任者又始終未嘗向這方面設法改良。試問新習慣從何成立。何況先輩的人——如現充議員及其他團體員者。正在日日造出惡榜樣給他們看。以富於模倣性的青年。安得不耳濡目染與之俱化呢。講到此處。那擔子卻全加在教育家的肩膀上了。

依我所見．現時提倡學生自動的自治作爲將來政治生活乃至一切團體生活的實地練習．這是時代最急迫的要求．毫無疑義的．但在教育界立身的人．不能說空空提倡便算塞責．務要身入其中．隨時隨事作最公平最懇切的指導．不惟中學以下應該如此．恐怕高等專門以上也應該如此．換句話說．學校除却書本教育之外．最少要分出一小半時候做實生活教育．最要緊的關鍵是教職員和學生打成一片做共同的實生活．一面以身作則．一面對於不正當的習慣加以矯正．庶幾乎把學生敎成會做個人——會做個現代人了．至於教職員怎樣纔能指導學生．又是問題中之問題．倘若教職員自身先自不了解德謨克拉西精神．先自有許多反德謨克拉西的惡習慣．那就不如不指導也還好些．既已不能沒有人指導．而又不能得人指導．那麼前途眞不可問．唉、只好看教職員自身的覺悟和努力何如了．

六

以上都是從養成習慣方面說．還有養成判斷能力這一件事．要爲最後的說明．

沒有好習慣．則團體協同動作根本不能存在．前頭大略都說過了．然而不能說單有好習慣便彀．因爲團體的行動既已由團體員意思決定．決定的對不對．實與團體的利害存亡有絕大關係．例如有一個國民在此．他們對於少數服從多數的習慣．確已養得甚好．但他們絕對無判斷能力．忽然間因爲一件不相干的事．有人主張和外國宣戰．羣衆一鬨而起．他們並沒有計算自己有理無理．沒有計算戰後的利害如何．貿貿然把案多數或全體通過了．立刻便實行．你說他違反德謨克拉西原則嗎．不然．然而結果會鬧到亡國．歷史上這類事情很不少。中國爲尤甚。在專制時代。遇着昏聵糊塗的君主或家長。因爲他一個人缺乏判斷能力。可以鬧到國亡家破。在德謨克拉西時代。遇着昏聵糊塗的國民。因爲多數人缺乏判斷能力。也會得同一的結果。所以如何纔能養成判斷能力。又是團體生活教育上一個重要問題。

團體生活事項是極複雜的。且多半是臨時發生的。其中如政治事項。尤爲什有九屬於專門智識。要想在學校裏教人逐件逐件都會判斷。天下萬無是理。教育的天職。只要養成遇事考慮的習慣。而且教人懂得考慮的方法。自然每一事臨頭。自己會拿出自己的主張。或者自己本無成見。聽了兩造辨駁的話。便能了解他判斷他。即如美國歷來的政治問題——從前之用金用銀。近年之國際聯盟非國際聯盟等等。不是專門經濟學者國際學者。如何能有判斷兩造是非得失的能力。然而他們確是經過國民全體的判斷。爲什麼臨時能判斷呢。都是平時受教育得來。

這種教育有兩要點。第一是養成遇事考慮的習慣。必要有事可遇。然後得有考慮的機會。方纔講牛津劍橋的教法。專叫學生從實務上與人接觸。就是令他們常常有事可遇。事的性質雖然有許多分別。明白事理的途徑並無分別。只要經事經得多。便連那沒有經過的事也會做了。所以除講堂教授之外。還要有種種實生活教育。便是養成判斷能力的絕好法門。

然則講堂教授絕對無益嗎。又不然。我所說第二要點——教人懂得考慮的方法。卻可以有大半從講堂教授得來。天下惟不肯研究的人。纔會盲從。凡事只要經過一番研究。多少總有點自己意見發現。這點意見就名之曰判斷。學理上的判斷如此。事理上的判斷也是如此。教授一科學問。並不是教學生把教師所講牢牢記得便了注重的在教他們懂得研究這門學問的方法。然後多發問題令他們自己去研究。越研究得多。判斷力自然越豐富。越研究得精。判斷力自然越深刻。譬如研究自然科學。研究哲學。研究考古學。總算和政治風馬牛不相及了。罷但那人若果有研究的眞精神。到一個政治問題臨到他頭上時。他自然會應用這精神去判斷。而且判斷得不甚錯謬。歐美受過相當敎育的人都能對於實際問題有獨立判斷能力。就是爲此。倘若守着舊式的注入教育。這種效果便永遠不能發生了。

七

我今日講這個題目的意思。因爲我感覺近來教育界對於智識開發方面雖已漸漸革新進步。對於性格訓練方面還未甚注意。就性格訓練方面論。又是注重個性多。注重羣性少。而且都是理論。未嘗定出一種具體方法大家實行。我望希本社同人對於團體生活教育——卽政治教育特別注意。商量一個訓練方針。急起直追去實行。我不勝大願。